Thinking Functionally with Haskell

Haskellによる関数プログラミングの思考法

Richard Bird 著
山下伸夫 訳

ASCII
DWANGO

商標
本文中に記載されている社名および商品名は、一般に開発メーカーの登録商標です。
なお、本文中では ™・©・® 表示を明記しておりません。

THINKING FUNCTIONALLY WITH HASKELL

RICHARD BIRD
University of Oxford

Copyright

©Richard Bird 2015

This publication is in copyright. Subject to statutory exception and to the provisions of relevant collective licensing agreements, no reproduction of any part may take place without the written permission of Cambridge University Press.

Japanese language edition published by DWANGO CO., LTD., Copyright ©2017.

Japanese translation rights arranged with Cambridge University Press through Japan UNI Agency, Inc., Tokyo.

訳者序文

　この本は，プログラミングは数学的な思考活動であるという考えにもとづいて，関数プログラミングという思考法を伝えようとする教科書です。

　第 1 章冒頭にあるように，この本では，「関数と関数適用を使ってプログラムを構成する」「数学で用いる単純な記法で問題を簡潔明快に記述する」「単純な数学を基盤とし等式論証を用いてプログラムの性質に関して証明やプログラム運算する（意味を変えることなくプログラムを変換する）」ことで，意図どおり正しく合理的な時間で動作するプログラムを手早く書く，というプログラマ共通の課題に挑みます。

　プログラム記述言語として Haskell を選択しているのは，上のようなプログラムの構成法，思考法に必要な機能を備えているからにほかなりません。しかし，Haskell でプログラムを書くから関数プログラミングというわけではないことに注意してください。

　関数プログラミングはあくまでも，プログラムを構成するための思考法です。思考法を理解するには，どのように問題を捉えるか，それをどのように記述するかを追体験してみるのが早道でしょう。

　なにはともあれ，Haskell で考えることプログラミングすることは，何より楽しいことです。

謝辞

　まず，この翻訳書の企画，編集をしていただいた，アスキードワンゴ編集部の鈴木嘉平さんに感謝します。翻訳の機会を与えてくださり，ありがとうございます。また，8 人の方々に翻訳草稿を読んでいただきました。青江光敏さん，伊東勝利さん，尾上能之さん，酒井政裕さん，笹田耕一さん，鹿野桂一郎さん，豊福親信さん，日比野啓さん，草稿を丁寧に読み，根気よく，内容や表現について議論，誤りの指摘，表現改善の提案をしていただき，ありがとうございます。

2017 年 2 月
河津桜の蕾がふくらみはじめた松戸にて
山下伸夫

目次

訳者序文 5
まえがき 11

第 1 章　関数プログラミングとは何か　　15
1.1　関数と型 15
1.2　関数合成 16
1.3　例題：頻出単語 17
1.4　例題：数を言葉に変換する 20
1.5　Haskell Platform 25
1.6　練習問題 26
1.7　練習問題の解答 29
1.8　章末ノート 32

第 2 章　式, 型, 値　　33
2.1　GHCi を使ったセッション 33
2.2　名前と演算子 35
2.3　評価 37
2.4　型と型クラス 40
2.5　値の表示 42
2.6　モジュール 44
2.7　Haskell のレイアウト 45
2.8　練習問題 46
2.9　練習問題の解答 50
2.10　章末ノート 56

第 3 章　数値　　57
3.1　型クラス Num 57
3.2　その他の数値型クラス 58
3.3　床値の計算 59
3.4　自然数 63
3.5　練習問題 65
3.6　練習問題の解答 67
3.7　章末ノート 69

第 4 章　リスト　　71
- 4.1　リスト記法 71
- 4.2　列挙 72
- 4.3　リスト内包表記 73
- 4.4　基本演算 75
- 4.5　連接 76
- 4.6　`concat`, `map`, `filter` 77
- 4.7　`zip` と `zipWith` 80
- 4.8　頻出単語（完成編） 81
- 4.9　練習問題 83
- 4.10　練習問題の解答 87
- 4.11　章末ノート 92

第 5 章　単純な数独ソルバー　　93
- 5.1　仕様 93
- 5.2　法則を使ったプログラムの構成 98
- 5.3　選択肢行列の枝刈り 100
- 5.4　単一マス目拡張 103
- 5.5　練習問題 107
- 5.6　練習問題の解答 109
- 5.7　章末ノート 111

第 6 章　証明　　113
- 6.1　自然数上の帰納法 113
- 6.2　リスト上の帰納法 115
- 6.3　`foldr` 関数 119
- 6.4　`foldl` 関数 124
- 6.5　`scanl` 関数 126
- 6.6　最大切片和 129
- 6.7　練習問題 132
- 6.8　練習問題の解答 136
- 6.9　章末ノート 144

第 7 章　効率　　145
- 7.1　遅延評価 145
- 7.2　空間計算量の制御 149
- 7.3　時間計算量の制御 153
- 7.4　時間計算量の分析 155
- 7.5　蓄積引数 157
- 7.6　タプリング法 161
- 7.7　ソート 164
- 7.8　練習問題 169

7.9	練習問題の解答	171
7.10	章末ノート	176

第 8 章　プリティプリント　　177

8.1	利用状況の想定	177
8.2	ドキュメント	179
8.3	直接実装	182
8.4	例	184
8.5	最良のレイアウト	186
8.6	項表現	187
8.7	練習問題	192
8.8	練習問題の解答	196
8.9	章末ノート	202

第 9 章　無限リスト　　203

9.1	復習	203
9.2	循環リスト	205
9.3	極限としての無限リスト	208
9.4	じゃんけん	212
9.5	ストリームを基本とする対話	216
9.6	2 重連結リスト	218
9.7	練習問題	221
9.8	練習問題の解答	223
9.9	章末ノート	227

第 10 章　命令的関数プログラミング　　229

10.1	IO モナド	229
10.2	その他のモナド	233
10.3	State モナド	236
10.4	ST モナド	239
10.5	可変配列	241
10.6	不可変配列	246
10.7	練習問題	250
10.8	練習問題の解答	254
10.9	章末ノート	262

第 11 章　構文解析　　263

11.1	モナドとしての構文解析器	263
11.2	基本構文解析器	266
11.3	選択と反復	267
11.4	文法と式	272
11.5	式の表示	274

11.6	練習問題	277
11.7	練習問題の解答	280
11.8	章末ノート	284

第12章 単純等式運算器　　285

12.1	基本となる検討	285
12.2	式	290
12.3	法則	295
12.4	運算	297
12.5	書き換え	300
12.6	照合	302
12.7	置換	303
12.8	運算器のテスト	305
12.9	練習問題	316
12.10	練習問題の解答	319
12.11	章末ノート	323

索引　　325

著者・訳者紹介　　333

まえがき

本書は *Introduction to Functional Programming using Haskell*（1998, Prentice Hall）[*1]をすっかり書き直したものである．主な変更点は 3 点である．入門用の題材は，1 学期間ないし 2 学期間の講義でこなせるという要望を反映して再編した．事例研究のいくつかは新しくし，100 を超える練習問題を解答付きで用意した．以前と同様，計算機に関する知識やプログラミングの経験を前提としていないので，コンピュータ科学の最初の講義の題材に適している．

教科書にはどれも著者のこだわりがあるもので，本書とて例外ではない．現在では，Haskell に関する書籍，チュートリアル，記事，ブログはあまたある．しかし，関数プログラミングが近年まれに見る最高の技法である理由，すなわち，関数プログラムを数学的に考察できるという点を強調するものはほとんどない．また，関数プログラムを考えるときに使う数学は特に新しいものでも，難しいものでもない．たとえば，高校で三角関数を学んだことがあるなら，三角関数の定理や恒等式を使って，sin, cos を含む式を変形して単純化したことがあるはず（典型的な例としては，$\sin 3a$ を $\sin a$ で表せというのがある）．そういう学生なら，プログラミングの問題を考えるのも同じことだということをすぐに理解するだろう．その効果も目のまえの端末ですぐに実感できる．計算が速くなるのである．30 年も経った今でも，筆者にとって，単純で明白だけど問題を解くには効率の悪いプログラムを書いておいて，いくつかの等式で表されている法則を適用して，10 倍も速くなる別のプログラムを手にする（このようなプログラム変換を運算という）というのは大いなる喜びである．それが幸運によるものだったとしてもである．

直前の段落を読んで興味を失うようなら，そして，とにかく数学のモルドール[*2]から逃げたいというのなら，本書は向いていないかもしれない．しかし，必ずしもそういうわけでもない（こんなことをいうのは，誰しも，お客を失いたくないからである）．目新しく，わくわくするような方法でプログラムを書けるようになる喜びもある．日頃の仕事では，なにがしかの理由で Haskell を使わない，あるいは，使えないプログラマもいることだろう．また，よりよい解を運算している時間を取れないプログラマもいることだろう．そういうプログラマでも，Haskell を学ぶ喜びには刺激を受けられ，また，計算の考え方や方法を単純明快に表現できる Haskell が持つ能力の真価を理解できるはずである．実際，純粋な関数による表現スタイルでプログラミングの考え方を表現する機能は，徐々に Python, Visual Basic, C# のような主流の命令言語に取り入れられてきている．

最後に重要なことを 1 つ述べておく．Haskell は大きな言語であり，本書では Haskell のすべてを網羅することはとてもできない．本書は Haskell のリファレンスガイドではない．特にまえのほうの章では Haskell を使う上での細かい注意がどのページにも書いてあるが，本書で筆者が意図していることは，関数プログラミングの本質，プログラムについて関数スタイルで考えるというアイデアを伝えることである．1 つの言語に特有のことに深入りすることではない．そうはいうものの，何年にもわたって Haskell は，先行

[*1] 邦訳：『関数プログラミング入門—Haskell で学ぶ原理と技法』（2012 年，オーム社）
[*2] 訳注：J.R.R. トールキンの『指輪物語』に登場する国名．冥王サウロンが居を構える「黒の国」．

まえがき

した言語，SASL, KRC, Miranda, Orwell, Gofer で表現されていた関数プログラミングのアイデアのほとんどを吸収し体系化してきている．このスーパークールな言語 1 つですべて説明したいという気持ちにあらがうことは難しい．

本書のプログラムコードのほとんどは Web サイト

http://www.cs.ox.ac.uk/publications/books/functional/

にある．いずれ，練習問題（とその解答）やプロジェクトの提案などが追加されることになっている．Haskell に関するより詳しい情報は，まず http://www.haskell.org/ を見てもらいたい．

謝辞

本書は第 2 版をもとに用意した講義ノートからできあがったものである．個別指導教員や学生からのコメントと提案が大いに役立った．ほかにも建設的なコメントや批評，あるいは，単純なミスやタイポを指摘するメールをもらった．コメントをくれたのは以下の人たちである．Nils Andersen, Ani Calinescu, Franklin Chen, Sharon Curtis, Martin Filby, Simon Finn, Jeroen Fokker, Maarten Fokkinga, Jeremy Gibbons, Robert Giegerich, Kevin Hammond, Ralf Hinze, Gerard Hute, Michael Hinchey, Tony Hoare, Iain Houston, John Hughes, Graham Hutton, Cezar Ionescu, Stephen Jarvis, Geraint Jones, Mark Jones, John Launchbury, Paul Licameli, David Lester, Iain MacCullum, Ursula Martin, Lambert Meertens, Erik Meijer, Quentin Miller, Oege de Moor, Chris Okasaki, Oskar Permvall, Simon Peyton Jones, Mark Ramaer, Hamilton Richards, Dan Russell, Don Sannella, Antony Simmons, Deepak D'Souza, John Spanondakis, Mike Spivey, Joe Stoy, Bernard Sufrin, Masato Takeichi, Peter Thiemann, David Turner, Colin Watson, Stephen Wilson. 特に Jeremy Gibbons, Bernard Sufrin, José Pedro Magalhães は草稿を読み，多くの点での修正を提案してくれた．

たえまないアドバイスとサポートをしてくれたケンブリッジ大学出版の担当編集者 David Tranah にも感謝したい．現在の筆者の立場はオックスフォード大学計算機科学科の名誉教授である．引き続き設備などを使用させてくれた学科と学科長 Bill Roscoe に感謝する．

Richard Bird

練習問題

練習問題 A

$\sin 3\alpha$ を $\sin \alpha$ を用いて表せ.

練習問題の解答

練習問題 A の解答

$$\begin{aligned}
& \sin 3\alpha \\
=\ & \{\ \text{算術}\ \} \\
& \sin(2\alpha + \alpha) \\
=\ & \{\sin(\alpha + \beta) = \sin\alpha\cos\beta + \cos\alpha\sin\beta \text{であるから}\ \} \\
& \sin 2\alpha \cos \alpha + \cos 2\alpha \sin \alpha \\
=\ & \{\sin 2\alpha = 2\sin\alpha\cos\alpha \text{であるから}\ \} \\
& 2\sin\alpha\cos^2\alpha + \cos 2\alpha \sin \alpha \\
=\ & \{\cos 2\alpha = \cos^2\alpha - \sin^2\alpha \text{であるから}\ \} \\
& 2\sin\alpha\cos^2\alpha + (\cos^2\alpha - \sin^2\alpha)\sin\alpha \\
=\ & \{\sin^2\alpha + \cos^2\alpha = 1 \text{であるから}\ \} \\
& (3 - 4\sin^2\alpha)\sin\alpha
\end{aligned}$$

この証明の記法は Wim Feijen が発明したものと思う. 本書では一貫してこの記法を用いる.

第1章
関数プログラミングとは何か

端的にいえば以下のようなものである．

- 関数プログラミングはプログラムを構成する方法である．この方法では関数と関数適用を主に使い，命令や命令の実行は使わない．
- 関数プログラミングでは数学で使う単純な記法を用いる．この記法では問題を簡潔明快に記述できる．
- 関数プログラミングは単純な数学を基礎とする．この基礎がプログラムの性質に関する等式論証（equational reasoning）を支えている．

本書の目標はこの3つの要点を説明することにある．説明には Haskell という特定の言語を使う．

1.1 関数と型

関数 f が，型 X の値を引数として取り，型 Y の値を返すことを Haskell 記法を使って以下のように表す．
    f :: X -> Y

具体例は以下のとおり．

```
sin     :: Float -> Float
age     :: Person -> Int
add     :: (Integer,Integer) -> Integer
logBase :: Float -> (Float -> Float)
```

Float は 3.14159 のような浮動小数点数の型である．Int は $-2^{29} \leq n < 2^{29}$ の範囲にある n のような[1]固定長の整数の型である．Integer を使えばこの限界は任意長整数に広がる．3章で説明するように，Haskell の数値には多くの分類がある．

数学では，通常 $f(x)$ と書いて，関数 f を引数 x に適用することを表す．しかし，たとえば $\sin(\theta)$ とは書かず，$\sin \theta$ と書いたりもする．Haskell では，関数 f の引数 x への適用を表すのに，いつでも f x と書いてもよい．関数適用演算は空白で表現できる．括弧がないとき，空白がなければ複数の文字を使う名前と関数適用とで混乱が起こる．たとえば，latex は1つの名前を表すが，late x は関数 late の引数 x への適用を表す．

---

[1] 訳注：最新の仕様 Haskell 2010 では Int の範囲は少なくともこの範囲をカバーすることが要請されている．実際には，minBound :: Int および maxBound :: Int の値がそれぞれ Int の下限および上限を表している．

sin 3.14 や sin (3.14) あるいは sin(3.14) はどれも，sin を引数 3.14 に適用することを表す正しい書き方である．

同様に，logBase 2 10，(logBase 2) 10，(logBase 2)(10) はどれも，2 を底とする 10 の対数を表す正しい表現である．しかし，logBase (2 10) は正しくない．括弧は 3 と 4 の和を add (3,4) と書くときには必要となる．add の引数は上の例では整数の対として宣言されていて，対は括弧とカンマで表現されるからである．

logBase の型をもう 1 度見よう．引数として浮動小数点数を 1 つ取り，結果として関数を返している．はじめて見たときには奇妙に見えるかもしれない．しかし，次に見たときにはそうは思わないはずだ．数学の関数 $\log_2$ や $\log_e$ はまさしく，logBase 2 や logBase e が提供するものである．

数学では $\log \sin x$ のような式を見ることがある．これは数学者にとっては $\log(\sin x)$ である．もう 1 つの解釈 $(\log \sin)x$ は意味をなさないからである．しかし，Haskell では意味のとおり，すなわち log (sin x) と書かなければならない．Haskell では log sin x は (log sin) x と読むからである．Haskell では，式中の関数適用は左に結合し，その結合力は最強である．（ところで，Haskell では log は logBase e の短縮形である．）

もう 1 つ例を挙げよう．三角関数の等式は以下のように書ける．

$$\sin 2\theta = 2 \sin \theta \cos \theta$$

Haskell では以下のように書かなくてはならない．[*2]

    sin (2 * theta) = 2 * sin theta * cos theta

かけ算は明示しなければならないだけではなく，左辺で意味を正しく示すためには括弧に入れる必要がある．さらにふた組の括弧を以下のように追加することもできるが，関数適用はかけ算よりも強く結合するので追加の括弧はなくてもよい．

    sin (2 * theta) = 2 * (sin theta) * (cos theta)

1.2 関数合成

型が f :: Y -> Z および g :: X -> Y であるような関数 f と g があるとしよう．この 2 つの関数を合成して新しい関数を構成できる．

    f . g :: X -> Z

この関数は，まず，g を X 型の引数に適用すると Y 型の結果がえられ，次にその結果に f を適用すると最終的に Z 型の結果がえられる．関数は引数を取り，結果を返すものである．実際，

    (f . g) x = f (g x)

が成り立つ．合成の順番は右から左である．これは関数は適用対象である引数の左側に書くからである．英語では「green pig」と書けば，形容詞「green」は名詞句を取り，名詞句を返す関数と解釈できる．もちろん，フランス語では語順が逆になるのでこの解釈はできない．

[*2] 訳注：示された等式は Haskell のプログラムではない．Haskell における定義を等式とみなすことは常に可能であるが，等式は必ずしも Haskell のプログラムになるわけではない．

1.3 例題：頻出単語

問題を1つ解いて関数合成の重要性を説明しよう．トルストイの『戦争と平和』にある頻出単語の上位100語はどのような単語か．シェークスピアの『恋の骨折り損』にある頻出単語の上位50語はどのような単語か．これを見つけ出す関数プログラムを書く．まだ完全なプログラムを書くだけの準備はできていないわけだが，関数プログラミングの心をつかむには十分なプログラムを構成することはできる．

与えられるものは何か．それはテキストである．テキストは文字のリストであり，含まれる文字としては'B'や','のような目に見えるものと，スペースや改行（' 'や'\n'）のような空白文字がある．Haskellでは，個別の文字はシングルクォートで囲んで表すことに注意してもらいたい．'f'は文字であり，fは名前である．Haskellの型 Char は文字の型であり，Char 型の要素を持つリストの型は [Char] で表す．この記法はなにも文字に限ったものではなく，[Int] は整数のリストであり，[Float -> Float] は関数のリストである．

出力として欲しいものは何か．その答は以下のようなものである．

    the: 154
    of: 50
    a: 18
    and: 12
    in: 11

これは以下のような文字のリストでもある．

    " the: 154\n of: 50\n a: 18\n and: 12\n in: 11\n"

文字のリストはダブルクォートで囲って表す．詳しくは練習問題にある．

以下のような型を持つ関数を設計しよう．ここでは commonWords とする．

    commonWords :: Int -> [Char] -> [Char]

commonWords を整数 n に適用した commonWords n は関数になる．こうして作った関数は，文字のリストを取り，上位 n の頻出単語のリストを上述のような形式の1本の**文字列**（文字のリストの別名）にして返す．commonWords の型は括弧を使わずに書いてあるが，以下のように括弧を付けることもできる．

    commonWords :: Int -> ([Char] -> [Char])

2つの->記号が1つの型の中で隣接するとき，結合の順序は右から左である．これは関数適用の規約と真逆である．つまり，A -> B -> C の意味は A -> (B -> C) である．(A -> B) -> C という型を記述したいのであれば，括弧は省略できない．この点について詳しくは次章で扱う．

与えられるものは何か，求めるものは何かを正確に理解したあとの問題解決の方法は十人十色である．また，問題のどの部分が気になるかもいろいろである．たとえば，単語とは何か，文字のリストを単語のリストにする方法はどうするか．"Hello", "hello", "Hello!"は別の単語なのか，同じ単語なのか．単語の数え方はどうするのか．すべての単語を数えるのか，上位の単語だけを数えるのか．などである．こんなにあるのかと萎えてしまうと思う人もいるだろう．計算の途中で単語のリストや単語の頻度を用意しなければならないということにはほとんどの人が納得するだろう．しかし，そこからどうやって最終結果に向かえば

よいだろうか．入力のリストを n 回走査して，1 回ごとに次に頻度の大きい単語を抜き出すのだろうか．それとも，もっとよい方法があるのだろうか．

まず，単語とは何かから始めよう．ここでは単に，単語とはスペースや改行を含まない最長の文字の並びであると表明する．そうすると，"Hello!"，"3*4" あるいは"Thelma&Louise" などという単語も許すことになるが，気にしないことにする．テキスト中の単語は空白文字で囲まれていることで識別する．したがって，"Thelma and Louise" は 3 つの単語を含むテキストである．

テキストを構成要素である単語のリストに分割する方法については心配しなくてよい．そのような仕事をする以下のような関数があると仮定する．

```
words :: [Char] -> [[Char]]
```

[[Char]] のような型は少しわかりにくいかもしれないが，Haskell ではいつでも型シノニムを定義できる．

```
type Text = [Char]
type Word = [Char]
```

そうすると，`words :: Text -> [Word]` となり，このほうが頭の中はすっきりする．もちろん，テキストと単語とでは空白文字を含む含まないで違いがあるが，Haskell の型シノニムではこの微妙な区別をサポートできない．実は words は Haskell の標準ライブラリにあるので自前で定義する必要はない．

まだ，"The" と "the" は同じ単語を示すのか別の単語を示すのかという問題が残っている．この 2 つは同じ単語を示すと考えるべきで，そのように扱うためには，テキストに含まれるアルファベット文字をすべて小文字に変換すればよく，他の文字はそのままでよい．この目的のためには，大文字を小文字に変換し，それ以外はそのままにする関数 `toLower :: Char -> Char` が必要である．この関数をテキスト中のすべての文字に適用するには，以下のような汎用関数が必要である．

```
map :: (a -> b) -> [a] -> [b]
```

`map f` をリストに適用すると，f がリストのすべての要素に適用されるのである．したがって，すべて小文字に変換するには

```
map toLower :: Text -> Text
```

という関数を使う．これでよし．関数 words と関数 map toLower を合成すると，words . map toLower という，テキストをすべて小文字の単語のリストに変換する関数[*3]が手に入る．次にすべきはそれぞれの単語の出現回数を数えることである．単語のリスト全体をたどって，次の単語がすでに数えた単語か新しい単語かを判定し，それによって，既存の単語のカウントを 1 つ増やすか，新しい単語のカウントを 1 に設定する．しかし，もっとやさしい考え方がある．単語のリストをアルファベット順でソート（整列）するのである．ソートすると同じ単語は 1 箇所にかたまる．人がやるならこういう方法はとらない．しかし，情報を扱いやすくするためにリストをソートするというのは，計算機を使う上でなにより重要なアルゴリズムの考え方である．そこで，以下のような単語のリストをアルファベット順にソートする関数があると仮定しよう．

```
sortWords :: [Word] -> [Word]
```

[*3] 訳注：関数適用は関数合成演算子よりも優先順位が高い（関数適用はあらゆる中置演算子より優先順位が高い）．したがって，words . map toLower は words . (map toLower) のことである．

たとえば，

 sortWords ["to", "be", "or", "not", "to", "be"]
   = ["be", "be", "not", "or", "to", "to"]

である．あと必要なのは各単語が何回連続して出現するかを数えることである．以下のような関数があるとしよう．

 countRuns :: [Word] -> [(Int,Word)]

この関数は単語の頻度を数える．たとえば，

 countRuns ["be", "be", "not", "or", "to", "to"]
   = [(2, "be"), (1, "not"), (1, "or"), (2, "to")]

である．結果は頻度と単語の対のリストで，単語のアルファベット順に並んでいる．

 さて，次に鍵となるのは，リストを順に並べるための情報が必要であるが，単語の順に並べたいのではなく，頻度の降順に並べたいということである．何か新たにうまい方法を考えるのではなく，別種のソートだと考える．前述のように，ソートはプログラミングにおいてほんとうに役に立つ．そこで，以下のような関数があるとする．

 sortRuns :: [(Int, Word)] -> [(Int, Word)]

この関数は頻度を含むデータのリストを頻度の降順に並べ換える．たとえば，

 sortRuns [(2, "be"), (1, "not"), (1, "or"), (2, "to")]
   = [(2, "be"), (2, "to"), (1, "not"), (1, "or")]

である．次に行うべきは，単に sortRuns が返す結果のリストから先頭の n 要素を取り出すことである．これには以下の関数が必要になる．

 take :: Int -> [a] -> [a]

take n は何かのリストの先頭から n 要素を取り出す．take に関しては「何か」が何であるかは気にしなくてよい．そういうわけで，take の型シグネチャでは (Int,Word) ではなく，a となっている．この考え方については次章で説明する．

 最後は結果の表示を整形するだけである．まず必要なのはそれぞれの要素を文字列に変換することである．すなわち，(2,"be") を " be: 2\n" に置き換える．この関数を showRun と呼ぶことにする．

 showRun :: (Int, Word) -> String

型 String は Haskell では [Char] の型シノニムとして宣言済みである．そうすると，

 map showRun :: [(Int, Word)] -> [String]

という関数は頻度を持つデータのリストを文字列のリストに変換する関数である．

 最後の最後のステップで，何かのリストのリストを連結する，以下の型を持つ関数

 concat :: [[a]] -> [a]

を使う．ここでも，連結に関しては「何か」が何であるかは重要ではない．だからこそ，型シグネチャには a という型変数が使われているのである．

これで commonWords を以下のように定義できる．

```
commonWords :: Int -> Text -> String
commonWords n = concat . map showRun . take n
              . sortRuns . countRuns . sortWords
              . words . map toLower
```

この commonWords の定義は，8 つの構成要素となる関数を関数合成で貼りあわせたパイプラインになっている．必ずしも，プログラミングで解くべきすべての問題において，全体の仕事を構成要素となる仕事にこれほど素直に分解できるわけではない．しかし，分解が素直にできれば結果のプログラムは単純で見た目もよくかつ効率のよいものになる．

補助関数の型を宣言することで，問題を分解していく過程をどう制御していたかに注目してもらいたい．教訓 1 は，関数合成の重要性である．そして，教訓 2 は，関数の型を決定することが関数の適切な定義を見つけるためのまさに第一歩だということである．

はじめに頻出単語問題を解く**プログラム**を書くと述べた．実際にやったことといえば，自前で構成したり，適切な Haskell のライブラリの（暗黙にインポートした）補助関数を用いて commonWords を関数スタイルで定義したりすることであった．Haskell では定義の並びを**スクリプト**と呼ぶので，構成したものは 1 つのスクリプトであった．1 つのスクリプトの中で関数が定義される順番は重要ではない．commonWords の定義を最初に置き，それから補助関数の定義を置くこともできる．あるいはすべての補助関数を先に定義してから，最後に肝心の主たる関数を定義することもできる．いいかえれば，スクリプトのストーリーは好きな順番で語ることができる．スクリプトがどのように計算されるかを次に見ることにしよう．

1.4 例題：数を言葉に変換する

本節では別の例題を最後まで解いてみよう．ここで扱う例題では問題解決のもう 1 つの基本的なやり方を例示する．すなわち，込み入った問題を解くためのよい方法は，まず問題を単純にしてから，その単純な問題を解く方法を考えることである．

数値を言葉にしなければならない場合がある．たとえば，

```
convert 308000 = "three hundred and eight thousand"
convert 369027 = "three hundred and sixty-nine thousand and twenty-seven"
convert 369401 = "three hundred and sixty-nine thousand four handred and one"
```

である．目標は関数 convert を定義することである．

```
convert :: Int -> String
```

この関数は 100 万未満の非負整数を与えられるとその数を言葉で表す文字列を返す．前述のように Haskell では String は [Char] の型シノニムとして宣言済みである．

構成要素となる数値の名前が必要になる．1 つの方法は 3 つの文字列のリストを用意することである．

1.4 例題：数を言葉に変換する

```
> units, teens, tens :: [String]
> units = [ "zero", "one", "two", "three", "four", "five"
>         , "six", "seven", "eight", "nine"
>         ]
> teens = [ "ten", "eleven", "twelve", "thirteen", "fourteen"
>         , "fifteen", "sixteen", "seventeen", "eighteen"
>         , "nineteen"
>         ]
> tens  = [ "twenty", "thirty", "forty", "fifty", "sixty"
>         , "seventy", "eighty", "ninety"
>         ]
```

さて，各行の先頭にある > という文字の役割は何だろう．スクリプトにおいて，コメントではなく Haskell コードの行であることを示している．Haskell では .lhs を拡張子とするファイルを**文芸的** *Haskell* **スクリプト** (Literate Haskell Script) という．各行は，行頭が > でなければコメントとして解釈される．行頭が > であればプログラムの行として解釈される．コメントのすぐ次の行は，プログラム行としては認められない．したがって，コメント行とプログラム行の間には，少なくとも 1 つの空行がなければならない．実はこの章全体は正しい .lhs ファイルになっていて，Haskell の処理系にロードでき，対話セッションを行える．次章以降はこの記法は用いないが，この章では**文芸的**プログラミングで説明する．文芸的プログラミングでは関数の定義の提示と議論を都合のよい順序で行える．（ともあれ，1 つの関数に複数のバージョンを定義したいときには，関数のバージョンごとに別の名前を使わざるをえない．）

やりかけた仕事に戻ろう．複雑な問題に取り組むよい方法とは，まず単純な問題を解くことである．この問題の最も単純なバージョンは，与えられる数値 n が一桁，すなわち，$0 \leq n < 10$ の場合である．convert1 がこのバージョンの仕事をするものとする．定義は以下のように簡単にできる．

```
> convert1 :: Int -> String
> convert1 n = units !! n
```

この定義はリストのインデックス演算 (!!) を使っている．リスト xs とインデックス n が与えられれば，xs の位置 n にある要素を返す．位置は 0 から数える．たとえば，units !! 0 = "zero"である．もちろん，units !! 10 は未定義である．units には 10 個の要素しかないのでインデックスは 0 から 9 までだからである．Haskell ではスクリプト中で定義する関数は，一般的には**部分関数**である．部分関数とは各引数に対して返す値が定義できない場合がある関数という意味である．

次に単純なバージョンの問題は，n が 2 桁まで，すなわち，$0 \leq n < 100$ の場合である．convert2 がこのバージョンの仕事をするものとする．それぞれの桁がいくつかを知る必要があるので，まず以下を定義する．

21

```
> digits2 :: Int -> (Int, Int)
> digits2 n = (div n 10, mod n 10)
```

div n k は整数で，n を k で割ったときの商であり，mod n k はその剰余である．これを以下のように書くこともできる．

```
digits2 n = (n `div` 10, n `mod` 10)
```

演算子`div`および`mod`は，div および mod の中置バージョンである．すなわち，引数に前置せず，引数の間に置く．この仕組みは可読性を改善するのに役立つ．たとえば，数学者なら $x \operatorname{div} y$ あるいは $x \operatorname{mod} y$ と書くだろう．バッククォート記号`と文字を表現するときに使うシングルクォート記号'とは異なることに注意してもらいたい．

これで convert2 を以下のように定義できる

```
> convert2 :: Int -> String
> convert2 = combine2 . digits2
```

combine2 は Haskell のガード付き等式を使う．

```
> combine2 :: (Int, Int) -> String
> combine2 (t, u)
>   | t == 0            = units !! u
>   | t == 1            = teens !! u
>   | 2 <= t && u == 0  = tens !! (t - 2)
>   | 2 <= t && u /= 0  = tens !! (t - 2) ++ "-" ++ units !! u
```

このコードを理解するには，Haskell の同値性と比較を確認する述語の記号を知らなければならない．

==(等しい)
/=(等しくない)
<=(小さいか等しい)

これらの関数が定義可能な型を持つことは後述する．
連言（論理積）が&&で表されることも知っていなければならない．a && b は，a と b がともに True のときに True を返し，それ以外の場合は False を返す．

```
(&&) :: Bool -> Bool -> Bool
```

Bool 型については次章で詳しく説明する．もう 1 つ，(++) が 2 つのリストを連接する

```
(++) :: [a] -> [a] -> [a]
```

たとえば，以下の等式では，関数（型は Float -> Float）のリストを 2 つ連接している．

    [sin, cos] ++ [tan] = [sin, cos, tan]

一方，以下の等式では，文字のリストを 2 つ連接している．

    "sin cos" ++ " tan" = "sin cos tan"

　起こりうるすべての可能性を注意深く考慮して combine2 の定義に到達する．少し考えてみれば，大きく 3 つの場合に分けられる．すなわち 10 の位が，0 の場合，1 の場合，1 より大きい場合である．最初の 2 つの場合は解がすぐにわかるが，3 つめの場合は 2 つに分ける必要がある．すなわち，1 の位が 0 の場合と非 0 の場合である．ここでの場合分けでは，それぞれのガードが互いに素で，かつ，すべての場合を尽くしている．したがって，それぞれのガード付き等式の順序は重要ではない．

　以下のように書くこともできるが，その場合はガード付き等式の順序は重要である．ガードは上から順に評価され，最初に True になるガードに対応する等式の右辺が採用される．識別子 otherwise は True の別名であるから，最後のガードが残りすべての場合を捉える．

```
combine2 :: (Int, Int) -> String
combine2 (t, u)
  | t == 0    = units !! u
  | t == 1    = teens !! u
  | u == 0    = tens !! (t - 2)
  | otherwise = tens !! (t - 2) ++ "-" ++ units !! u
```

convert2 は別の書き方ができる．

```
convert2 :: Int -> String
convert2 n
  | t == 0    = units !! u
  | t == 1    = teens !! u
  | u == 0    = tens !! (t - 2)
  | otherwise = tens !! (t - 2) ++ "-" ++ units !! u
  where
    (t, u) = (n `div` 10, n `mod` 10)
```

これは where 節を利用している．このような節は局所定義を（1 つ以上）導入するもので，その文脈あるいは有効範囲は convert2 の定義の右辺全体[*4]である．定義を構造化し可読性をあげるには，このような節を使うのが便利である．この例では，where 節を使うことで，digits2 を明示的に定義しなくてすんでいる．

　ここまでは簡単にできた．次は $0 \leq n < 1000$ の範囲の数 n を取る関数 convert3 を考えよう．n は 3 桁までの数である．定義は以下のとおり．

[*4] 訳注：ガード部分も有効範囲である．

```haskell
> convert3 :: Int -> String
> convert3 n
>   | h == 0    = convert2 t
>   | t == 0    = units !! h ++ " hundred"
>   | otherwise = units !! h ++ " hundred and " ++ convert2 t
>   where
>     (h, t) = (n `div` 100, n `mod` 100)
```

100 未満の数に対しては convert2 が使えるので，3 桁まではこの方法で分解する．

次は n が $0 \leq n < 1{,}000{,}000$ の範囲にあると仮定する．すると，n は 6 桁までの数である．まえと同じパターンに従うと以下のように定義できる．

```haskell
> convert6 :: Int -> String
> convert6 n
>   | m == 0    = convert3 h
>   | h == 0    = convert3 m ++ " thousand"
>   | otherwise = convert3 m ++ " thousand" ++ link h ++ convert3 h
>   where
>     (m, h) = (n `div` 1000, n `mod` 1000)
```

残るは m と h を表す言葉の間を $0 < m$ かつ $0 < h < 100$ の場合に and でつなぐ部分である．これは以下のとおり．

```haskell
> link :: Int -> String
> link h = if h < 100 then " and " else " "
```

この定義は以下の構文の条件式を用いている．

  if *test* then *expr₁* else *expr₂*

ガード付き等式を使っても定義できる．

  link h | h < 100   = " and "
     | otherwise = " "

条件式のほうが読みやすいことも，ガード付き等式のほうが読みやすいこともある．一緒に使われる if と then と else は Haskell では**予約語**である．その名前にユーザの望む定義を与えることはできないということである．

convert6 をより単純な convert3 を使って構成した方法は，convert3 をさらに単純な convert2 を使って構成したのと同じ方法であることに注目してもらいたい．この方法は関数を定義するときによく使う

方法である．この例題では，より単純な場合について考えたが，こうした単純な場合のコードは最終的に使えるので，無駄にはならない．

最後にもう1つ．関数の名前を convert6 としたが，最初に名前は convert とするといっていたはずである．

```
> convert :: Int -> String
> convert = convert6
```

とすれば問題はない．これで，convert ができたので，コンピュータを使って実際に引数に適用してみたい．どうすればよいか．

1.5　Haskell Platform

http://www.haskell.org/ のサイトを訪れると *Haskell Platform* のダウンロード方法がわかる．Haskell Platform は Haskell スクリプトを走らせるためのツールとライブラリを広範囲に集めたものである．このプラットフォームは3つのバージョンがあり，それぞれ Windows 用，Mac 用，Linux 用である．ここでは Windows 用のみを解説するが他のものも似たりよったりである．

ツールの1つは対話型電卓で GHCi といい，その名は *Glasgow Haskell Compiler Interpreter* の短縮形である．このツールの Windows 用を WinGHCi と呼ぶ．WinGHCi のウィンドウを開くと以下のような表示が見える．

```
GHCi, version 8.0.1: http://www.haskell.org/ghc/  :? for help
Prelude>
```

プロンプトの Prelude> はプレリュード関数，定義済みの型，その他の値を含む標準ライブラリがロードされたことを示す．これで GHCi というスーパー電卓を使える．

```
Prelude> 3 ^ 5
243
Prelude> import Data.Char
Prelude Data.Char> map toLower "HELLO WORLD!"
"hello world!"
Prelude Data.Char>
```

関数 toLower は Data.Char ライブラリにある．このライブラリをインポートするとライブラリで定義された関数にアクセスできるようになる．プロンプトが変化しロードしたライブラリが表示されていることに注目してもらいたい．このようなプロンプトはあっという間に長くなる．しかし，プロンプトはいつでも変えられる．

```
Prelude> :set prompt ghci>
ghci>
```

簡単にするために，本書ではこのプロンプトを使う[*5]．

スクリプトもロードできる．たとえば convert を含むスクリプト Number2Words.lhs をロードするには以下のようにする．

```
ghci> :load "Numbers2Words.lhs"
[1 of 1] Compiling Main ( Numbers2Words.lhs, interpreted )
Ok, modules loaded: Main.
ghci>
```

どのようなモジュールがあるかは次章で説明する．これで以下のようにタイプすれば数の読みがわかる．

```
ghci> convert 301123
"three hundred and one thousand one hundred and twenty-three"
ghci>
```

この章のしめくくりとして練習問題を用意した．練習問題には追加の要点が含まれておりこの教科書では不可欠な部分である．次章以降も同じである．解答しなくても問題だけは読んでもらいたい．解答は問題のあとに示してある．

1.6 練習問題

練習問題 A

以下のような関数を考える．
```
double :: Integer -> Integer
double x = 2 * x
```
この関数は整数を 2 倍する．以下の式のそれぞれの値は何か．
```
map double [1, 4, 4, 3]
map (double . double) [1, 4, 4, 3]
map double []
```
sum :: [Integer] -> Integer が整数のリストの和を求める関数であるとする．以下の表明は真であるか．それはなぜか．
```
sum . map double = double . sum
sum . map sum    = sum . concat
sum . sort       = sum
```
concat が何をする関数か思い出すこと．関数 sort は数値のリストを昇順にソートする．

[*5] winghci 以外の仮想端末上で動かす ghci では，
Prelude> :set prompt "ghci> "
のように設定する

練習問題 B

Haskell では関数適用は他のどの演算子よりも優先される．したがって，double 3 + 4 は (double 3) + 4 を意味するのであって，double (3 + 4) ではない．$\sin^2 \theta$ を表す Haskell の式は以下の3つの式のうちのどれか．

```
sin^2 theta
sin theta^2
(sin theta)^2
```

べき乗は (^) で表す．$\sin 2\theta / 2\pi$ を正しい形式の Haskell 式で表現するとどのような式になるか．

練習問題 C

本文で述べたように，文字すなわち Char 型の値はシングルクォートで表し，文字列はダブルクォートで示す．具体的には文字列"Hello World!"は次のようなリストを大幅に縮めた書き方である．

```
['H', 'e', 'l', 'l', 'o', ' ', 'W', 'o', 'r', 'l', 'd', '!']
```

一般にリストはブラケットとコンマで書き表す．（ところで，括弧は丸く，ブラケットは四角い．ブレースは波である．）したがって，式'H' と"H"の型は異なる．それぞれの型は何か．2001 と"2001"の違いは何か．

演算 ++ は2つのリストを連接する．以下の式を単純化せよ．

```
[1, 2, 3] ++ [3, 2, 1]
"Hello" ++ " World!"
[1, 2, 3] ++ []
"Hello" ++ "" ++ "World!"
```

練習問題 D

頻出単語の例題においては，すべてのテキスト中の文字をすべて小文字に変換するところから始めて，テキストを単語に分けた．もう1つのやり方としては，まず単語に分けてから各単語の文字を小文字に変換するという方法である．1つめのやり方は `words . map toLower` と表せる．同じように2つめのやり方を表せ．

練習問題 E

ある演算子 $\oplus$ について，$x \oplus (y \oplus z) = (x \oplus y) \oplus z$ であるとき演算子 $\oplus$ は**結合性を持つ**という．数値上の加法は結合性を持つか．リスト上の連接は結合性を持つか．関数合成は結合性を持つか．数値上の演算で結合性を持たないものの例を挙げよ．

すべての x について $x \oplus e = e \oplus x = x$ であるとき元 e を演算 $\oplus$ の単位元という．加法の単位元は何か．連接の単位元は何か．関数合成の単位元は何か．

練習問題 F

妻は

EHT CDOORRSSW AAAGMNR ACDIINORTY

という題名の本を持っている．その本には以下のような項目表が載っている．

```
6-letter words
--------------
...
eginor: ignore,region
eginrr: ringer
eginrs: resign,signer,singer
...
```

そう．アナグラムの辞書（THE CROSSWORD ANAGRAM DICTIONARY）である．アナグラムの文字をソートしたものを辞書順にソートしてある．それぞれのアナグラムに対応する英単語には同じ文字が含まれる．以下の anagrams 関数の設計について説明せよ．

```
anagrams :: Int -> [Word] -> String
```

anagrams n はアルファベット順の英単語のリストを取り，n 文字の単語だけを取り出し，文字列を生成する．結果の文字列を表示すると n 文字の単語のアナグラムの一覧になるものとする．さまざまな関数を自分で定義できなくてもよく，適切な名前とその型を与えた上でそれぞれ何をする関数かを説明せよ．

練習問題 G

しめくくりに歌を 1 つ．

```
One man went to mow
Went to mow a meadow
One man and his dog
Went to mow a meadow

Two men went to mow
Went to mow a meadow
Two men, one man and his dog
Went to mow a meadow

Three men went to mow
Went to mow a meadow
Three men, two men, one man and his dog
Went to mow a meadow
```

Haskell の関数 `song :: Int -> String` を書け．song n は n 人の男が登場する歌になる．$n < 10$ を仮定せよ．

歌を表示するには，たとえば以下のようにする．

```
ghci> putStrLn (song 5)
```

関数 putStrLn については次章で説明する．以下の定義から始めよ．

```
song n  = if n == 0 then ""
          else song (n - 1) ++ "\n" ++ verse n

verse n = line1 n ++ line2 n ++ line3 n ++ line4 n
```

これは song の再帰定義である．

1.7　練習問題の解答

練習問題 A の解答

```
map double [1, 4, 4, 3]          = [2, 8, 8, 6]
map (double . double) [1, 4, 4, 3] = [4, 16, 16, 12]
map double []                    = []
```

これを見れば [] は空リストであることが推測できるだろう．

以下の等式はすべて成り立つ．

```
sum . map double = double . sum
sum . map sum    = sum . concat
sum . sort       = sum
```

実はこの 3 つの等式はより単純な以下の法則の帰結である．

```
a * (x + y) = a * x + a * y
x + (y + z) = (x + y) + z
x + y       = y + x
```

もちろん先の一連の等式が成り立つことを**証明**する方法についてはまだ説明していない．（ところで，本書では，あれこれ考えたくないので，タイプライタ体の = 記号を 2 つの Haskell 式が等しいことを表すのに使う．一方，数学の = 記号は $\sin 2\theta = 2 \sin\theta \cos\theta$ のような等式で使う．）

練習問題 B の解答

sin theta^2 と (sin theta)^2 は正しいが，sin^2 theta は正しくない．

$\sin 2\theta / 2\pi$ を Haskell で表現すると以下のようになる．

```
sin (2 * theta) / (2 * pi)
```

以下は求めているものではないことに注意してもらいたい．

```
sin (2 * theta) / 2 * pi = (sin (2 * theta) / 2) * pi
```

その理由は，/と*は同じ優先順位で左結合するからである．詳しくは次章で説明する．

練習問題 C の解答

```
'H'     :: Char
"H"     :: [Char]
2001    :: Integer
"2001"  :: [Char]
```

ところで，'\' はエスケープ文字として使う．たとえば，'\n' は改行文字であり'\t' はタブ文字である．'\\' はバックスラッシュ文字であり，"\\n"は文字を 2 つ，すなわち，バックスラッシュと n を含むリストである．したがって，ファイルパス C:\firefox\stuff を Haskell の文字列として書けば，"C:\\firefox\\stuff"となる．

```
[1, 2, 3] ++ [3, 2, 1]    = [1, 2, 3, 3, 2, 1]
"Hello" ++ " World!"      = "Hello World!"
[1, 2, 3] ++ []           = [1, 2, 3]
"Hello" ++ "" ++ "World!" = "HelloWorld!"
```

最後の 2 つに納得できるなら，[] はあらゆるリストの空リストだが，""は文字のリストの空リストであることを正しく理解できる．

練習問題 D の解答

ヒントは「各単語の文字を小文字に変換する」という部分にある．1 つの単語中の文字を変換するのは map toLower で表せる．したがって，答は map (map toLower) . words である．これは以下の等式が成り立つことを意味する．

```
words . map toLower = map (map toLower) . words
```

練習問題 E の解答

数値の加法，リストの連接，関数合成はどれも結合性を持つ．しかし，数値の減法はもちろん結合性を持たず，べき乗も結合性を持たない．加法の単位元は 0，連接の単位元は空リスト，関数合成の単位元は恒等関数 id である．

```
id :: a -> a
id x = x
```

練習問題 F の解答

この練習問題は 1.3 節にごく近い課題である．関数 anagrams n の計算は以下のようになる．
1. 以下の関数を使って，長さ n の単語を取り出す．
    ```
    getWords :: Int -> [Word] -> [Word]
    ```
2. それぞれの単語を取り，ラベルを追加する．ラベルはその単語の文字をアルファベット順にソートし

たものである．たとえば，word は対 ("dorw", "word") にする．このラベル付けは以下の関数で行う．

```
addLabel :: Word -> (Label, Word)
```
ただし
```
type Label = [Char]
```
である．

3. ラベル付きの単語のリストをラベルのアルファベット順にソートする．これには以下の関数を使う
```
sortLabels :: [(Label, Word)] -> [(Label, Word)]
```
4. 同じラベルの隣接したラベル付き単語のグループを第 1 要素が共通ラベル，第 2 要素がそのラベルを持つ単語のリストであるような対に置き換える．これには以下の関数を使う．
```
groupByLabel :: [(Label, Word)] -> [(Label, [Word])]
```
5. それぞれエントリーを関数
```
showEntry :: (Label, [Word]) -> String
```
を使って文字列に変換し，それを連結する．

これにより，

```
anagrams n = concat . map showEntry . groupByLabel
           . sortLabels . map addLabel . getWords n
```

である．

練習問題 G の解答

解の一例としては以下のとおり．

```
song n  = if n == 0 then ""
          else song (n - 1) ++ "\n" ++ verse n
verse n = line1 n ++ line2 n ++ line3 n ++ line4 n

line1 n = if n == 1 then "One man went to mow\n"
          else numbers !! (n - 2) ++ " men went to mow\n"
line2 n = "Went to mow a meadow\n"
line3 n = if n == 1 then "One man add his dog\n"
          else numbers !! (n - 2) ++ " men " ++ count (n - 2)
               ++ "One man and his dog\n"
line4 n = "Went to mow a meadow\n\n"

count n = if n == 0 then ""
          else numbs !! (n - 1) ++ " men, " ++ count (n - 1)

numbers = ["Two", "Three", "Four", "Five", "Six", "Seven", "Eight", "Nine"]
numbs   = ["two", "three", "four", "five", "six", "seven", "eight"]
```

スクリプト中の部品関数や値の型宣言を省略したことに注意してもらいたい．Haskell は正しい型を推論してくれるのであるが，すべての関数や値について型宣言を行うのがよい考え方である．ここでは型は単純なものであるが，型シグネチャをはっきり書いておくと，スクリプトは読みやすくなり，定義の正当性が検証されるので便利である．

1.8　章末ノート

Haskell の出自に興味があるなら，ぜひ *A History of Haskell* を読むとよい．この文書は以下のサイトにある．

http://research.microsoft.com/~simonpj/papers/history-of-haskell/

Haskell のいつまでも変わらぬ強みは閉じた言語として設計されていないということである．研究者たちは，すすんで新しいアイデアや技法を言語拡張やライブラリとして構成し実装した．その結果，Haskell は大きな言語となり，多くの書籍，チュートリアル，論文が Haskell のさまざまな局面について書かれている．その中には，Simon Marlow の *Parallel and Concurrent Programming in Haskell* (O'Reilly, 2013)[*6] も含まれている．多くの題材へのリンクは http://www.haskell.org/ で探せる．しかし，本書を書くときいつも開いていたのは以下の 3 冊である．1 冊めは，Simon Peyton Jones 編の *Haskell 98, Language and Libraries, The Revised Report* (Cambridge University Press, 2003) である．これは Haskell 98 と呼ばれている最初の標準版 Haskell の具体的な要点を理解する上でなくてはならないものである．オンライン版は以下のサイトにある[*7]．

http://www.haskell.org/onlinereport/

本書はほぼこの標準に準拠している．しかし決して Haskell 全体を網羅しているわけではない．

その後，新しい標準 Haskell 2010 がリリースされている．以下のサイトを参照して欲しい．

http://www.haskell.org/onlinereport/haskell2010/

Haskell 98 との違いの 1 つは，モジュール名が階層化されたことである．これにしたがって，本書でリストのユーティリティ関数を使うときは List とは書かずに，Data.List と書いている．

2 冊めは Bryan O'Sullivan, John Goerzen, Don Stewart による教科書 *Real World Haskell* (O'Reilly, 2009)[*8] である．3 冊めは Graham Hutton による教科書 *Programming in Haskell* (Cambridge University Press, 2007)[*9] である．その名が示すように 2 冊めは高度に実用的な応用について書かれており，3 冊めは入門のための教科書である．Graham Hutton は筆者にニヤリとわらって，本書は（Real World（現実世界）Haskell ではなく）*Ivory Tower*（象牙の塔）*Haskell* と呼ぼうといった．

単語の頻度問題には魅力的な歴史がある．Jon Bentley がこの問題をある一人のプログラマに紹介した．そのプログラマ Don Knuth がこの問題のために文芸的 WEB プログラムを書いた．別のプログラマ Doug McIlroy はそのプログラムを文芸批評した．その結果は Bentley の *Communications of the ACM*, 29(6), June 1986 の Programming Pearls というコラムに掲載された．

[*6] 邦訳：『Haskell による並行・並列プログラミング』（2014 年，オライリー・ジャパン）
[*7] 訳注：http://www.sampou.org/haskell/report-revised-j/ に日本語訳がある．
[*8] 邦訳：『Real World Haskell―実戦で学ぶ関数型言語プログラミング』（2009 年，オライリー・ジャパン）
[*9] 邦訳：『プログラミング Haskell』（2009 年，オーム社）

第2章
式，型，値

Haskell においては，定義より，**正しい形式**の式は正しい形式の**型**を持ち，正しい形式の式は正しい形式の**値**を持つ．評価する式を与えると，

- GHCi は式が**構文**として正しいかをチェックする．すなわち，Haskell で定められた構文規則に従っているかをチェックする．
- 構文規則が満たされていれば，GHCi はその式の型を推論する．また，プログラマが与えた型が正しいかどうかをチェックする．
- 式が正しく型付けされていれば，GHCi は式を評価する．評価は式を最も単純な形に簡約し値をえる．値が表示可能なら，GHCi はそれを端末に表示する．

この章ではこれらの過程を詳しく見ながら引き続き Haskell を学ぶ．

2.1 GHCi を使ったセッション

式が正しい形式であるかどうかを確かめるには GHCi を使うというのが 1 つの方法である．:type *expr* というコマンドがあって，*expr* が正しい形式の式であれば，その型が返る．以下は GHCi を使ったセッションの例である（ただし，GHCi の応答のいくつかは省略して表示している）．

```
ghci> 3 + 4)
<interactive>:1:6 parse error on input ')'
```

GHCi は 1 行目の 6 カラム目の文字')' が予期せぬもので誤りであるといっている．すなわち，この式は構文として正しくないということである．

```
ghci> :type 3 + 4
3 + 4 :: Num a => a
```

GHCi は 3 + 4 の型は数値の型であることを表明している．さらに詳しく見よう．

```
ghci> :type if 1 == 0 then 'a' else "a"

<interactive>:1:25: error:
    ? Couldn't match expected type 'Char' with actual type '[Char]'
    ? In the expression: "a"
      In the expression: if 1 == 0 then 'a' else "a"
```

GHCi は次のような条件式の $expr_1$ と $expr_2$ の型が同じであることを期待する．

   if *test* then *expr₁* else *expr₂*

しかし，文字と文字のリストとは異なる型である．したがって，Haskell の構文規則は満たしていても，正しい形式の式とはいえない．

```
ghci> sin sin 0.5

<interactive>:1:1: error:
    ? Non type-variable argument in the constraint: Floating (a -> a)
      (Use FlexibleContexts to permit this)
    ? When checking the inferred type
        it :: forall a. (Floating (a -> a), Floating a) => a
```

GHCi は式が正しい形式の式ではないといっているが，このメッセージはわかりにくい．

```
ghci> sin (sin 0.5)
0.4612695550331807
```

これなら，GHCi も文句はいわない．

```
ghci> :type map
map :: (a -> b) -> [a] -> [b]
```

GHCi は関数 map の型を返している．

```
ghci> map

<interactive>:1:1: error:
    ? No instance for (Show ((a0 -> b0) -> [a0] -> [b0]))
        arising from a use of 'print'
        (maybe you haven't applied a function to enough arguments?)
    ? In a stmt of an interactive GHCi command: print it
```

GHCi は関数を表示する方法がわからないといっている．

```
ghci> :type 1 `div` 0
1 `div` 0 :: Integral a => a
```

GHCi は 1 `div` 0 の型は整数であると表明している．それゆえ式 1 `div` 0 は正しい形式の式であり，

値を持つ．

```
ghci> 1 'div' 0
*** Exception: divide by zero
```

GHCi はエラーメッセージを返している．いったい 1 'div' 0 の値は何か．この値は特別な値で，数学記号としては ⊥ と書き「ボトム（bottom）」と読む．Haskell ではこの値に bottom ではなく undefined という名前が定義済みである．

```
ghci> :type undefined
undefined :: a
ghci> undefined
*** Exception: Prelude.undefined
```

Haskell では ⊥ を評価すると値が求まるのではなく，エラーメッセージを返すか，永久に黙ったままで計算を中断しない限り無限ループに入る．あるいは GHCi がクラッシュすることさえある．

```
ghci> x * x where x = 3

<interactive>:1:7: parse error on input 'where'
ghci> let x = 3 in x * x
9
```

where 節は式を修飾するのではなく，定義の右辺全体を修飾するのでエラーメッセージが表示される．その一方で，以下の let 式は，少なくとも定義部 *defs* および *expr* が正しい形式を持てば，正しい形式の式となる．

   let *defs* in *expr*

let 式はこれ以降あまり頻繁には登場しないが，let 式が便利な場面もある．

2.2 名前と演算子

すでに見たように，スクリプトは名前とその定義を集めたものである．関数や値の名前は，小文字の英字で始める．ただし，データ構成子（これについては後述）は大文字の英字で始める．型（たとえば Int），型クラス（たとえば Num），モジュール（たとえば Prelude あるいは Data.Char）も大文字の英字で始める．

演算子は特殊な関数で（2 つの）引数の間に書く．x + y の + や xs ++ ys の ++ がその例である．演算子名は記号のみで構成される．任意の関数（記号ではないもの）名はバッククォートで囲んで演算子に変換して 2 つの引数の間に置ける．また，任意の演算子は括弧で囲んで引数の間ではなくまえに置ける．以下に例を示す．

   3 + 4 と (+) 3 4   とは同じ．
   div 3 4 と 3 'div' 4 とは同じ．

演算子の優先順位（結合力）はさまざまである．たとえば，

```
3 * 4 + 2         は  (3 * 4) + 2          を意味する.
xs ++ yss !! 3    は  xs ++ (yss !! 3)     を意味する.
```

疑わしいと思えば，括弧を加えると曖昧でなくなる．ところで，リストに名前を付けるのは x や y あるいは goodList など好きにしてよい．しかし，理解の手助けになるのは，ものには x，もののリストには xs，もののリストのリストには xss のような命名方法である．yss を式 yss !! 3 で使った理由はその命名規則に従ってのことである．

同じ優先順位を持つ演算子には結合方向がある．結合方向は左または右のどちらかである．たとえば，通常の算術演算子の結合方向は左であるから，以下がいえる．

```
3 - 4 - 2    は  (3 - 4) - 2    を意味する.
3 - 4 + 2    は  (3 - 4) + 2    を意味する.
3 / 4 * 5    は  (3 / 4) * 5    を意味する.
```

関数適用はすべての演算子よりも優先順位が高く左結合である．

```
eee bah gum        は  (eee bah) gum        を意味する.
eee bah gum * 2    は  ((eee bah) gum) * 2  を意味する.
```

右結合の演算子もある．

```
(a -> b) -> [a] -> [b]   は  (a -> b) -> ([a] -> [b])   を意味する.
x ^ y ^ z                は  x ^ (y ^ z)                を意味する.
eee . bah . gum          は  eee . (bah . gum)          を意味する.
```

もちろん，関数合成のように結合方向が式の意味に影響を与えない（すなわち同じ値である）演算子もある．ここでも曖昧にならないように括弧を追加できる．

新しい演算子は以下のように定義できる．

```
(+++) :: Int -> Int -> Int
x +++ y = if even x then y else x + y
```

条件式の結合力は弱く，上の式の意味は，

```
if even x then y else (x + y)
```

であって，(if even x then y else x) + y ではない．ここでも，括弧を使って異なるグループ化を行える．

(+++) に対して優先順位と結合方向を宣言できるがここでは説明しない．

セクションと λ 抽象式

これはスタイルの問題であるが，ほとんどの場合，スクリプト中ではちょっとした補助関数にもはっきり名前を付けるほうがよい．したがって，数値に 1 を加える関数や 2 倍する関数が必要なら以下のような関数名を付けることになる．

```
inc, double :: Integer -> Integer
inc n = n + 1
double n = 2 * n
```

しかしながら，Haskell ではこの 2 つの関数を定義する別の方法がある．この方法を**セクション**といい，上の 2 つの関数は，それぞれ (+ 1)，(2 *) と書ける．セクションにおいては演算子の引数が 1 つ演算子についてくる．すなわち，以下のような関係になる．

```
(+ 1) n = n + 1
(0 <) n = 0 < n
(< 0) n = n < 0
(1 /) x = 1 / x
```

セクションは単純な補助関数の名前としては確かに魅力的である．「適度に使うのがよいもの」リストに追加しておこう．

セクションに関しては注意すべき要点が 1 つある．(+ 1) は数値に 1 を加えるセクションであるが，(- 1) は数値の -1 であって，1 を引く**セクションにはならない**[*1]．Haskell ではマイナス記号は，減法の 2 項演算子と負の数を表す前置単項演算子との両方の意味で使う．

ここで数値を 2 倍してから 1 を加える関数が欲しいとしよう．この関数は 2 つのセクションの合成 (+ 1) . (* 2) で実現できる．しかし，これはあまりおもしろくない．少々難解で，読んでから意味を理解するまでに少し間ができる．代替としては関数に名前を付けることになりそうだが，どのような名前を付ければよいだろうか．思いつかない．

他の選択としては λ 抽象式 \ n -> 2 * n + 1 を使う．数学では，関数を $\lambda n. 2*n+1$ と表すことにならってこれを λ 抽象式という．この式は「$2*n+1$ を返す n の関数」と読む．その使用例は以下のとおり．

```
ghci> map (\ n -> 2 * n + 1) [1..5]
[3,5,7,9,11]
```

λ 抽象式を使うのが最善という場合もなくはないが，ごくまれで，本書で使うことはほとんどない．

2.3 評価

Haskell の処理系は式を可能な限り単純な形式に簡約することで評価を行い，その結果を表示する．たとえば，以下のような定義をしたとする．

```
sqr :: Integer -> Integer
sqr x = x * x
```

sqr (3 + 4) を最も単純な形式すなわち 49 にするには 2 通りの方法がある．3 + 4 をまず評価するか，sqr の定義をまず適用するかである．

[*1] 訳注：subtract を使えば，望みの 1 を引く関数は subtract 1 で構成できる．

第2章 式, 型, 値

```
    sqr (3 + 4)                    sqr (3 + 4)
  = sqr 7                        = let x = 3 + 4 in x * x
  = let x = 7 in x * x           = let x = 7 in x * x
  = 7 * 7                        = 7 * 7
  = 49                           = 49
```

簡約ステップ数はどちらの場合も同じであるが, 簡約順序は少し異なっている. 左側の方法を**最内簡約**あるいは先行評価 (eager evaluation) という. 右側の方法を**最外簡約**あるいは遅延評価 (lazy evaluation) という. 先行評価では常に引数は関数を適用するまえに評価される. 遅延評価では引数は関数の定義が引数を必要とする場合にのみ1度だけ評価される.

あまり違いはないように見えることだろう. しかし, 以下のような (少し省略のある) 簡約列を考える. これは対の第1構成要素を返す関数 fst に関するものである. fst (x, y) = x である.

```
    fst (sqr 1, sqr 2)             fst (sqr 1, sqr 2)
  = fst (1 * 1, sqr 2)           = let p = (sqr 1, sqr 2) in fst p
  = fst (1, sqr 2)               = sqr 1
  = fst (1, 2 * 2)               = 1 * 1
  = fst (1, 4)                   = 1
  = 1
```

ここでの要点は, 先行評価のもとでは sqr 2 の値が計算され, 遅延評価のもとでは sqr 2 の値は必要とされないので計算されないということである.

以下のような定義を加えたとしよう.

```
    infinity :: Integer
    infinity =  1 + infinity

    three :: Integer -> Integer
    three x = 3
```

infinity を評価しようとすると黙ったまま GHCi は 1 + (1 + (1 + (1 + (1 + ... を計算しようとして考え込んでしまう. いずれメモリを使い果してエラーメッセージが表示される. infinity の値は ⊥ である.

three infinity の評価方法はここでも2通りある.

```
    three infinity                 three infinity
  = three (1 + infinity)         = let x = infinity in 3
  = three (1 + (1 + infinity))   = 3
  = ...
```

ここでも, 先行評価では infinity を評価しようとして, 止まったように見えるが, 遅延評価ならすぐに答 3 を返す. 3 を返すのに three の引数を評価する必要はないのである.

もう1つ階乗関数の定義を見よう.

```
factorial :: Integer -> Integer
factorial n = fact (n, 1)

fact :: (Integer, Integer) -> Integer
fact (x, y) = if x == 0 then y else fact (x - 1, x * y)
```

これも**再帰定義**である（infinity の定義も，前章の song も再帰定義であった）．再帰関数を含む式の評価も含まない式と同じである．
以下は2つの評価図式による簡約系列である（条件式の単純化を含むステップを書いていないのには別の理由がある）．

```
factorial 3                     factorial 3
= fact (3, 1)                   = fact (3, 1)
= fact (3 - 1, 3 * 1)           = fact (3 - 1, 3 * 1)
= fact (2, 3)                   = fact (2 - 1, 2 * (3 * 1))
= fact (2 - 1, 2 * 3)           = fact (1 - 1, 1 * (2 * (3 * 1)))
= fact (1, 6)                   = 1 * (2 * (3 * 1))
= fact (1 - 1, 1 * 6)           = 1 * (2 * 3)
= fact (0, 6)                   = 1 * 6
= 6                             = 6
```

ここで見るべき要点は簡約ステップ数は基本的に同じであるが，遅延評価では答をえるのにより多くのメモリが必要となることである．評価まえに 1 * (2 * (3 * 1)) という式がメモリ上に構築されるのである．
遅延評価の損得を説明しよう．プラス面は，停止する簡約順があるなら遅延評価は必ず停止するということである．さらに，先行評価よりも多くの簡約ステップが必要になることはなく，場合によっては，先行評価よりもはるかに少ない簡約ステップで済むということである．マイナス面は，必要となるメモリ空間が先行評価よりも大きくなるということである．さらに，計算の順序を正確に理解するのが難しくなるということである．
Haskell は遅延評価を採用し，（もう1つのよく使われる関数型言語）ML は先行評価を採用している．練習問題 D ではなぜ遅延評価がよいのかを考察する．遅延評価の詳細は7章で扱う．
Haskell の関数 f が f undefined = undefined であるとき，f は**正格** (strict) であるという．そうでなければ，**非正格** (non-strict) であるという．先に定義した three は非正格である．一方，(↑) は両方の引数に関して正格である．Haskell では遅延評価を採用しているので，非正格関数を定義できる．これが，Haskell が非正格関数型言語と呼ばれる理由である．
Haskell には Int, Float, Char のような組み込み（あるいはプリミティブ）型と呼ぶ型がある．論理値の型 Bool は標準プレリュードで以下のように定義されている．

```
data Bool = False | True
```

宣言により Bool 型には False, True という2つのデータ**構成子**がある．Bool 型には2つではなく，3つの値がある．それは False, True, undefined :: Bool である．最後の値が必要な理由は何か．こんな関数を考えてみよう．

```
to :: Bool -> Bool
to b = not (to b)
```

プレリュードでは not は

```
not :: Bool -> Bool
not True = False
not False = True
```

to の定義は完全に正しい形式であるが，to True を評価しようとすると，GHCi は無限ループに陥る．したがって，その値は ⊥ であり，その型は Bool である．data 宣言についてはあとの章でもより詳しく説明する．

Haskell では以下のような組み込みの複合型がある．

[Int] はすべての要素の型が Int であるようなリスト
(Int, Char) は Int と Char からなる対
(Int, Char, Bool) は 3 つ組
() は空タプル
Int -> Int は Int から Int への関数

型 () の唯一まともな値は () と表す．実際は () 型には 2 つめの値 undefined :: () がある．このように，すべての型に ⊥ という値があることを認識しておこう．

すでに述べたように，値や関数を定義するときには定義の一部として型シグネチャを書くというのがよい考え方である．

リストから最初の n 個の要素を取り出す関数 take n を考えよう．この関数は前章でも出てきた．使用例は以下のとおり．

```
take 3 [1, 2, 3, 4, 5] = [1, 2, 3]
take 3 "category"     = "cat"
take 3 [sin, cos]     = [sin, cos]
```

2.4 型と型クラス

take に割りあてられるのはどのような型か．リストの要素の型はなんでもよいので，take は多相関数といい，以下のような型で表す．

```
take :: Int -> [a] -> [a]
```

a は**型変数**である．型変数名は小文字で始まる．型変数はどのような型にでも具体化できる．

ほかにも例がある．

```
(++) :: [a] -> [a] -> [a]
map :: (a -> b) -> [a] -> [b]
(.) :: (b -> c) -> (a -> b) -> (a -> c)
```

最後の例は多相的な関数合成演算子の型である．

では，(+) の型はどのような型か．以下はその候補である．

```
(+) :: Int -> Int -> Int
(+) :: Float -> Float -> Float
(+) :: a -> a -> a
```

最初の 2 つは特定の型でしか使えないので不便である．一方，最後のものは一般化しすぎている．というのも，2 つの関数を加える，2 つの文字を加える，2 つの論理値を加えることは，少なくとも自明な方法ではできない．

解は**型**クラスを導入することである．

```
(+) :: Num a => a -> a -> a
```

この宣言は (+) の型が，任意の**数値型** a について a -> a -> a であると表明したものである．型クラスにはそれぞれ，決まった名前のついた一連のメソッドがある．たとえば，(+) は Num クラスのメソッドの 1 つである．メソッドは，その型クラスのインスタンスごとに別々に定義できる．それゆえ，型クラスは**多重定義された関数**，すなわち，同じ名前であるが定義は異なる関数を提供する．多重定義はもう 1 つの多相性である．

数値は複雑なので，次章で詳細に解説する．ここではより単純な Eq クラスで型クラスを説明する．

```
class Eq a where
  (==),(/=) :: a -> a -> Bool
  x /= y    = not (x == y)
```

これは同値性型クラスを導入するもので，そのクラスのメンバーは，同一の同値性確認演算子 (==) と非同値性確認演算子 (/=) が使えるようになる．クラス定義の一部として (/=) が既定として定義されているので，ユーザが定義しなければならないのは (==) だけである．

この Eq 倶楽部のメンバーになるには**インスタンス**（instance）を定義しなければならない．例を挙げよう．

```
instance Eq Bool where
  x == y = if x then y else not y

instance Eq Person where
  x == y = (pin x == pin y)
```

pin :: Person -> Pin であれば，最後のインスタンスが正しいものであるためには Eq Pin でなければならない．もちろん，Person を同値性倶楽部のメンバーにする必要はない．以下のような定義が可能だからである．

```
samePerson :: Person -> Person -> Bool
samePerson x y = (pin x == pin y)
```

しかし，instance 宣言がなければ samePerson の代わりに (==) を使えない．

ほかにも型クラス Ord と Show の簡略版を挙げておく．

第 2 章 式, 型, 値

```
class (Eq a) => Ord a where
  (<),(<=),(>=),(>) :: a -> a -> Bool
  x < y = not (x >= y)
  x <= y = x == y || x < y
  x >= y = x == y || x > y
  x > y = not (x <= y)

class Show a where
  show :: a -> String
```

論理値演算子 (||) は選言 (論理和) を表す. a || b は少なくとも a か b のどちらかが真であるときにのみ真である. この演算子は以下のように定義できる.

```
(||) :: Bool -> Bool -> Bool
a || b = if a then True else b
```

Ord クラスのメソッドの既定の定義は互いに依存している. したがって, この依存を解くためにはそれぞれのインスタンスで少なくとも 1 つのメソッドについて定義を与えなければならない (Eq クラスの場合は (/=) だけが既定の定義として与えられているところが違う). 型クラス Ord は上位クラス (superclass) として Eq を必要とする. それは 4 つの比較演算子を既定として定義するときに (==) を使っているからである.

　型クラス Show は計算結果を表示するのに使う. Haskell は, 計算結果の型が Show のメンバーでないかぎり, その結果を表示できない. これについてもう少し詳しく説明しよう.
　ちょっとしたミステリーを示す.

2.5　値の表示

```
ghci> "Hello" ++ "\n" ++ "young" ++ "\n" ++ "lovers"
"Hello\nyoung\nlovers"
```

あれっ. 欲しかったのは,

```
Hello
young
lovers
```

という表示だった. なぜ Haskell はそう表示しなかったのか.
　理由はこうだ. 正しい形式の式を評価して値を生成したあと, Haskell はその値に show を適用して端末に表示できる文字列を生成する. show を値 v に適用して, 表示されると v の値に見える文字列を生成する. したがって,

42

```
show 42         = "42"
show 42.3       = "42.3"
show 'a'        = "'a'"
show "hello\n"  = "\"hello\\n\""
```

である．計算結果を表示するには Haskell のコマンド[*2]を使うことになる．

```
putStrLn :: String -> IO ()
```

IO a というのは特別な型で，入出力計算を表す．これは実行すると外界となんらかの相互作用を行い，型 a の値を返す．`putStrLn` のように返り値に興味はない場合は空タプル () を返すようにする．

このように，Haskell では一律に文字列に変換して出力という戦略を適用して値を表示する．先に挙げた挨拶文言はすでに文字列になっているので，実際は文字列に変換するステップを省略して直接出力すればよいのである．

```
ghci> putStrLn ("Hello" ++ "\n" ++ "young" ++ "\n" ++ "lovers")
Hello
young
lovers
```

Haskell には入出力用に多くのコマンドがある．ファイルからの読み込み，ファイルへの書き出し，グラフィックの描画，などである．このようなコマンドは正しい順序で並べなければならない．そのために Haskell では do 記法という特別な記法が用意されている．コマンドについては 10 章で主題として取りあげるが，ここでちょっとだけ味見をしよう．

頻出単語問題を例にとって考える．前章では以下の関数を定義した．

```
commonWords :: Int -> String -> String
```

この定義では `commonWords n` はテキスト文字列を取り，テキスト中の頻出単語上位 n 個の表を表す文字列を返す．以下のプログラムはテキストをファイルから読み，結果をファイルに出力する．FilePath は文字のリストのもう 1 つの型シノニムである．

```
cwords :: Int -> FilePath -> FilePath -> IO ()
cwords n infile outfile
  - do { text <- readFile infile
      ; writeFile outfile (commonWords n text)
      ; putStrLn "cwords done!"
      }
```

Windows での実行例は以下のようになる．

```
ghci> cwords 100 "c:\\WarAndPeace" "c:\\Results"
```

実行すると `c:\WarAndPeace` というファイルが読み込まれ，結果が `c:\Results` というファイルに書き込まれる．このプログラムは端末にもメッセージを表示する．構成要素となっている 2 つの関数の型は以下の

[*2] 訳注：IO モナドによるアクションのこと．詳しくは 10 章を参照のこと．

とおりである.

```
readFile  :: FilePath -> IO String
writeFile :: FilePath -> String -> IO ()
```

cwords を対話セッションで呼ぶのではなく,スタンドアローンプログラムとして使いたいのであれば,IO () 型の識別子 main の値を定義しなければならない.以下がそのプログラムの例である.

```
main = do { putStrLn "Take text from where:"
          ; infile <- getLine
          ; putStrLn "How many words:"
          ; n <- getLine
          ; putStrLn "Put results where:"
          ; outfile <- getLine
          ; text <- readFile infile
          ; writeFile outfile (commonWords (read n) text)
          ; putStrLn "cwords done!"
          }
```

read の説明は練習問題 H を参照すること.頻出単語スクリプトが cwords.hs というファイルにあれば,これを GHC（Glasgow Haskell Compiler）を使ってコンパイルできる.

```
$ ghc cwords.hs
```

コンパイル済みのプログラムは Windows ではファイル cwords.exe に格納される.これを走らせるには,まず以下のようにタイプする.

```
$ cwords
```

そのあと指示に従う.

2.6 モジュール

関数 commonWords は便利なので,他のスクリプトでも利用したいと考えたとしよう.他のスクリプトでも利用するためには,頻出単語のスクリプトをモジュールにする.まず,スクリプトを次のように書く.

```
module CommonWords (commonWords) where
import Data.Char (toLower)
import Data.List (sort, words)
...
commonWords :: Int -> String -> String
...
```

module 宣言のあとに英字大文字で始まるモジュール名を書く.さらにこのスクリプトを CommonWords.lhs というファイルに格納しなければならない（これは文芸的スクリプトを用いる場合で,用いないときは CommonWords.hs とする）.モジュール名のあとにくるのはエクスポートリストである.ここには他のスク

リプトへエクスポートしたい関数，型，値を括弧で囲んで書く．今は関数 commonWords だけをエクスポートする．そのモジュールで定義されたもので，他のモジュールから見えるのは，エクスポートされたものだけである．エクスポートリストを省略するとモジュール内のすべてがエクスポートされる．

GHC を使ってこのモジュールをコンパイルできる．そのあと他のスクリプトでインポート宣言を使ってこれをインポートする．

```
import CommonWords (commonWords)
```

Haskell のモジュールには 2 つの大きな特長がある．1 つはスクリプトを一口サイズにして関連する関数を小さなグループに分けて別々のモジュールに収められるということである．もう 1 つの利点はコンパイル済みモジュールの関数は，簡約がより滑らかに進む計算機専用のコードにコンパイルされているので，計算が速くなる．GHCi はコンパイラではなく**インタプリタ**であり，内部形式の式に変換してから評価する．内部形式は Haskell のソースにごく近い表現である．

2.7　Haskell のレイアウト

do 記法の例ではブレース（{と}）とセミコロンを使った．これは**明示的レイアウト**の例である．ブレースとセミコロンはレイアウトを制御するためにのみ用いられ，Haskell の式としての意味はない[*3]．do 記法以外でも使える．

```
    roots :: (Float, Float, Float) -> (Float, Float)
    roots (a, b, c)
       | a == 0    = error "not quadratic"
       | disc < 0  = error "complex roots"
       | otherwise = ((-b - r) / e, (-b + r) / e)
       where
         { disc = b * b - 4 * a * c; r = sqrt disc; e = 2 * a }
```

ここの where 節では，Haskell のレイアウトルールを使わずに，ブレースとセミコロンで明示している．こう書かずに，

```
    where
      disc = b * b - 4 * a * c
      r    = sqrt disc
      e    = 2 * a
```

と書くこともできる．しかし，

```
    where
      disc = b * b - 4 * a * c
        r = sqrt disc
          e = 2 * a
```

とは書けない．キーワード where，do，let の直後でブレースを開かなかった場合には，レイアウトルール

[*3] 訳注：他の多くの言語ではセミコロンは終端子であるが，Haskell ではセミコロンは区切り子である．

（もしくは**オフサイドルール**）が適用される．オフサイドルールが発動されると，改行のあるなしにかかわらず，次の項目の字下げ位置が記憶される．そのあとに続く行で，さらに余分に字下げがあればその行は直前の行の継続行になる．字下げが同じであれば，新しい項目が始まる．字下げが少ない場合は，当該レイアウトが終了する．これがオフサイドルールの概要である．

型クラス宣言やインスタンス宣言で字下げがなされているのは，このオフサイドルールがあるからである．

```
class Foo a where
   I am part of the class declaration.
   So am I.
Now the class declaration has ended.
```

疑わしいところがあればいつでもブレースとセミコロンを追加できる．do 記法を使う際のオフサイドルールで混乱することもある．揃えること，ブレースとセミコロンを使うことをお勧めする．

サッカーでもオフサイドルールはややこしいものである．

2.8 練習問題

練習問題 A

優先順位に関する問題である．この問題は *Guardian* 紙の Chris Maslanka のパズル欄にあったものである．

2 たす 2 の半分は 2 かそれとも 3 か．

練習問題 B

以下の式の中には，構文として正しくないもの，構文としては正しいが意味のある型を持たないもの，正しい形式のものがある．それぞれどれにあたるか．正しい形式の式については適切な型を答えよ．ただし，`double :: Int -> Int` とせよ．計算機で答をチェックしないで，手でチェックすることを勧める．計算機でチェックしたときには訳のわからないエラーメッセージがでるのを覚悟すること．

```
[0,1)
double -3
double (-3)
double double 0
if 1 == 0 then 2 == 1
"++" == "+" ++ "+"
[(+), (-)]
[[], [[]], [[[]]]]
concat ["tea", "for", '2']
concat ["tea", "for", "2"]
```

練習問題 C

かつては論文のタイトルを以下のように書くことが許されていた．

> The morphology of prex — an essay in meta-algorithmics

最近では，すべての単語の先頭を大文字で書くよう求められることが多いようである．

> The Morphology Of Prex — An Essay In Meta-Algorithmics

上のような論文タイトルの大文字化を行う関数 `String -> String` を書け．まずは以下の質問に答えよ．

1. 関数 `toLower :: Char -> Char` は英字を小文字に変換する．標準ライブラリの英字を大文字に変換する関数はどういう名前だと思うか．
2. 関数 `words :: String -> [Word]` は前章で使った関数である．プレリュード関数 `unwords :: [Word] -> String` は何をする関数だと思うか．ヒント：以下の等式の一方だけが成り立つとすればどちらか．
   ```
   words . unwords = id
   unwords . words = id
   ```
3. 関数 `head :: [a] -> a` は空ではないリストの先頭を返す．関数 `tail :: [a] -> [a]` は空ではないリストから先頭要素を取り除いた残りのリストすなわち末尾部分を返す．あるリストの先頭が x で末尾部が xs だとすると，もとのリストを再構成するにはどうすればよいか．

練習問題 D

Beaver は先行評価器であり，Susan は遅延評価器である[*4]．`head (map f xs)` を Beaver で計算すると f は何回評価されるか．ただし，xs は長さ n のリストである．Susan で計算すると何回になるか．Beaver で計算するなら，`head . map f` の代替としてどうするのがよいか．

`filter p` はリストを濾過する関数で，論理テスト p を満たす要素だけを残す関数である．`filter` の型は以下のとおり．

```
filter :: (a -> Bool) -> [a] -> [a]
```

Susan のほうは `head . filter p` を p を満たすリストの最初の要素を探す関数として使える．Beaver ではこの関数を使わない理由を述べよ．

その代わり Beaver では以下のように定義した関数を使うことになる．

```
first :: (a -> Bool) -> [a] -> a
first p xs | null xs   = error "Empty list"
           | p x       = ...
           | otherwise = ...
           where
             x = head xs
```

[*4] 訳注：eager beaver や lazy susan が何か知りたければ，辞書を調べてみるとよい．

関数 null は空リストに対して True を返し，そうでないリストに対しては False を返す．error message を評価するとプログラムの実行を停止し文字列 message を端末に表示する．したがって，error message の値は ⊥ である．Beaver 用の first 関数の右辺を完成せよ．

Beaver 用の head . filter p . map f の代替はどうなるか．

練習問題 E

Maybe 型は標準プレリュードで以下のように宣言されている．
```
  data Maybe a = Nothing | Just a
                 deriving (Eq, Ord)
```
この宣言は deriving 節を使っている．Haskell ではいくつかの標準型クラスのインスタンスを自動で生成できる型がある．この場合には，いちいち以下のように面倒な宣言をしなくてもよいということである．

```
  instance (Eq a) => Eq (Maybe a) where
    Nothing == Nothing = True
    Nothing == Just y  = False
    Just x  == Nothing = False
    Just x  == Just y  = x == y

  instance (Ord a) => Ord (Maybe a) where
    Nothing <= Nothing = True
    Nothing <= Just y  = True
    Just x  <= Nothing = False
    Just x  <= Just y  = x <= y
```

Nothing が Just y よりも小さいと宣言されている理由は，単に Maybe のデータ宣言でデータ構成子 Nothing が Just よりも先に現れているからにすぎない．

Maybe が便利なのは失敗を組織的に扱える方法を提供するからである．もう 1 度，先の練習問題での関数を考えよう．

```
  first p = head . filter p
```

先行評価の Beaver であっても，遅延評価の Susan であっても，この定義の場合，first p を空リストに適用するとエラーメッセージが返る．これは嬉しくない．以下のように定義するほうがずっとよい．

```
  first :: (a -> Bool) -> [a] -> Maybe a
```

これで失敗をうまく処理したことになる．テストを満たす要素がないときには Nothing を返せばよい．このより好ましいバージョンの first を定義せよ．

最後に Maybe a -> Maybe a 型の関数はいくつあるか数えよ[5]．

---

[5] 訳注：Maybe a の a は型変数であって，値について具体的な情報がないことに注意せよ．

練習問題 F

以下は x の n 乗を計算する関数である．ただし，$n \geq 0$ とする．
```
exp :: Integer -> Integer -> Integer
exp x n | n == 0    = 1
        | n == 1    = x
        | otherwise = x * exp x (n - 1)
```
exp x n を計算するのに何回の乗算が必要か．半可通プログラマの尻高君は exp x n をずっと少ない乗算回数で計算できると主張する．
```
exp x n | n == 0 = 1
        | n == 1 = x
        | even n = ...
        | odd n  = ...
```
... の部分を補え．尻高君の方法では exp x n を計算するのに必要な乗算の回数は何回か．ただし，$2^p \leq n < 2^{p+1}$ とする．

練習問題 G

日付は 3 つの整数 $(day, month, year)$ で表現されるものとする．以下のようになる関数 showDate :: Date -> String を定義せよ．
```
showDate (10, 12, 2013) = "10th December, 2013"
showDate (21, 11, 2020) = "21st November, 2020"
```
Int は型クラス Show のインスタンスであり，show n は整数 n の 10 進表現文字列を生成することに注意せよ．

練習問題 H

クレジットカード会社 Foxy は 10 桁のカード識別番号（CIN）を持つカードを発行している．最初の 8 桁は任意であるが，最後の 2 桁は最初の 8 桁の和に等しいチェックサムになっている．たとえば，「6324513428」という CIN は最初の 8 桁の和が 28 なので正しい CIN である．

8 桁の数字を受け取り，チェックサムを追加した 10 桁の数字を表す文字列を返す関数 addSum :: CIN -> CIN を構成せよ．CIN は String の型シノニムであるが，数字の文字列に限定されている．（Haskell の型シノニムはこのような型制約を強制できないことに注意してもらいたい．）数字と対応する数との間の変換が必要になる．一方向は簡単で単に show を用いればよい．反対方向も簡単で，
```
getDigit :: Char -> Int
getDigit c = read [c]
```
とすればよい．read 関数は型クラス Read のメソッドで以下の型を持つ．
```
read :: Read a => String -> a
```

この型クラス Read は型クラス Show の双対であり，read は show の双対である．使用例を以下に挙げる．

```
ghci> read "123" :: Int
123
ghci> read "123" :: Float
123.0
```

関数 read を使うときには結果の型を与える必要がある．式に対してこのように型注釈を付けることは常に可能である．

次に，識別番号が正しいかどうかを判定する関数 valid :: CIN -> Bool を構成せよ．take 関数を使うのが便利であろう．

練習問題 I

定義によれば，回文とは，文節記号，空白文字，大文字小文字の区別を除くと，まえから読んでも，うしろから読んでも同じになるような文字列のことである．対話プログラム

```
palindrome :: IO ()
```

を書け．このプログラムを走らせると以下のような対話セッションができるものとする．

```
ghci> palindrome
Enter a string:
Madam, I'm Adam
Yes!

ghci> palindrome
Enter a string:
A Man, a plan, a canal - Suez!
No!

ghci> palindrome
Enter a string:
Doc, note I dissent. A fast never prevents a fatness. I diet on cod.
Yes!
```

関数 isAlpha :: Char -> Bool は文字が英字であるかを判定する関数である．
関数 reverse :: [a] -> [a] はリストを逆順にする関数である．reverse は標準プレリュードで，isAlpha は Data.Char ライブラリで提供されている．

2.9 練習問題の解答

練習問題 A の解答

Maslanka のパズルの解は「そのとおり」である．このパズルに怒ったりっぱな計算機科学者は大勢いる．

練習問題 B の解答

筆者の GHCi セッションは以下のようになった（説明を加えてある）.
```
ghci> :type [0, 1)
<interactive>:1:6: parse error on input ')'
```
GHCi は「)」が誤りであることは知っているが，これを「]」にすればよいと示してくれるほどは賢くない.
```
ghci> :type double -3

<interactive>:1:1: error:
    ? No instance for (Num (Int -> Int)) arising from a use of '-'
        (maybe you haven't applied a function to enough arguments?)
    ? In the expression: double - 3
```
エラーメッセージがいわんとしていることは，数値の減法 (-) の型は，Num a => a -> a -> a であるから，double - 3 が正しい形式の式であるためには（もちろん，double -3 を型付けるのであるが，この場合空白は意味を成さない），double が数値でなければならない．すなわち，(Int -> Int) 型が Num クラスのインスタンスでなければならない．しかし，ここではそうはなっていないので，意味のある方法で関数から数を減ずることはできない．
```
ghci> :type double (-3)
double (-3) :: Int
ghci> :type double double 0

<interactive>:1:1: error:
    ? Couldn't match expected type 'Integer -> t'
                  with actual type 'Int'
    ? The function 'double' is applied to two arguments,
      but its type 'Int -> Int' has only one
      In the expression: double double 0

<interactive>:1:8: error:
    ? Couldn't match expected type 'Int' with actual type 'Int -> Int'
    ? Probable cause: 'double' is applied to too few arguments
      In the first argument of 'double', namely 'double'
      In the expression: double double 0
```
ほとんどの GHCi のエラーメッセージは明瞭である．
```
ghci> :type if 1 == 0 then 2 == 1
<interactive>:1:22:
    parse error (possibly incorrect indentation or mismatched brackets)
```

else 節がないので条件式が完結していない.

```
ghci> :type "++" == "+" ++ "+"
 "++" == "+" ++ "+" :: Bool
ghci> "++" == "+" ++ "+"
True
```

==の両辺が正しく形成されており，この式は正しい形式の式である．式の値は，両辺が同じリストであることを表している．

```
ghci> :type [(+), (-)]
[(+), (-)] :: Num a => [a -> a -> a]

ghci> [(+), (-)]

<interactive>:1:1: error:
    ? No instance for (Show (a0 -> a0 -> a0))
        arising from a use of 'print'
        (maybe you haven't applied a function to enough arguments?)
    ? In the first argument of 'print', namely 'it'
      In a stmt of an interactive GHCi command: print it
```

[(+),(-)] の値を表示するには要素を表示できなければならない．しかし，関数を表示する方法は提供されていない．

```
ghci> :type [[], [[]], [[[]]]]
[[], [[]], [[[]]]] :: [[[[a]]]]
```

全体のリストの型を [b] であるとする．1 つめの要素はリストなので，b = [c] である．2 つめの要素はリストのリストなので，c = [d] である．3 つめの要素はリストのリストのリストなので d = [a] である．

```
ghci> :type concat ["tea", "for", '2']

<interactive>:1:23: error:
    ? Couldn't match expected type '[Char]' with actual type 'Char'
    ? In the expression: '2'
      In the first argument of 'concat', namely '["tea", "for", '2']'
      In the expression: concat ["tea", "for", '2']
```

リストの先頭 2 つの要素の型は [Char] であるが最後の要素の型は Char である．これは許されない．

```
ghci> :type concat ["tea", "for", "2"]
concat ["tea", "for", "2"] :: [Char]
ghci> concat ["tea", "for", "2"]
"teafor2"
```

練習問題 C の解答

1. もちろん toUpper.
2. 単語を空白を 1 つ挟んで連結する.
    ```
    words . unwords = id
    ```
   が成り立つ. しかし, unwords . words = id は成り立たない.
3. [x] ++ xs.
    ```
    modernise :: String -> String
    modernise = unwords . map capitalise . words

    capitalise :: Word -> Word
    capitalise xs = [toUpper (head xs)] ++ tail xs
    ```
   4 章で capitalise の別の書き方を説明する.

練習問題 D の解答

遅延評価では, head (map f xs) の計算において f は 1 回しか評価されないが, 先行評価では n 回評価される. Beaver では head . map f = f . head という恒等式をうまく使わなくてはならない.

Beaver では first p = head . filter p と定義せずに以下のように定義することになる.
```
first :: (a -> Bool) -> [a] -> a
first p xs | null xs    = error "Empty list"
           | p x        = x
           | otherwise = first p (tail xs)
           where
             x = head xs
```

また, Beaver では first' p f = head . filter p . map f とは定義せずに以下のように定義することになる.
```
first' :: (b -> Bool) -> (a -> b) -> [a] -> b
first' p f xs | null xs    = error "Empty list"
              | p x        = x
              | otherwise = first' p f (tail xs)
              where
                x = f (head xs)
```

要点は先行評価においてはほとんどの関数は, 便利な map や filter のような部品関数を使わず, 明示的な

第 2 章 式, 型, 値

再帰を使って定義しなければならない．

練習問題 E の解答

遅延評価の Susan なら以下のように書くことになるだろう．
```
first p xs = if null ys then Nothing
             else Just (head ys)
             where
               ys = filter p xs
```

Maybe a -> Maybe a 型の関数については，正格関数はちょうど 12 個ある．Nothing に適用した場合は，Nothing, Just undefined, undefined を返すしかない．Just x に適用した場合は，Nothing, Just x, Just undefined, undefined のどれかを返すしかない．また，非正格関数は，const Nothing, const (Just undefined), \ x -> Just (case x of Nothing -> undefined; Just v -> v) の 3 個だけである．したがって，Maybe a -> Maybe a という型の関数は全部で 15 個ある[*6]．要点はもとになる型については，なにもわからないということである．したがって，新しいまともな値を作れないのである．これが，関数が全部で 15 個しかない理由である．

練習問題 F の解答

exp x n を計算するのに n-1 回の乗算が必要である．尻高君の方法では，恒等式 $x^{2m} = (x^2)^m$ と $x^{2m+1} = x(x^2)^m$ を使って以下のような再帰定義をえる．
```
exp x n | n == 0 = 1
        | n == 1 = x
        | even n = exp (x * x) m
        | odd n = x * exp (x * x) m
        where
          m = n `div` 2
```

これは分割統治アルゴリズムの例である．尻高君のプログラムで乗算はたかだか $2p$ 回である．ここで，$2^p \leq n < 2^{p+1}$ である．したがって，$p = \lfloor \log n \rfloor$ である．ただし，$\lfloor x \rfloor$ は x の床，すなわち x を超えない最大の整数を返す．床関数については次章で詳しく考察する．

練習問題 G の解答

```
showDate :: Date -> String
showDate (d, m, y) = show d ++ suffix d ++ " "
                     ++ months !! (m - 1) ++ ", " ++ show y
```
関数 suffix は正しい接尾辞を計算する．

[*6] 訳注：seq は使わないものとする．

```
suffix d = if d == 1 || d == 21 || d == 31 then "st"
           else if d == 2 || d == 22 then "nd"
                else if d == 3 || d == 23 then "rd"
                     else "th"

months = ["January",......]
```

序数詞の処理について，もっと凝った suffix にこだわってしまうなら，「単純な解決法が最善のこともある」ことに気づくべきである．

練習問題 H の解答

解答例：
```
addSum :: CIN -> CIN
addSum cin = cin ++ show (n `div` 10) ++ show (n `mod` 10)
             where
                 n = sum (map getDigit cin)

valid :: CIN -> Bool
valid cin = cin == addSum (take 8 cin)
```

練習問題 I の解答

解答例：
```
import Data.Char (toLower, isAlpha)

palindrome :: IO ()
palindrome
   = do { putStrLn "Enter a string:"
        ; xs <- getLine
        ; if isPalindrome xs then putStrLn "Yes!"
          else putStrLn "No!"
        }

isPalindrome :: String -> Bool
isPalindrome xs = (ys == reverse ys)
                  where
                      ys = map toLower (filter isAlpha xs)
```

2.10 章末ノート

　この章ではいくどとなくHaskellの「標準プレリュード」を参照した．これは，多くのプログラミングで不可欠な基本型，基本クラス，基本関数，その他の値をまとめたものである．この標準プレリュードの完全な説明についてはHaskellの言語レポート8章あるいは以下のWebページを参照してもらいたい[*7]．

　　　http://www.haskell.org/onlinereport/standard-prelude.html

関数プログラミング言語，特にHaskellの実装については http://www.haskell.org/ を参照してもらいたい．Simon Peyton Jonesらによる少し古い書籍に *The Implementation of Functional Programming Languages*（1987, Prentice Hall）があり既に絶版になっているが，以下のサイトにある．

　　　http://research.microsoft.com/~simonpj/papers/slpj-book-1987/

GHC以外にも保守が続けられているHaskellコンパイラの1つに，UHC（Utrecht Haskell Compiler）があり，ホームページは http://www.cs.uu.nl/wiki/UHC である．

　先行評価-対-遅延評価の論争については，Bob Harperのブログ記事 *The point of laziness* を読むとよい．

　　　http://existentialtype.wordpress.com/2011/04/24/

このブログでHarperは，自分が正格な言語を好む理由をいくつか列挙している．それに対するAugustssonの応答も読んでもらいたい．Augustssonの主旨は練習問題Dで強調されているものと同じである．つまり，正格評価のもとでは，効率の点からプログラムの定義は，多くの場合，明示的再帰を用いたものにならざるをえないということである．そうなると，単純な標準関数から定義を組み立てることができなくなり，部品となる関数が持つ法則を適用するという方法では関数に関する論証ができないことになる．

　Bob Harperは *The Definition of Standard ML (Revised)*（1989, MIT Press）の著者の一人である．MLは正格評価の関数プログラミング言語である．入門書は以下にある．

　　　http://www.cs.cmu.edu/~rwh/isml/book.pdf

もう1つ人気上昇中の言語にAgdaがある．Agdaは依存型を持つ関数プログラミング言語であると同時に，証明支援系でもある．詳細はAgdaのホームページ

　　　http://wiki.portal.chalmers.se/agda/pmwiki.php

Chris MaslankaはGuardian紙の日曜版にレギュラーコラムをもっている．

[*7] 訳注：Haskell 2010の言語レポートでは9章あるいは http://www.haskell.org/onlinereport/haskell2010/haskellch9.html を参照のこと．

第3章 数値

Haskell における数値は複雑である．その理由は Haskell には以下を含む多くの種類の数値が存在するからである．

Int	固定長整数．少なくとも，$[-2^{29}, 2^{29})$ の範囲．この整数の桁あふれは検出されない．
Integer	任意長整数
Rational	任意長有理数
Float	単精度浮動小数点数
Double	倍精度浮動小数点数
Complex	複素数（Data.Complex で定義されている）

ほとんどのプログラムでは何らかの形で数値を使うので，Haskell での基本的な考え方や種類の異なる数値間での変換方法について知っておく必要がある．この章ではこれについて説明する．

3.1 型クラス Num

Haskell においてはすべての数値型は型クラス Num のインスタンスである．

```
class (Eq a, Show a) => Num a where
  (+), (-), (*) :: a -> a -> a
  negate :: a -> a
  abs, signum :: a -> a
  fromInteger :: Integer -> a
```

Num クラスは Eq クラスと Show クラスの両方のサブクラスである．すなわち，すべての数値は表示可能であり 2 つの数値は比較して同値性を検査できる．任意の数値に別の数値を加算，減算，乗算できる．任意の数値は符号反転できる．Haskell では negate x のことを-x と表せる．Haskell ではこれが唯一の前置単項演算子である．

abs と signum はそれぞれ絶対値と符号値を返す関数である．Num で比較演算ができるなら（実際には不可．たとえば，複素数を考えればわかる），以下のように定義できる．

```
    abs x = if x < 0 then -x else x
    signum x | x < 0  = -1
             | x == 0 = 0
             | x > 0  = 1
```

fromInteger は変換関数である．42 のような整数リテラルは，適切な Integer 型の値に fromInteger を適用したものである．したがって，整数リテラルの型は Num a => a となる．なぜそのようになっているかは，数値の他のクラスとその間の変換関数を考察したあとで説明する．

3.2　その他の数値型クラス

Num クラスには 2 つのサブクラスがある．実数と分数である．

```
class (Num a, Ord a) => Real a where
    toRational :: a -> Rational

class (Num a) => Fractional a where
    (/) :: a -> a -> a
    fromRational :: Rational -> a
```

実数は順序付けができる．Real クラスの新しいメソッドはスーパークラスの 1 つである Ord クラスから継承した比較演算を除けば，実数クラスの値から Rational の値への変換関数 1 つだけである．型 Rational は本質的には整数対の型シノニムである．実数値 π は有理数ではないが，toRational はこれを近似する有理数に変換する．

```
ghci> toRational pi
884279719003555 % 281474976710656
```

これは 22 % 7 ほど覚えやすいものではないが，より精度が高い．% の記号は有理数の分子と分母を分けるものである．

　分数値上では除算が定義されている．複素数値は実数値にはなれないが分数値にはなりうる．3.14159 のような浮動小数点数リテラルは，適切な有理数に fromRational を適用したものを表す．したがって，

```
3.14159 :: Fractional a => a
```

である．この型と先に挙げた Num a => a という型を見れば，整数を浮動小数点数に加える 42 + 3.14159 のような式が正しい形式の式であることがわかる．どちらの型も Num クラスのインスタンスであり，すべての数値は加算可能である．

```
ghci> :type 42 + 3.14159
42 + 3.14159 :: Fractional a => a
```

というセッションを見れば加算の結果は分数値になることもわかる．

　実数のサブクラスの 1 つに整数値クラスがある．このクラスの簡略版は以下のとおりである．

```
class (Real a, Enum a) => Integral a where
  divMod :: a -> a -> (a, a)
  toInteger :: a -> Integer
```

Integral クラスは Enum クラスのサブクラスであり，Enum クラスの要素は順に列挙可能である．すべての整数値は変換関数 toInteger で Integer に変換可能である．すなわち，整数値は以下の手順により任意の型の数値に変換可能である．

```
fromIntegral :: (Integral a, Num b) => a -> b
fromIntegral = fromInteger . toInteger
```

divMod の適用により 2 つの値が返る．

```
x `div` y = fst (x `divMod` y)
x `mod` y = snd (x `divMod` y)
```

標準プレリュード関数 fst と snd はそれぞれ対の 1 つめの要素，2 つめの要素を返す．

```
fst :: (a, b) -> a
fst (x, y) = x

snd :: (a, b) -> b
snd (x, y) = y
```

数学的には，$x \operatorname{div} y = \lfloor x/y \rfloor$ である．$\lfloor x \rfloor$ の計算方法は次節で説明する．また，$x \bmod y$ は以下のように定義されるている．

$$x = (x \operatorname{div} y) * y + x \bmod y$$

正の x，y に対して，$0 \leq x \bmod y < y$ が成り立つ．

1 章で digits2 という関数が以下のように定義されていたことを思い出してもらいたい．

```
digits2 n = (n `div` 10, n `mod` 10)
```

これを digits2 n = n `divMod` 10 とすれば，divMod を 1 回呼び出すだけで済むのでより効率がよい．セクションを使えば，さらに短く digits2 = (`divMod` 10) と定義できる．

数値のクラスはほかにもあって，たとえば，Fractional のサブクラスに Floating がある．Floating は対数関数や三角関数を含んでいるのであるが，もうこのくらいにしておこう．

3.3 床値の計算

$\lfloor x \rfloor$ の値，すなわち x の**床値**（floor）は $m \leq x$ を満たす最大の整数 m と定義されている．この床値を計算する関数 floor :: Float -> Integer を定義しよう．Haskell ではこの関数は標準プレリュードで提供されているが，自分で定義すると勉強になる．

一人の学生（尻高君と呼んでおこう）がこの問題に取り組んだ．その解は以下のようなものであった．

```
floor :: Float -> Integer
floor = read . takeWhile (/= '.') . show
```

第3章 数値

この解では，数値を文字列として表示し，その文字列の先頭から数字を小数点記号が現れる直前まで取り，その結果を再度整数として読む．takeWhile は初対面だが，尻高君はそうではなかったようだ．尻高君の解は，いくつもの点で誤っている．間違っている点を列挙するのは，練習問題 D としておく．

その代わりに数の床値を探索の助けを借りて求めよう．そのためには以下のようなループが必要である．

```
until :: (a -> Bool) -> (a -> a) -> a -> a
until p f x = if p x then x else until p f (f x)
```

until も標準プレリュードで提供されている．以下は実行例である．

```
ghci> until (>100) (*7) 1
343
```

until f p x は本質的には以下の無限リストの要素 y で最初に p y = True になるものを計算している．

```
[x, f x, f (f x), f (f (f x)), ...]
```

詳しくは，この until の解釈を厳密に行う次章を参照してもらいたい．

次に floor の設計について考えよう．$x < 0$ の場合と $x \geq 0$ の場合とに分けるところから始める．$x < 0$ の場合は，$m \leq x$ となる m を $-1, -2, \ldots$ という系列で探す必要がある．したがって，引数が負の数であったときには以下のように定義する．

```
floor x = until (`leq` x) (subtract 1) (-1)
    where
        m `leq` x = fromInteger m <= x
```

この定義には勉強になる要点がいくつかある．1つめはプレリュード関数 subtract の使い方である．この関数の定義は以下のようになっている．

```
subtract x y = y - x
```

(-1) はセクションではなく数値としての -1 である（until の3つめの引数を見よ）から，subtract 1 を使う必要がある．

2つめは，なぜ (<=) が使えそうなところで `leq` を使ったかである．その答は，(<=) の型にある．

```
(<=) :: Ord a => a -> a -> Bool
```

特に (<=) の2つの引数が同じ型でなければならないという点である．しかし，ここで欲しいのは，

```
leq :: Integer -> Float -> Bool
```

であり，2つの引数は異なる数値型になる．したがって，fromInteger を使って整数を浮動小数点数に変換する必要がある．変換関数が必要であることを理解することが Haskell での算術計算を理解するための要点である．

最後に (`leq` x) は (leq x) と同じではないことに注意してもらいたい．

```
(leq x) y = leq x y
(`leq` x) y = y `leq` x = leq y x
```

これは間違いやすいので注意.

補助定義をしたくないというのであれば以下のように書くこともできる.

```
floor x = until ((<=) . fromInteger) (substract 1) (-1)
```

(`leq` x) の定義をインライン展開して使っている.

まだ, $x \geq 0$ の場合が残っている. この場合には, $x < n+1$ を満たす最初の n を見つけなければならない. $x < n$ となる最初の n を見つけてそれから 1 を引けばよい. そうすると

```
floor x = until (x `lt`) (+ 1) 1 - 1
    where
      x `lt` n = x < fromInteger n
```

となる. 2 つをまとめると以下をえる.

```
floor x = if x < 0
          then until (`leq` x) (subtract 1) (-1)
          else until (x `lt`) (+ 1) 1 - 1
```

(質問: 1 行目の条件を x < fromInteger 0 と書く必要がないのはなぜか.) この定義でほんとうに問題になるのは, 場合分けが美しくなく 2 つの場合分け部分が対称になっていないというだけではなく, これでは遅いのである. この計算はほぼ $|x|$ ステップかかる ($|x|$ は abs x の数学記法).

二分探索

floor を計算するもっとよい方法は, 最初に $m \leq x < n$ を満たす整数 m と n を見つけてから, x を含んだまま区間 $[m, n)$ を単位区間 ($m+1 = n$ になる区間) になるまで狭めるというものである. それから, 区間の左側境界を結果として返せばよい. すなわち, 以下のようになる.

```
floor :: Float -> Integer
floor x = fst (until unit (shrink x) (bound x))
    where
      unit (m, n) = m + 1 == n
```

bound x の値は $m \leq x < n$ を満たす対 (m, n) である. もし (m, n) が単位区間でなければ, shrink x (m,n) はより確実に小さい x の境界を表す区間である.

まずは, $m \leq x < n$ である x を含む非単位区間 (m, n) を狭める方法を考えよう. p は $m < p < n$ を満たす任意の整数であるとする. このような p が存在するのは (m, n) が単位区間ではないからである. したがって, 以下のように定義できる.

```
type Interval = (Integer, Integer)

shrink :: Float -> Interval -> Interval
shrink x (m, n) = if p `leq` x then (p, n) else (m, p)
                  where
                    p = choose (m, n)
```

choose はどう定義すべきか.

可能性としては，choose (m, n) = m + 1 または choose (m, n) = n - 1 とすればどちらでも区間の幅は狭くなる．しかし，よりよい選択は以下のようにすることである．

```
choose :: Interval -> Integer
choose (m, n) = (m + n) `div` 2
```

このように選択するようにすれば，区間の幅は 1 ステップごとに 1 つずつ減るのではなく，半分になる．

しかしながら，$m+1 \neq n$ の場合に $m < (m+n) \text{ div } 2 < n$ であることを確認しなければならない．

$\quad m < (m+n) \text{ div } 2 < n$
$\equiv \quad \{\text{整数の順序関係}\}$
$\quad m+1 \leq (m+n) \text{ div } 2 < n$
$\equiv \quad \{(m+n) \text{ div } 2 = \lfloor (m+n)/2 \rfloor \text{ だから}\}$
$\quad m+1 \leq (m+n)/2 < n$
$\equiv \quad \{\text{算術}\}$
$\quad m+2 \leq n \wedge m < n$
$\equiv \quad \{\text{算術}\}$
$\quad m+1 < n$

結局 bound はどう定義するか．以下の定義から始めよう．

```
bound :: Float -> Interval
bound x = (lower x, upper x)
```

lower x の値は x 以下の整数のうちのどれかであり，upper x の値は x より大きい整数のどれかである．これらの値を線形探索せずに，以下のように探索する．

```
lower :: Float -> Integer
lower x = until (`leq` x) (* 2) (-1)


upper :: Float -> Integer
upper x = until (x `lt`) (* 2) 1
```

bound の高速版をえるには各ステップで 1 つずつ増減するよりも，2 倍にしていくほうがよい．たとえば，$x = 17.3$ の場合，これを囲む区間 $[-1, 32)$ をえるのに必要な比較は 7 回，さらにこれを $[17, 18)$ に縮めるのに 5 回で済む．上限，下限の両方を計算するのに必要な時間は $\log |x|$ ステップに比例する．このアルゴリズム全体ではたかだかその 2 倍である．対数時間のアルゴリズムは，線形時間のアルゴリズムよりもはるかに速い．

標準プレリュードでは floor は以下のように定義されている．

```
floor x = if r < 0 then n - 1 else n
          where
             (n, r) = properFraction x
```

関数 properFraction は RealFrac 型クラスのメソッドである（このクラスについてはまだ議論していな

い，このクラスには数値の切り捨てや丸めを行うメソッドがある）．この関数は数値 x を整数部分 n と 1 未満の部分 r とに分ける．したがって，$x = n + r$ である．

3.4 自然数

Haskell は自然数，すなわち非負整数に対応する型を提供していない[*1]．しかし，そういう型はいつでもユーザ自身が定義できる．

```
data Nat = Zero | Succ Nat
```

これは data 宣言の一例である．この宣言は，Zero は Nat の値であり，n が Nat の値であれば Succ n は Nat の値であると主張している．Zero および Succ はともにデータ構成子と呼び，データ構成子は大文字で始める．Zero の型は Nat であり，Succ の型は Nat -> Nat である．したがって，以下はどれも Nat 型の値である．

```
Zero
Succ Zero
Succ (Succ Zero)
Succ (Succ (Succ Zero))
```

Nat を Num クラスの完全なインスタンスにして基本算術演算をプログラムする方法を理解しよう．まず，Nat を Eq クラスと Show クラスのインスタンスとする．

```
instance Eq Nat where
  Zero   == Zero   = True
  Zero   == Succ n = False
  Succ m == Zero   = False
  Succ m == Succ n = (m == n)

instance Show Nat where
  show Zero            = "Zero"
  show (Succ Zero)     = "Succ Zero"
  show (Succ (Succ n)) = "Succ (" ++ show (Succ n) ++ ")"
```

これらの定義はパターン照合を利用している．たとえば，show の定義では，Zero, Succ Zero, Succ (Succ n) という 3 つのパターンを使っている．この 3 つのパターンは互いに異なるパターンであり，この 3 つで Nat の値を（*bot* 以外）すべてカバーしている．

Nat を以下のように定義することで Eq, Ord, Show のインスタンスにすることもできた．

```
data Nat = Zero | Succ Nat
           deriving (Eq,Ord,Show)
```

前章の練習問題 E で述べたように，Haskell は賢くて，Eq, Ord, Show のようないくつかの標準的なクラス

[*1] 訳注．GHC の 7.10.1 以降に含まれる base パッケージ（4.8.0.0 以降）にある Numeric.Natural モジュールに自然数型 Natural が定義されている．

については自動的にインスタンスを構成してくれる．

これで Nat を数値の型として設定できる．

```
instance Num Nat where
  m + Zero   = m
  m + Succ n = Succ (m + n)

  m * Zero     = Zero
  m * (Succ n) = m * n + m

  abs n            = n
  signum Zero      = Zero
  signum (Succ n) = Succ Zero

  m - Zero       = m
  Zero - Succ n  = Zero
  Succ m - Succ n = m - n

  fromInteger x
    | x <= 0    = Zero
    | otherwise = Succ (fromInteger (x - 1))
```

減算は $m \leq n$ の時 $m - n = 0$ とすることで全域演算として定義した．もちろん，Nat 上の算術演算はおそろしく遅い．そのうえ数値自身も大きな空間を必要とする．

擬数

すべての型に値 ⊥ があるといった．すなわち，任意の型 a について，undefined :: a である．Succ は定義より非正格関数であるから，

```
undefined
Succ undefined
Succ (Succ undefined)
...
```

はすべて Nat 型の相異なる値である．正直にいえば，これらの擬数（partial number）はあまり役には立たないが，確かに存在する．Succ undefined は小さくとも 1 以上であるということしかわからない数と考えられる．

```
ghci> Zero == Succ undefined
False
ghci> Succ Zero == Succ undefined
*** Exception: Prelude.undefined
```

Nat にはもう 1 つの数がある．

```
infinity :: Nat
infinity = Succ infinity
```

これについては以下のようになる．

```
ghci> Zero == infinity
False
ghci> Succ Zero == infinity
False
```

要約すると Nat の値は，有限数，擬数，無限数（1つしかない）から構成されている．この有限値，擬値，無限値から型の値が構成されているということは，他のデータ型でも同じである．すなわち，その型の有限値，擬値，無限値というものが存在することを説明しよう．

Succ を正格な構成子にすることもできた．それには以下のように宣言する．

```
data Nat = Zero | Succ !Nat
```

ここで!という注釈は**正格性フラグ**である．このような宣言により以下のようになる．

```
ghci> Zero == Succ undefined
*** Exception: Prelude.undefined
```

同値性検査は両辺の評価を強制し，Succ undefined を評価するとエラーメッセージが表示される．Succ を正格にすると自然数は有限値と1つしかない未定義値に潰れるのである．

3.5 練習問題

練習問題 A

1 を表示する式は次のうちどれか．
```
-2 + 3
3 + -2
3 + (-2)
subtract 2 3
2 + subtract 3
```

標準プレリュードには以下のように定義された flip という関数がある．

```
flip f x y = f y x
```

flip を用いて subtract を表せ．

練習問題 B

Haskell には3つのべき乗が定義されている．

第3章　数値

```
(^)  :: (Num a, Integral b) => a -> b -> a
(^^) :: (Fractional a, Integral b) => a -> b -> a
(**) :: (Floating a) => a -> a -> a
```

演算 (^) は任意の数値の非負整数乗を計算する．演算 (^^) は任意の分数値の任意整数乗（負の整数を含む）を計算する．演算 (**) は 2 つの分数値を引数に取る[*2]．(^) は前章の練習問題 F で尻高君が行った方法にもとづいて定義されている．では，(^^) はどのように定義するか．

練習問題 C

div を以下のように定義することはできるか．
```
div :: Integral a => a -> a -> a
div x y = floor (x / y)
```

練習問題 D

もう 1 度，尻高君による floor 計算の方法について考察しよう．
```
floor :: Float -> Integer
floor = read . takeWhile (/= '.') . show
```
なぜこれではうまく動かないのか．
以下の簡単な GHCi との対話を考えよう．

```
ghci> 12345678.0 :: Float
1.2345678e7
```

Haskell では浮動小数点数を表すのに，いわゆる科学的記数法（べき乗記法とも呼ばれる）が使えるようになっている．たとえば，上の数は 1.2345678×10^7 を表している．浮動小数点数の桁数が大きいと，この記法を使って表現することになる．さて，このこと以外にも尻高君の方法が正しく動かない理由があるがそれはどういうものか．

練習問題 E

関数 isqrt :: Float -> Integer は非負数の平方根の床を返す関数である．3.3 節の戦略に従って，isqrt x を $\log x$ ステップで計算する実装を構成せよ．

練習問題 F

Haskell には，sqrt :: Floating a => a -> a という与えられた非負数の平方根をよい精度で計算する関数がある．しかし，独自版を定義してみよう．y が $\sqrt{x}$ の近似であれば，x/y も $\sqrt{x}$ の近似になる．さらに，$y \leq \sqrt{x} \leq x/y$ あるいは $x/y \leq \sqrt{x} \leq y$ のどちらかである．このとき，$\sqrt{x}$ の近似として y あるいは

[*2] 訳注：(**) は浮動小数点数クラス Floating のメソッドである．また Floating は分数値クラス Fractional のサブクラスである．

x/y よりもよいものは何か．（平方根を探索する Newton 法だと気づいたとしたら，そのとおりである．）

残る問題は，どうなったら y が十分な近似になっていると判断できるかということである．1 つの可能性としては $|y^2 - x| < \epsilon$ を検査することである．ここで，$|x|$ は x の絶対値であり，ϵ は十分小さい値である．この検査は**絶対誤差**がたかだか ϵ であることを保証する．もう 1 つの方法としては $|y^2 - x| < \epsilon * x$ を検査することである．こちらの方法では**相対誤差**がたかだか ϵ であることを保証する．Float 型の有効数字が 6 桁しかないことを想定すると，どちらの検査法がより適切か．ϵ の値として意味のあるのはどのような値か．

これらを考えた上で sqrt の定義を構成せよ．

練習問題 G

Nat を型クラス Ord のインスタンスとして定義せよ．そのうえで，以下の divMod の定義を構成せよ．
```
  divMod :: Nat -> Nat -> (Nat, Nat)
```

3.6 練習問題の解答

練習問題 A の解答

値 1 を表示するのは，2 + -3 および 2 + subtract 3 を除いたすべての式である．この 2 つは正しい形式の式ではない．
subtract = flip (-) である．

練習問題 B の解答

```
  x ^^ n = if 0 <= n then x ^ n else 1 / (x ^ (negate n))
```

練習問題 C の解答

できない．以下のように書かなければならない．
```
  div :: Integral a => a -> a -> a
  div x y = floor (fromIntegral x / fromIntegral y)
```

練習問題 D の解答

尻高君の関数では，floor (-3.1) = -3 となる．これは-4 となるべきである．また，引数が負数の場合には結果から 1 を引くように変更すると，floor (-3.0) = -4 となる．今度は-3 が正しい答である．なんてことだ．

すでに少し説明しているように，尻高君の解法では，floor (12345678.0) = 1 になってしまう．それは引数が 1.2345678e7 と表示されるからである．

練習問題 E の解答

```
isqrt :: Float -> Integer
isqrt x = fst (until unit (shrink x) (bound x))
          where
            unit (m,n) = m + 1 == n

shrink :: Float -> Interval -> Interval
shrink x (m, n) = if (p * p) 'leq' x then (p, n) else (m, p)
                  where
                    p = (m + n) 'div' 2

bound :: Float -> Interval
bound x = (0, until above (* 2) 1)
          where
            above n = x 'lt' (n * n)
```

'leq'および'lt'は3.3節で定義済みである．式 (p * p) 'leq' x および x 'lt' (n * n) にある括弧に注意せよ．'leq'および'lt'の結合の強さについてなにも宣言していなかった．したがって，括弧がないとこの2つの式はそれぞれ p * (p 'leq' x) および (x 'lt' n) * n と解釈され，正しい形式ではない式となる．（筆者は最初にこの解答をタイプしたときにこの間違いをした．）

練習問題 F の解答

$\sqrt{x}$ の近似として y あるいは x/y よりもよいものは，$(y+x/y)/2$ である．相対誤差検査のほうがよりよい検査である．平方根のプログラムは以下のようになる．

```
sqrt :: Float -> Float
sqrt x = until goodenough improve x
         where
           goodenough y = abs (y * y - x) < eps * x
           improve y = (y + x / y) / 2
           eps = 0.000001
```

練習問題 G の解答

Nat を Ord のインスタンスにするには (<) の定義を与えるだけでよい．

```
instance Ord Nat where
  Zero   < Zero   = False
  Zero   < Succ n = True
  Succ m < Zero   = False
  Succ m < Succ n = m < n
```

これで，divMod は以下のように定義できる．

```
divMod :: Nat -> Nat -> (Nat, Nat)
divMod x y = if x < y then (Zero, x)
             else (Succ q, r)
             where
                (q, r) = divMod (x - y) y
```

3.7　章末ノート

算術計算に関して主に参考にした本は Don Knuth 著 *The Art of Computer Programming, Volume 2: Semi-numerical Algorithms*（1998, Addison-Wesley）[*3]である．床関数をはじめ単純な数値計算関数については Don Knuth, Ronald Graham, Oren Patashnik 共著 *Concrete mathematics*（1989, Addison-Wesley）[*4]に詳しい．

[*3] 邦訳：『The Art of Computer Programming Volume 2 Seminumerical Algorithms Third Edition 日本語版』（2015 年，アスキードワンゴ）
[*4] 邦訳：『コンピュータの数学』（1993 年，共立出版）

第4章
リスト

　リストは関数プログラミングでは主戦力である．データの取り出し，関数から関数へデータを渡すのに使え，データを分解し，並び換え，組み合わせて新しいリストを作成できる．数値のリストなら和や積を計算でき，文字のリストなら読んだり表示したりできる．リスト上の有用な演算を一覧表にすると長いものになる．この章ではよく現れるリスト上の演算のいくつかについて説明する．ただし，一群の特に重要な演算については6章で紹介する．

4.1　リスト記法

　すでに見たように，[a] は要素が型 a の値であるリストを表す．空リストは [] で表す．リストの要素は，どのような型の値でもよいが，同じリストに相異なる型の要素が混ざってはいけない．たとえば，

```
[undefined, undefined]  :: [a]
[sin, cos, tan]         :: Floating a => [a -> a]
[[1, 2, 3], [4, 5]]     :: Num a => [[a]]
["tea", "for", 2]       不正
```

である．

　リスト記法，たとえば [1, 2, 3] は実は以下のより基本的な形式の短縮形である．

```
1 : 2 : 3 : []
```

演算子 (:) :: a -> [a] -> [a] は，「コンス」と発音し，リストの構成子の1つである．この演算子は右結合なので上の式では括弧を必要としない．(:) には対応する演算定義がない．その理由は，コンスは通常の関数ではなく構成子だからである．すなわち，1:2:[] のような式を単純化するルールはないということである．演算子 (:) は 2 つの引数の両方について非正格である．より正確にいえば，(:) は非正格であり非正格関数を返す．以下の式

```
undefined : undefined
```

はあまり興味をひくものではないが，空リストではないことがわかる．実はこのリストについてわかることはそれだけである．この式に出現している 2 つの undefined が持つ型は別ものであることに注意してもらいたい．

　空リスト [] も構成子である．リストは Haskell のデータ型として以下のように宣言すれば導入できる．

```
data List a = Nil | Cons a (List a)
```

違いは，List a を [a] と書き，Nil を [] と書き，Cons を (:) と書くことだけである．
　宣言に従えば，型 [a] のリストは以下の 3 つの形式のいずれかになる．

- 未定義リスト undefined :: [a]
- 空リスト [] :: [a]
- x :: a および xs :: [a] として x : xs 形式のリスト

結果としてリストには以下の 3 種類があることになる．

- 有限リスト，(:) と [] とから構成される．たとえば，1 : 2 : 3 : []
- 擬リスト，(:) と undefined から構成される．たとえば，filter (< 4) [1..] の値は擬リスト 1 : 2 : 3 : undefined である．3 よりあとの整数に 4 未満の整数はないのであるが，Haskell の評価器は定理証明器ではないので，さらに条件 (< 4) にあう要素をひたすら探し続けるのである．
- 無限リスト，(:) だけから構成される．たとえば，[0..] は非負整数の無限リストである．

この 3 種類のリストはどれも普段のプログラミングで出てくるものである．9 章では無限リストの世界を探検し，その使い方について探る．例を挙げるなら，プレリュード関数 iterate は無限リストを返す関数である．

```
iterate :: (a -> a) -> a -> [a]
iterate f x = x : iterate f (f x)
```

具体例としては，iterate (+ 1) 1 は正整数の無限リストである．この値を [1..] と書くこともできる（次節参照）．
　もう 1 つ例を挙げよう．

```
head (filter perfect [1..])
```

ただし，perfect n = (n == sum (divisors n)) とする．この式は最初の完全数すなわち 6 になるが，現時点では filter perfect [1..] が無限リストなのか擬リストかは誰にもわかっていない．
　iterate を使うと until を以下のように定義することも可能である．

```
until p f = head . filter p . iterate f
```

関数 until は前章で床値の計算に使ったものである．この例が示すように，プログラミングにおいて基本関数であるように見えるものも，たいていの場合，さらに単純な関数を使って合成されているのである．光子やクォークの話に少し似ている．

4.2　列挙

　Haskell では整数リストを列挙によって生成する便利な記法がある．m, n が整数であるとき以下のように書ける．

[m..n]   は $[m, m+1, \ldots, n]$ を表す
[m..]   は $[m, m+1, m+2, \ldots]$ を表す
[m,n..p]   は $[m, m+d, m+2d, \ldots, m+kd]$ を表す
           ただし，$d = n - m$ で，k は $k \leq (p-m)/d$ を満たす最大の整数
[m,n..]   は $[m, m+(n-m), m+2(n-m), \ldots]$ を表す

最初の 2 つの記法は実用ではよく現れるものであり，あとの 2 つの記法はそれほど多くは見られない．実行例は以下のとおり．

```
ghci> [0, 2..11]
[0,2,4,6,8,10]
ghci> [1, 3..]
[1,3,5,7,9,11,Interrupted.
```

1 つめの実行例で 11 は偶数ではないので列挙が 10 で停止している．2 つめの実行例では無限リストの評価を急いで中断している．

重要なのは，列挙は整数に限定されているのではなく，Enum というクラスに限定されているという事実である．このクラスの詳細には立ち入らないが，Char はこのクラスのインスタンスであることだけ紹介しておく．

```
ghci> ['a'..'z']
"abcdefghijklmnopqrstuvwxyz"
```

4.3 リスト内包表記

Haskell にはもう 1 つ便利で魅力的なリスト記法がある．これは別のリストからリストを構成する**リスト内包表記**である．例を用いて説明しよう．

```
ghci> [x * x | x <- [1..5]]
[1,4,9,16,25]
ghci> [x * x | x <- [1..5], isPrime x]
[4,9,25]
ghci> [(i, j) | i <- [1..5], even i, j <- [i..5]]
[(2,2),(2,3),(2,4),(2,5),(4,4),(4,5)]
ghci> [x | xs <- [[(3, 4)], [(5, 4), (3, 2)]], (3, x) <- xs]
[4,2]
```

もう 1 つ例をあげよう．与えられた範囲にあるピタゴラス三角数をすべて生成したいとする．ピタゴラス三角数は整数の 3 つ組 (x, y, z) で $x^2 + y^2 = z^2$ を満たし，与えられた整数 n に対して $1 \leq x, y, z \leq n$ を満たすものとする．これは以下のように定義できる．

```
triads :: Int -> [(Int, Int, Int)]
triads n = [(x, y, z) | x <- [1..n], y <- [1..n], z <- [1..n]
                      , x * x + y * y == z * z]
```

これを使うと以下のようになる．

```
ghci> triads 15
[(3,4,5),(4,3,5),(5,12,13),(6,8,10),(8,6,10),(9,12,15),(12,5,13),(12,9,15)]
```

これは求めていたものと少し違う．欲しいのは本質的には互いに相異なる 3 つ組である．さらに，基本になる 3 つ組の倍数になっているだけの冗長なものを含んでいる．改良のためには x と y との間に $x<y$ でかつ互いに素（1 以外に共通する約数を持たない）という制限を設けることである．数学者が知るように $2x^2$ は整数の 2 乗にはならない．したがって，1 つめの制限は正しい．約数の計算は以下のようにすればできる．

```
divisors x = [d | d <- [2..x-1], x `mod` d == 0]
```

これを使えば，互いに素の判定は以下のように計算できる．

```
coprime x y = disjoint (divisors x) (divisors y)
```

`disjoint` の定義については練習問題としておこう．
これらがわかると以下のような定義がえられる．

```
triads n = [(x, y, z) | x <- [1..n], y <- [x+1..n]
                      , coprime x y
                      , z <- [y+1..n], x * x + y * y == z * z]
```

こちらのほうがまえのものよりもよい定義であるが，もう少しだけ速くしてみよう．要点を 1 つ説明しよう．$2x^2 < x^2 + y^2 = z^2 \leq n^2$ であるから $x < n/\sqrt{2}$ である．したがって，$x \leq \lfloor n/\sqrt{2} \rfloor$ である．そうすると以下のように書けそうである．

```
triads n = [(x, y, z) | x <- [1..m], y <- [x+1..n]
                      , coprime x y
                      , z <- [y+1..n], x * x + y * y == z * z]
           where
             m = floor (n / sqrt 2)
```

しかし，`m` の定義式は正しくない．`n` の型は `Int` であり，この式では整数の除算はできない．型変換関数 `fromIntegral` を使う必要がある（`Int` は `Integer` ではないので `fromInteger` は使えない）．`m` の定義を `m = floor (fromIntegral n / sqrt 2)` としなければならない．ここでも計算で扱う数値の種類に注意しなければならない．どの変換関数が使えるかを知る必要がある．

リスト内包表記はリスト上でよく使う関数を定義するのにも使える．以下はその例である．

```
map f xs     = [f x | x <- xs]
filter p xs  = [x | x <- xs, p x]
concat xss   = [x | xs <- xss, x <- xs]
```

実際のところ，Haskell ではこの逆でリスト内包表記は `map` や `concat` を使った同等の定義に翻訳されるのである．その翻訳規則は以下のとおりである．

```
[e | True]       = [e]
[e | q]          = [e | q, True]
[e | b, Q]       = if b then [e | Q] else []
[e | p <- xs, Q] = let ok p = [e | Q]
                       ok _ = []
                   in concat (map ok xs)
```

4つめの規則にある ok の定義では**かまわぬ**（don't care）パターンを使っている．このパターンは**ワイルドカードパターン**ともいう．4つめの規則にある p はパターンであり，ok の定義は，パターン p に引数が一致しなければ空リストを返すようになっている．

もう 1 つ便利な規則は以下である．

```
[e | Q1, Q2]     = concat [[e | Q2] | Q1]
```

4.4　基本演算

リスト上の関数をパターン照合を用いて定義できる．たとえば，以下のとおりである．

```
null :: [a] -> Bool
null []       = True
null (x : xs) = False
```

[] と x : xs とは重複も漏れもないパターンなので，null 定義の 2 つの等式はどちらが先でもかまわない．null は正格関数である．Haskell では，定義のどちらの等式を使うかを決めるのに引数を評価しなければならないからである．（ここで問題．なぜ，単純に null = (== []) と定義しないのか．）以下のように定義することも可能である．

```
null [] = True
null _  = False
```

この定義では，ワイルドカードパターンを使っている．

以下の 2 例もパターン照合を使った定義である．

```
head :: [a] -> a
head (x : xs) = x

tail :: [a] -> [a]
tail (x : xs) = xs
```

これらの例ではパターン [] に対応する等式はないので，head [] や tail [] を評価しようとすると Haskell の処理系はエラーを報告する．

[x] はパターン x:[] の短縮形として使える．

```
last :: [a] -> a
last [x]         = x
last (x : y : ys) = last (y : ys)
```

1つめの等式には単一要素リストと一致するパターンがある．2つめの等式は少なくとも2つの要素を含むリストに一致するパターンがある．標準プレリュードにある last 関数の定義はこれとは少し異なる．

```
last [x]        = x
last (_ : xs) = last xs
```

この定義では，ワイルドカードパターンを使っている．2つの等式はこの順番で書かなければならない．x:[] はどちらのパターンにも一致するからである．

4.5 連接

以下は連接演算 (++) の定義である．

```
(++) :: [a] -> [a] -> [a]
[]  ++ ys = ys
(x : xs) ++ ys = x : (xs ++ ys)
```

この定義では1つめの引数でパターン照合を使っているが，2つめの引数ではパターン照合を使っていない．(++) の2つめの等式では簡潔すぎて少し考えないと理解できない．しかし，いったん理解してしまえば，関数プログラミングではリストをどう扱うかということについていろいろなことが理解できたことになる．以下は単純な評価列の例である．

```
    [1, 2] ++ [3, 4, 5]
=   {記法}
    (1 : (2 : [])) ++ (3 : (4 : (5 : [])))
=   {++ の 2 つめの等式}
    1 : ((2 : []) ++ (3 : (4 : (5 : []))))
=   {もう 1 回}
    1 : (2 : ([] ++ (3 : (4 : (5 : [])))))
=   {++ の 1 つめの等式}
    1 : (2 : (3 : (4 : (5 : []))))
=   {記法}
    [1, 2, 3, 4, 5]
```

この例が示すように，xs ++ ys の評価コストは xs の長さに比例する．長さを求める関数は以下のように定義する．

```
length :: [a] -> Int
length []       = 0
length (x : xs) = 1 + length xs
```

さらに以下に注意してもらいたい．

```
undefined ++ [1, 2] = undefined
[1, 2] ++ undefined = 1 : 2 : undefined
```

1つめのリストについてわかることはなにもない．しかし 2 つめのリストについては，1 で始まり，次に 2 がくるということがわかる．

連接は結合的演算である．したがって，**任意のリスト** xs, ys, zs に対して以下が成り立つ．

```
(xs ++ ys) ++ zs = xs ++ (ys ++ zs)
```

このように表明された性質を証明する方法については 6 章で説明する．

4.6　concat, map, filter

すでに使った concat, map, filter の 3 つは，よく使う便利なリスト演算である．パターン照合を使う定義を以下に示す．

```
concat :: [[a]] -> [a]
concat []       = []
concat (xs : xss) = xs ++ concat xss

map :: (a -> b) -> [a] -> [b]
map f []       = []
map f (x : xs) = f x : map f xs

filter :: (a -> Bool) -> [a] -> [a]
filter p []       = []
filter p (x : xs) = if p x then x : filter p xs
                    else filter p xs
```

これらの定義には共通のテーマがあり，それを見いだし研究するのは 6 章で行う．filter は以下のようにも定義できる．

```
filter p = concat . map (test p)
test p x = if p x then [x] else []
```

この定義では，filter p はそれぞれの要素が p を満たせば単一要素リストに，さもなければ空リストに変換している．その結果を連接する．

map に関しては以下のような基本的事実がある．

```
map id      = id
map (f . g) = map f . map g
```

1 つめの等式は，各要素に恒等関数を適用しても元のリストとはなにも変わらないことを示している．この法則に現れる 2 つの id の型は異なる．左の id の型は a -> a であり，右の id の型は [a] -> [a] である．2 つめの等式は，リストの各要素に g を適用してから，その結果のリストの各要素に f を適用してできたリストは，各要素に f . g を適用してできるリストと同じであることを示している．右から左へ読めば，

この等式はリストにおける2回の走査を1回の走査に置き換えられ，効率を改善できることがわかる．

この2つの法則には map のファンクタ則という名前がある．この名前は圏論と呼ばれる数学の分野から借りてきたものである．実は Haskell では以下のように定義された型クラス Functor が提供されている．

```
class Functor f were
  fmap :: (a -> b) -> f a -> f b
```

メソッド fmap は map が満たしている2つの法則と同じ法則を満たす．この型クラスはリスト上に関数を写すという考え方を任意のデータ構造に一般化するためのものである．データ構造の例としては，さまざまな種類の木がある．以下のような端点にラベルが付いた二分木の型を考察しよう．

```
data Tree a = Tip a | Fork (Tree a) (Tree a)
```

木構造データはいろいろな場面で使う．たとえば，さまざまな式の構文などである．リスト上の map 関数に相当するものを木のデータ型に対しても定義できるが，これを mapTree と名付けるのではなく，この木のデータ型を Functor クラスのインスタンスにすることで fmap とすることができる．

```
instance Functor Tree where
  fmap f (Tip x)    = Tip (f x)
  fmap f (Fork u v) = Fork (fmap f u) (fmap f v)
```

実は map はリスト上の fmap の別名にすぎない．

```
ghci> fmap (+ 1) [2, 3, 4]
[3,4,5]
```

この Functor 型クラスについて触れたのは，リストに適用できる関数が他のデータ型にも適用できるように一般化できたとしたら，まず間違いなく Haskell の設計者がすでに織り込み済みだということを示すためである．このあとで，特に12章では map のファンクタ則は多くの運算に現れることになる．

map を含む法則には別の一群のものがある．以下のものはどれも共通のテーマがある．

```
f . head       = head . map f
map f . tail   = tail . map f
map f . concat = concat . map (map f)
```

1つめの等式は f が正格関数であるときに限り真である．しかし，あとの2つは任意の f について成り立つ．1つめの等式の両辺を空リストに適用すると，

```
f (head []) = head (map f []) = head []
```

である．空リストの先頭要素というのは未定義であるから，この等式が真であるためには，f は正格関数でなければならない．

それぞれの法則は単純に解釈できる．どの場合でも，演算（head, tail など）をリストに適用してから各要素を変換しても，先に各要素を変換してから演算を適用しても結果は同じである．共通のテーマはそれぞれの演算の型にある．

```
head   :: [a] -> a
tail   :: [a] -> [a]
concat :: [[a]] -> [a]
```

これらの演算に共通する要点は，どの演算もリストの要素の性質にまったく依存しないことである．そのような演算とは，リストの要素をシャッフルしたり，破棄したり，取り出したりするだけの関数である．そのことが演算の型が多相的である理由である．多相型を持つ関数はどれも，その関数を適用するまえに値を変換するか，あとに変換するかは交換可能であると主張するある種の法則を満たす．数学ではこのような関数を**自然変換** (natural transformation) と呼び，それに対応する法則を**自然性** (naturality) という．

もう1つ例を挙げよう．reverse :: [a] -> [a] であるから，以下が成り立つと期待できる．

```
map f . reverse = reverse . map f
```

実際，これは成り立つ．もちろん，この自然性が成り立つかどうかは証明しなければならない．ほかにも以下のような法則が考えられる．

```
concat . map concat = concat . concat
```

等式の両辺は，リストのリストのリストを連接するには（内側の連接を先に行うか，外側の連接を先に行うかの）2通りの方法があり，同じ結果になることを示している．

最後に filter の以下のような性質を挙げておこう．

```
filter p . map f = map f . filter (p . f)
```

この法則は単純な論証を使って証明できる．

```
  filter p . map f
=   {filter の2つめの定義}
  concat . map (test p) . map f
=   {map のファンクタとしての性質}
  concat . map (test p . f)
=   {test p . f = map f . test (p . f) だから}
  concat . map (map f . test (p . f))
=   {map のファンクタとしての性質}
  concat . map (map f) . map (test (p . f))
=   {concat の自然性}
  map f . concat . map (test (p . f))
=   {filter の2つめの定義}
  map f . filter (p . f)
```

上に挙げたような法則は研究対象として興味深いだけでなく，よりよい定義を新たに見つけるという場面でも興味深い．だからこそ関数プログラミングは最高なのである．

4.7 zip と zipWith

しめくくりとして，便利な演算の道具箱を完成させるために，`zip` と `zipWith` という関数を考察しよう．それぞれの関数は標準プレリュードで以下のように定義されている．

```
zip :: [a] -> [b] -> [(a,b)]
zip (x:xs) (y:ys) = (x,y) : zip xs ys
zip _      _      = []

zipWith :: (a -> b -> c) -> [a] -> [b] -> [c]
zipWith f (x:xs) (y:ys) = f x y : zipWith f xs ys
zipWith f _      _      = []
```

思いやりのあるプログラマ（ワイルドカードパターンが嫌い）なら以下のように書くかもしれない．

```
zip []       ys       = []
zip (x : xs) []       = []
zip (x : xs) (y : ys) = (x, y) : zip xs ys
```

どちらの定義も2つの引数上でパターン照合を行っている．パターン照合は上から下，左から右の順で適用されることを知ってもらいたい．すなわち，以下が成り立つ．

```
zip [] undefined = []
zip undefined [] = undefined
```

`zip` は以下のようにも定義できる．

```
zip = zipWith (,)
```

演算 `(,)` は対の構成子で，`(,) a b = (a,b)` である．

`zipWith` の使用例を1つ示そう．リストが非減少列になっているかを判定したいとしよう．直接定義すると以下のようになる．

```
nondec :: (Ord a) => [a] -> Bool
nondec []          = True
nondec [x]         = True
nondec (x : y : xs) = (x <= y) && nondec (y:xs)
```

しかし，同等でより短い定義としては以下のようになる．

```
nondec xs = and (zipWith (<=) xs (tail xs))
```

関数 `and` は標準プレリュードにある便利な関数の1つである．この関数は論理値のリストを取り，すべての要素が `True` なら `True` を返し，そうでなければ `False` を返す．

```
and :: [Bool] -> Bool
and []       = True
and (x : xs) = x && and xs
```

最後の例として，値 x と有限リスト xs を取り，xs で最初に x が現れる位置（0 から数える）を返す関数を考える．ただし，x がリストになければ，−1 を返すものとする．これは以下のように定義できる．

```
position :: (Eq a) => a -> [a] -> Int
position x xs = head ([j | (j, y) <- zip [0..] xs, y == x] ++ [-1])
```

式 zip [0..] xs は xs のそれぞれの要素とその要素の xs での位置を対にする．zip の第 1 引数は無限リストであるが，xs が有限であれば結果は有限リストである．この問題の解法は，まず x が現れる位置をすべて含むリストを計算してからそのリストの最初の要素を取り出していることを観察せよ．遅延評価のもとでは，このリストの先頭を計算するために要素すべてを計算する必要がない．したがって，この方法で解いても効率が著しく損われることはない．

4.8 頻出単語（完成編）

ここで 1.3 節に戻って commonWords の定義を完成させよう．以下の定義で終わっていたことを思い出してもらいたい．

```
commonWords :: Int -> [Char] -> [Char]
commonWords n = concat . map showRun . take n
              . sortRuns . countRuns . sortWords
              . words . map toLower
```

自前で定義しなければならない関数は以下の 4 つだけである．

```
showRun    countRuns    sortRuns    sortWords
```

その他の関数は，words を含めすべて Haskell の標準ライブラリで提供されている．

1 つめは簡単である．

```
showRun :: (Int, Word) -> [Char]
showRun (n, w) = w ++ ": " ++ show n ++ "\n"
```

2 つめは以下のように定義できる．

```
countRuns :: [Word] -> [(Int, Word)]
countRuns []       = []
countRuns (w : ws) = (1 + length us, w) : countRuns vs
                   where
                     (us, vs) = span (== w) ws
```

プレリュード関数 span p はリストを 2 つに分ける．1 つめは p の検査を満たす要素からなる最長接頭辞，2 つめは残りの接尾辞部分である．以下がその定義である．

```
span :: (a -> Bool) -> [a] -> ([a], [a])
span p []       = ([], [])
span p (x : xs) = if p x then (x : ys, zs)
                  else ([], x : xs)
                  where
                     (ys, zs) = span p xs
```

残りは sortRuns と sortWords である．sort 関数は Data.List から以下の宣言でインポートする．

```
import Data.List (sort)
```

sort :: (Ord a) => [a] -> [a] であるから，以下のように定義できる．

```
sortWords :: [Word] -> [Word]
sortWords = sort

sortRuns :: [(Int,Word)] -> [(Int,Word)]
sortRuns = reverse . sort
```

2 つめの定義を理解するには，Haskell では対どうしの比較演算 (<=) は自動的に以下のように定義されることを知らなければならない．

```
(x1, y1) <= (x2, y2) = (x1 < x2) || (x1 == x2 && y1 <= y2)
```

また，sort は昇順でソートすることを知っておく必要がある．ここで欲しいのは出現数に対して降順にソートすることなので，昇順にソートしてから結果を逆順にする．ところで，これが頻度を定義する際に頻度を先にして単語をあとに置く理由である．

ライブラリ関数にたよらず自前でソート関数をプログラミングすることを目指そう．よい方法の 1 つは**分割統治**戦略を使うことである．リストの長さがたかだか 1 ならそのリストはソート済みである．そうでなければ，リストを 2 等分しそれぞれを再帰的にソートする．それから 2 つのソート済みの半分のリストをマージする．プログラムにすると以下のようになる．

```
sort :: (Ord a) => [a] -> [a]
sort []  = []
sort [x] = [x]
sort xs  = merge (sort ys) (sort zs)
           where
              (ys, zs) = halve xs

halve xs = (take n xs, drop n xs)
           where
              n = length xs `div` 2
```

これで残るは，2 つのソート済みのリストを 1 つのソート済みリストにマージする関数 merge の定義である．

```
merge [] ys = ys
merge xs [] = xs
merge (x : xs) (y : ys)
  | x <= y    = x : merge xs (y : ys)
  | otherwise = y : merge (x : xs) ys
```

実は多くの Haskell プログラマは merge の最後の節のような書き方はしない．代わりに以下のように書く．

```
merge xs'@(x : xs) ys'@(y : ys)
  | x <= y    = x : merge xs ys'
  | otherwise = y : merge xs' ys
```

この定義では**アズパターン**（as pattern）を使っている．要点は，リストを分解してから再構成するようなこと（安価だが，ただではない）はせず，照合した値をそのまま再利用するほうがよい．確かにそのとおりではあるが，これでは単純な数学の等式がわかりにくくなる．それで本書ではそのようなパターンはほとんど使わないことにする．

　sort も merge も再帰的に定義されている．ここでこの 2 つの再帰が停止する理由を説明しておこう．merge の場合，2 つの引数のサイズのどちらかが再帰呼び出しごとに小さくなることを理解してもらいたい．そうであれば，どちらかの基底部にそのうち到達する．sort の場合，重要なのは xs の長さが少なくとも 2 であれば，ys と zs はともに xs の長さよりも小さいことが見てとれるということである．これで，同じ主張がまた適用できる．では，sort [x] = [x] という節がなかったら何が起こるかを説明しよう．1 div 2 = 0 であるから以下をえる．

```
sort [x] = merge (sort []) (sort [x])
```

すなわち，sort [x] を評価するためには，sort [x] を評価しなければならないということである．空ではないリストを引数とする sort の定義は無限ループに陥ることになる．基底部に抜けがないかを確認することは再帰関数を構成する際の最も重要なことの 1 つである．

4.9　練習問題

練習問題 A

以下の等式のうち任意の xs について真になるものはどれで，偽になるものはどれか．

```
[] : xs = xs
[] : xs = [[], xs]
xs : [] = xs
xs : [] = [xs]
xs : xs = [xs, xs]
[[]] ++ xs  = xs
[[]] ++ xs  = [[], xs]
[[]] ++ [xs] = [[], xs]
[xs] ++ []  = [xs]
```

ところで，null = (== []) と定義しないのはなぜか．

練習問題 B

自然数の対で互いに相異なるものすべての無限リストを生成したいとする．すべての対が現れる限りにおいて，対の列挙順は重要ではない．以下の定義は正しく働くといえるか．

```
allPairs = [(x, y) | x <- [0..], y <- [0..]]
```

これが正しく働かないと思うなら，正しく働く版を示せ．

練習問題 C

以下の関数 disjoint の定義を示せ．

```
disjoint :: (Ord a) => [a] -> [a] -> Bool
```

この関数は 2 つの昇順リストを取り，共通要素がないかどうかを判定するものとする．

練習問題 D

どのような条件があれば以下の 2 つのリスト内包表記は同じ結果になるか．

```
[e | x <- xs, p x, y <- ys]
[e | x <- xs, y <- ys, p x]
```

2 つの式の計算コストを比べよ．

練習問題 E

偉大なインド人数学者 Srinivasa Ramanujan が病でロンドンの病院にいたとき，イギリス人数学者 G.H.Hardy が見舞いにきた．話のきっかけを探して，Hardy は乗ってきたタクシーのナンバーが 1729 というつまらない数字だったと話した．とんでもない．2 つの立方数の和として 2 通りの表し方 $1^3 + 12^3 = 9^3 + 10^3 = 1729$ がある最初の数だと Ramanujan は即答した．このような数の 2 番目を求めるプログラムを書け．

$0 < a, b, c, d \leq n$ の範囲にあり $a^3 + b^3 = c^3 + d^3$ を満たす本質的に相異なる 4 つ組 (a, b, c, d) すべてのリストを返す関数を書けばよい．リスト内包表記を使うことを勧めるが，そのまえに何をいえば本質的に相異なる 4 つ組になるかを注意深く考えること．つまり，$a^3 + b^3 = c^3 + d^3$ は 8 通りの書き方があるということである．

練習問題 F

これまでのリストの表示（view）と双対になる表示とは，末尾に要素を追加することでリストを構成するというものである．

```
data List a = Nil | Snoc (List a) a
```

Snoc というのは見てのとおり Cons の逆つづりである．この表示では [1, 2, 3] は以下のようになる．

```
Snoc (Snoc (Snoc Nil 1) 2) 3
```

2つのどちらの表示にしてもまったく同じ情報を提供するが構成方法は異なる．リストの snoc 表示に対する head, last の定義を与えよ．また以下のリストの2つの表示間の効率のよい変換関数を定義せよ．

```
toList   :: [a] -> List a
fromList :: List a -> [a]
```

(ヒント：reverse は線形時間でリストを逆順にするので効率はよい．)

練習問題 G

length xs を評価するのに必要な空間はどれくらいか．以下のような length の別定義を考えよ．
```
length :: [a] -> Int
length xs = loop (0, xs)
            where
              loop (n, [])     = n
              loop (n, x : xs) = loop (n + 1, xs)
```
必要空間量は変わったか．先行評価にすると必要空間量は変わるか．この疑問については7章で詳細に扱う．

練習問題 H

プレリュード関数 take n はリストの最初の n 要素を取り，drop n はリストの最初の n 要素を落とす．これらの関数を再帰定義せよ．その定義では以下の式の値はどうなるか．
```
take 0 undefined
take undefined []
```
少し難しい問題にしよう．上の2つの式の値が [] となるような定義は可能か．可能でないとするとその理由は何か．

以下の等式のうち任意の整数 m と n について成り立つものはどれか．証明は必要ではなく，等式の主張を理解すること．

```
take n xs ++ drop n xs = xs
take m . drop n = drop n . take (m + n)
take m . take n = take (m 'min' n)
drop m . drop n = drop (m + n)
```

標準プレリュード関数 splitAt は以下のように定義できる．
```
splitAt n xs = (take n xs, drop n xs)
```
上の定義は明白ではあるが xs が2度処理されているので少し非効率である．リストを1度走査するだけの splitAt の定義を与えよ．

練習問題 I

以下の等式に関する主張で同意できるものはどれで，同意できないものはどれか（ここも，証明は不要）．
  map (f . g) xs = map f (map g xs)

1. 任意の xs について真というわけではない．xs が有限リストであるかどうかによる．
2. 任意の f，g について真というわけではない．f，g が正格関数であるかどうかに依存する．
3. xs が有限リスト，擬リスト，無限リストにかかわらず，任意の xs および適切な型を持つ任意の f，g について真である．したがって，map (f . g) = map f . map g である．
4. 真であろうが，map と関数合成の定義から証明する必要がある．
5. 右辺から左辺への変換に用いれば，プログラム最適化になる．すなわち，2 回のリスト走査が 1 回のリスト走査になる．
6. 遅延評価のもとでは最適化にはならない．その理由は map g xs の計算が行われるのは，その結果に対して map f の計算が始まってからだからである．
7. 計算の終了が部分的であるか全体的であるかにかかわらず，右辺は中間リストを生成するのに対し，左辺は中間リストを生成しない．これは遅延評価のもとでもプログラム最適化の法則になる．

練習問題 J

以下に挙げる等式の少なくとも 1 つは偽である．どの等式が真で，どの等式が偽か．解答に証明を与える必要はない．この練習問題の目標は，等式を読んでそれが何を主張しているものかを理解することである．

    map f . take n   = take n . map f
    map f . reverse   = reverse . map f
    map f . sort   = sort . map f
    map f . filter p   = map fst . filter snd . map (fork (f, p))
    filter (p . g)   = map invertg . filter p . map g
    reverse . concat   = concat . reverse . map reverse
    filter p . concat = concat . map (filter p)

5 つめの等式では，invertg . g = id を仮定する．4 つめの等式にある関数 fork は以下のように定義されている．

    fork :: (a -> b, a -> c) -> a -> (b, c)
    fork (f, g) x = (f x, g x)

練習問題 K

unzip および cross を以下のように定義せよ．
    unzip   = fork (map fst, map snd)
    cross (f,g)   = fork (f . fst, g . snd)

この 2 つの関数の型はどのような型か．

簡単な等式論証によって以下の等式を証明せよ．

```
cross (map f, map g) . unzip = unzip . map (cross (f, g))
```

map のファンクタ則および以下の法則を使ってよい．

```
cross (f, g) . fork (h, k) = fork (f . h, g . k)
fork (f, g) . h            = fork (f . h, g . h)
fst . cross (f, g)         = f . fst
snd . cross (f, g)         = g . snd
```

練習問題 L

前問の続きである．以下の等式を証明せよ．

```
cross (f, g) . cross (h, k) = cross (f . h, g . k)
```

cross (id,id) = id も成り立つ（なぜか）．したがって，cross は，関数の対を引数に取る以外は，ファンクタに似た性質を持つ．そう，これは双ファンクタである．一般化すると以下のようになる．

```
class Bifunctor p where
  bimap :: (a -> b) -> (c -> d) -> p a c -> p b d
```

bimap の引数は対ではなく 1 つずつ与えられている．cross を Bifunctor のインスタンス Pair の bimap を使って表現せよ．ただし，Pair の定義は以下のとおり．

```
type Pair a b = (a, b)
```

次に以下のデータ型を考えよ．

```
data Either a b = Left a | Right b
```

Either を Bifunctor のインスタンスとして構成せよ．

4.10　練習問題の解答

練習問題 A の解答

以下の 3 つの等式のみ真である．

```
xs : []      = [xs]
[[]] ++ [xs] = [[], xs]
[xs] ++ []   = [xs]
```

null を null = (== []) と定義すると，型が以下のようにより制限されたものになる．

```
null :: (Eq a) => [a] -> Bool
```

要素が同値性比較できるリストのみ同値性検査できる．もちろん，空リストには要素が含まれていないので，(==) は必要ない．

練習問題 B の解答

いえない．allPairs は以下の無限リストを生成する．
```
allPairs = [(0, y) | y <- [0..]]
```
代替案としては対の和の昇順に生成する方法がある．
```
allPairs = [(x, d - x) | d <- [0..], x <- [0..d]]
```

練習問題 C の解答

定義は以下のとおり．
```
disjoint xs [] = True
disjoint [] ys = True
disjoint xs'@(x : xs) ys'@(y : ys)
  | x < y  = disjoint xs ys'
  | x == y = False
  | x > y  = disjoint xs' ys
```
ここでは，賢く見えるようにアズパターンを用いた．

練習問題 D の解答

ys が有限リストのときに限り同じ結果になる．
```
ghci> [1 | x <- [1, 3], even x, y <- undefined]
[]
ghci> [1 | x <- [1, 3], y <- undefined, even x]
*** Exception: Prelude.undefined
ghci> [1 | x <- [1, 3], even x, y <- [1..]]
[]
ghci> [1 | x <- [1, 3], y <- [1..], even x]
Interrupted.
```
同じ結果になる場合には，前者のほうが後者より効率がよい．

練習問題 E の解答

本質的に相異なる 4 つ組を生成する 1 つの方法は，4 つ組 (a, b, c, d) の値を，$a \leq b$ かつ $c \leq d$ かつ $a < c$ に限定することである．これにより以下のように定義できる．
```
quads n = [(a, b, c, d) | a <- [1..n], b <- [a..n]
                        , c <- [a+1..n], d <- [c..n]
                        , a ^ 3 + b ^ 3 == c ^ 3 + d ^ 3]
```

このような数の 2 つめのものは $4104 = 2^3 + 16^3 = 9^3 + 15^3$ である.

練習問題 F の解答

```
head :: List a -> a
head (Snoc Nil x) = x
head (Snoc xs x)  = head xs

last :: List a -> a
last (Snoc xs x) = x

toList :: [a] -> List a
toList = convert . reverse
         where
           convert []       = Nil
           convert (x : xs) = Snoc (convert xs) x

fromList :: List a -> [a]
fromList = reverse . convert
           where
             convert Nil = []
             convert (Snoc xs x) = x : convert xs
```

練習問題 G の解答

メモリ内に以下の式が構築されるので必要空間は線形である.

```
1 + (1 + (1 + ... (1 + 0) ... ))
```

2 つめの length の定義では, 遅延評価の場合,

```
loop ((...(((0 + 1) + 1) + 1) ...) + 1, [])
```

という式がメモリ内に構築されるので必要空間は線形である. しかし, 先行評価のもとではリストの長さを計算するのに必要な空間は定数である.

練習問題 H の解答

```
take, drop :: Int -> [a] -> [a]
take n []       = []
take n (x : xs) = if n == 0 then [] else x : take (n - 1) xs
drop n []       = []
drop n (x : xs) = if n == 0 then x : xs else drop (n - 1) xs
```

第 4 章　リスト

この take の定義では以下が成り立つ．

```
take undefined [] = []
take 0 undefined  = undefined
```

代替の定義として

```
take n xs | n == 0    = []
          | null xs   = xs
          | otherwise = head xs : take (n - 1) (tail xs)
```

とすると，以下が成り立つ．

```
take undefined [] = undefined
take 0 undefined  = []
```

少し難しい問題の答は「不可能」である．n という引数か，xs という引数のどちらかを必ず検査する必要がある．どちらの検査が先であっても，その引数の値が ⊥ なら結果は ⊥ になる．

どちらの定義でも，4 つの等式はともに任意のリスト xs，任意の $m, n \neq \bot$ に対して成り立つ．

splitAt は以下のように定義できる．

```
splitAt :: Int -> [a] -> ([a], [a])
splitAt n []       = ([], [])
splitAt n (x : xs) = if n == 0 then ([], x : xs) else (x : ys, zs)
                     where
                       (ys, zs) = splitAt (n - 1) xs
```

練習問題 I の解答

筆者は (3), (4), (5), (7) に同意する．

練習問題 J の解答

唯一，偽になる等式は map f . sort = sort . map f である．この等式は f が順序を保存する場合，すなわち，$x \leq y \equiv fx \leq fy$ のときに限り真である．

練習問題 K の解答

```
unzip :: [(a, b)] -> ([a], [b])
cross :: (a -> b, c -> d) -> (a, c) -> (b, d)
```

運算は以下のとおり

```
      cross (map f, map g) . unzip
=   {unzip の定義}
      cross (map f, map g) . fork (map fst, map snd)
=   {cross-fork の法則}
      fork (map f . map fst, map g . map snd)
=   {map の法則}
      fork (map (f . fst), map (g . snd))
```

適用する法則がなくなり，ここで止まるように思えるが，右辺からの運算を試みよ．

```
      unzip . map (cross (f, g))
=   {unzip の定義}
      fork (map fst, map snd) . map (cross (f, g))
=   {fork の法則}
      fork ( map fst . map (cross (f, g))
           , map snd . map (cross (f, g)))
=   {map の法則}
      fork ( map (fst . cross (f, g))
           , map (snd . cross (f, g)))
=   {fst の法則と snd の法則}
      fork (map (f . fst), map (g . snd))
```

ふう．両辺が同じ式に簡約された．これは運算ではよく使う手である．一方から他方へ簡単に行けるとは限らないが，両辺が同じ結果に簡約されることはある．

　ここまで見てきた運算はどれも関数レベルのものであった．この定義や証明のスタイルは**ポイントフリー** (point-free) と呼ぶ（ポイントレス (pointless) と呼ぶジョーク好きもいる）．ポイントフリーの証明は 12 章の自動運算器が生成するものである．ポイントフリースタイルは優雅であるが，fork や cross のような引数を関数に渡すための**配管コンビネータ**を必要とする．配管コンビネータは値を取り回したり，複製したり，除去したりするものである．除去の例としては以下がある．

```
      const :: a -> b -> a
      const x y = x
```

この小さなコンビネータは標準プレリュードで定義されており，必要なときには便利である．ほかにも curry, uncurry という配管コンビネータが標準プレリュードで定義されている．

```
      curry :: ((a, b) -> c) -> a -> b -> c
      curry f x y = f (x, y)

      uncurry :: (a -> b -> c) -> (a, b) -> c
      uncurry f (x, y) = f x y
```

カリー化された関数とは引数を 1 度に 1 つずつ取る関数であり，非カリー化関数は引数を組にして 1 つ取る関数である．カリー化された関数の鍵となる利点は，**部分適用**可能であることである．たとえば，take n

はそれ自体で完全に有効な関数であり，`map f` も同様である．これが最初からカリー化された関数を使ってきた理由である．

ところで，カリー化関数というのは，アメリカ人論理学者 Haskell B. Curry に因む．そう．Haskell という名前もそうである．

練習問題 L の解答

```
    cross (f, g) . cross (h, k)
=     {cross の定義}
    cross (f, g) . fork (h . fst, k . snd)
=     {cross-fork の法則}
    fork (f . h . fst, g . k . snd)
=     {cross の定義}
    cross (f . h, g . k)
```

`cross = uncurry bimap` である．ただし，`uncurry` は，前問の解答の中で定義したものである．

以下は `Either` のインスタンス定義である．

```
instance Bifunctor Either where
  bimap f g (Left x)  = Left (f x)
  bimap f g (Right y) = Right (g y)
```

4.11 章末ノート

この章で導入したほとんどの関数は Haskell の標準プレリュードにある．ファンクタ，双ファンクタ，自然変換については圏論に関する本に解説がある．そのような本については以下の2冊を紹介する．1冊は Benjamin Pierce の *Basic Category Theory for Computer Scientists* (1991, MIT Press)，もう一冊は Richard Bird と Oege de Moor の *The Algebra of Programming* (1997, Prentice Hall) である．

運算に使う法則については Philip Wadler の有名な記事 *Theorems for free!* を読んでもらいたい．以下のサイトで見つかる．

```
http://homepages.inf.ed.ac.uk/wadler/papers/free/
```

数学において，タクシーナンバー $taxicab(n)$ は n 通りの2つの立方数の和で表現できる最小の数を表す．したがって，$1729 = taxicab(2)$ である．詳しくは，Google で「taxicab number」を検索してみるとよい．

第5章
単純な数独ソルバー

> **遊び方**
> 縦，横，3 × 3 のブロックのどれにも 1 から 9 までの数字が 1 つずつ入るようにマス目を埋めよ．計算は必要なく，理詰めで論証すれば解ける．
>
> 数独の遊び方指南，英 Independent 紙

この章では 1 つの大きな練習問題をリストを使って解く．また，等式論証を用いてプログラムを論証するとともに効率を改善する．

数独は 9 × 9 のマス目盤で遊ぶパズルであるが，別のサイズでも可能である．図 5.1 のような盤面が与えられたら，行（横），列（縦），3 × 3 の箱（ブロック）のどれにも 1 から 9 までの数字が 1 つずつ入っているように空のマス目を埋める．きちんとした数独パズルであれば常に解は一意だが，一般的には解は 1 つかもしれないし，ないかもしれないし，複数かもしれない．この章の目的は数独パズルを解く Haskell のプログラムを構成することである．具体的には，数字を埋めたマス目盤をすべて計算する solve 関数を定義する．解が 1 つだけ欲しい場合は解のリストの先頭をとればよい．遅延評価なので，その際に計算されるのは最初の結果のみである．

仕様から始めて，より効率のよい版を等式論証によって運算する．「計算は必要なく，理詰めで論証すれば解ける」というわけである．

5.1 仕様

基本的なデータ型から始めよう．最初は行列である．

```
type Matrix a  =  [Row a]
type Row a     =  [a]
```

この 2 つの型シノニムは Matrix a は [[a]] の型シノニムだといっているにすぎない．しかし，このように表現すると行列が行のリストであることを強調できる．より正確には $m \times n$ の行列には同じ長さ n の行が m 行ある．Haskell の型シノニムではこの制約を強制できないが，いわゆる**依存型付き**言語では可能である．

盤面は 9 × 9 の数字の行列である．

```
type Grid   =  Matrix Digit
type Digit  =  Char
```

第 5 章 単純な数独ソルバー

図 5.1 数独の盤面

有効な数字は 1 から 9 までで，0 は空白を表す．

```
digits :: [Char]
digits  = ['1'..'9']

blank :: Digit -> Bool
blank =  (== '0')
```

Char は Enum クラスのインスタンスでもあることを思い出してもらいたい．したがって，['1' .. '9']は正しい式であり，非ゼロの数字のリストになる．

　簡単にするために，与えられた盤面は数字か空白のみを含むものとする．したがって，入力が正しい形式かどうかの検査は不要である．しかし，すべての行，列，箱で非ゼロ数字に重複がないことは確認する必要がある．重複があると解がなくなるからである．これについての議論は他のアルゴリズムが完成してから行うことにする．

　ここで仕様を考える．目的は，計算効率は考えず，最も単純で明快な仕様を書くことである．関数プログラミングとその他のスタイルのプログラミングとの重要な違いは，関数プログラミングでは常に明快で単純なところから始めるということである．明快で単純であっても solve の定義は極端に非効率なものになる可能性がある．さらに，関数プログラミングの法則を利用してその計算を練って許容範囲の時間および空間計算量になるようにする点が他とは違う．

　完成した正しい盤面のすべてからなる（巨大ではあるが有限である）リストを最初に構成してから，問題の盤面で数字が入っているマス目と一致するものを見つける方法をとってもよい．これはまさに非効率な仕様という考え方を極端にしたものである．他により合理的な方法としては，与えられた盤面から始めて，空になっているマス目に対して可能な選択肢をあてはめて盤面を完成する方法もある．結果は数字が埋められた盤面のリストとなる．これをフィルターして，すべての行，列，箱で非ゼロ数字に重複がない盤面をえる．この仕様を実装すれば以下のようになる．

```
solve :: Grid -> [Grid]
solve = filter valid . completions
```

補助関数の型はそれぞれ以下のとおり．

```
completions :: Grid -> [Grid]
valid       :: Grid -> Bool
```

まず completions から始め，valid はあとまわしにする．とりあえず，2つの処理ステップから構成する．

```
completions = expand . choices
```

ここで

```
type Choices = [Digit]

choices :: Grid -> Matrix Choices
expand  :: Matrix Choices -> [Grid]
```

関数 choices はマス目ごとに可能な選択肢を置く．

```
choices = map (map choice)
choice d = if blank d then digits else [d]
```

マス目が空（blank）なら，すべての数字が可能な選択肢とする．そうでなければ，1つの選択肢だけを含んだ単一要素リストを返す．f を行列のすべての要素に適用したければ，map (map f) を使う．要するに行列はリストのリストであるからだ．

　choices を適用したのち，各エントリーが数字リストである行列がえられる．次にやりたいことは expand を定義してこの行列を変換して，すべての選択肢を置いて可能な限りの盤面のリストにすることである．どう考えるか少々難しそうなので，まず，より単純な問題を考えよう．9×9の行列ではなく，長さ3のリストで考える．

```
[[1, 2, 3], [2], [1, 3]]
```

これを以下のリストに変換したいとしよう．

```
[[1, 2, 1], [1, 2, 3], [2, 2, 1], [2, 2, 3], [3, 2, 1], [3, 2, 3]]
```

2つめのリストのリストは，1つめのリストの1つめの要素，2つめの要素，3つめの要素からそれぞれ1つずつ可能な限りの方法で取り出してできたものである．これを行う関数を cp（数学で cartesian product「デカルト積」と呼ぶ短縮形）と呼ぶことにする．この cp を他の関数をうまく組み合わせて計算する方法がなさそうなので，引数のリストで2通りに場合分けする（空リスト [] の場合と空ではないリスト xs:xss の場合に分ける）通常の方法で定義する戦略でいこう．cp [] の定義は思いついたかもしれないが，おそらくそれは間違っている．2つめの場合を先に考えよう．次のような場合を想定してみる．

```
cp [[2], [1, 3]] = [[2, 1], [2, 3]]
```

この定義を cp ([1, 2, 3] : [[2], [1, 3]]) に一段拡張するにはどうすればよいか．それはリスト cp [[2], [1, 3]] の各要素の先頭に 1 を追加し，次に同じリストの各要素の先頭に 2 を追加し，最後に同じリストの各要素の先頭に 3 を追加すればよい．この処理はリスト内包表記を使ってきれいに表現できる．

```
cp (xs : xss) = [x : ys | x <- xs, ys <- cp xss]
```

第 5 章 単純な数独ソルバー

すなわち，xs の各要素を cp xss で生成したすべてのリストそれぞれの各要素の先頭に追加する．

効率の悪いプログラムの匂いに敏感な鼻の持ち主なら，1 行で書いた上のプログラムが最良ではないのではと疑うことだろう．それは正しい．この点については 7.3 節で扱うが，ここでは以下の定義がより効率のよいものだということを指摘するにとどめる．

```
cp (xs : xss) = [x : ys | x <- xs, ys <- yss]
                where
                   yss = cp xss
```

この版では cp xss の計算が 1 度きりであることが保証される．

次は，cp [] はどうなるかである．これは [] ではなく [[]] である．[] が間違いである理由を理解するために簡単な運算をしてみよう．

```
cp [xs] = cp (xs : [])
        = [x : ys | x <- xs, ys <- cp []]
        = [x : ys | x <- xs, ys <- []]
        = []
```

実は，cp [] = [] なら，任意のリスト xss について cp xss = [] が示せる．したがって，この定義は明らかに間違っている．もう 1 つの cp [] = [[]] が正しく求めているものであることを確認してみよ．

ここまでをまとめると cp を以下のように定義できる．

```
cp :: [[a]] -> [[a]]
cp []         = [[]]
cp (xs : xss) = [x : ys | x <- xs, ys <- yss]
                where
                   yss = cp xss
```

評価例を以下に挙げる．

```
ghci> cp [[1], [2], [3]]
[[1,2,3]]

ghci> cp [[1, 2], [], [4, 5]]
[]
```

2 つめの例ではリストの途中に選択肢のないリストがあるので空リストになっている．

さて行列や expand に関してはどうなるか．リストに対しての cp と同じように行列に対して行うにはどうするか．答を見るまえに少し考えて欲しい．

```
expand :: Matrix Choices -> [Grid]
expand = cp . map cp
```

少し込み入っているように見えるが，map cp は行ごとにすべての可能な選択肢のリストを返す．したがって，その結果に cp を適用すれば，行のすべての場合がつくされることになる．右辺の一般的な型は

```
cp . map cp :: [[[a]]] -> [[[a]]]
```

であり，expand の型はこの型の限定版になっているだけである．expand は，どこかの行の要素に空リストがあれば，空リストを返すことに注意してもらいたい．

最後に，正しい盤面とは，重複を含む行，列，箱がない盤面である．

```
valid :: Grid -> Bool
valid g =  all nodups (rows g)
        && all nodups (cols g)
        && all nodups (boxs g)
```

プレリュード関数 all は以下のように定義されている．

```
all p = and . map p
```

有限リスト xs に関数 all p を適用すると，xs のすべての要素が p を満たせば True，さもなければ False となる．関数 nodups は以下のように定義できる．

```
nodups :: (Eq a) => [a] -> Bool
nodups []       = True
nodups (x : xs) = all (/= x) xs && nodups xs
```

長さ n のリストに対する nodups の評価には n^2 に比例した時間がかかる．代替策としてはリストをソートしてから，それが厳密増加列になっているかを調べる方法がある．ソートは $n \log n$ に比例した時間で済む．これは n^2 よりずっと速いように見えるが，$n = 9$ であるなら効率のよいソートアルゴリズムを使う価値があまりはっきり出ない．$2n^2$ ステップと $100n \log_2 n$ ステップのどちらがよいかは好みの問題である．

残るは，rows, cols, boxs の定義である．行列を行のリストとして与えているなら関数 rows は行列上の恒等関数である．

```
rows :: Matrix a -> Matrix a
rows = id
```

関数 cols は転置行列を計算する．したがって，行列が m 行あり，各行の長さが n であれば，転置行列は n 行になり，各行の長さは m となる．m も n もゼロではないと仮定すれば，以下のように定義できる．

```
cols :: Matrix a -> Matrix a
cols [xs]       = [[x] | x <- xs]
cols (xs : xss) = zipWith (:) xs (cols xss)
```

行列代数では行列は空ではないと仮定するのが通常で，ここではそのように仮定しても問題はない．しかし，m や n がゼロになってもよいとした場合にどうなるかを考えるのは興味深い．これに関しては練習問題で取りあげることにする．

関数 boxs はさらに興味深い．まず定義を与えて，それを説明することにしよう．

第 5 章　単純な数独ソルバー

```
boxs :: Matrix a -> Matrix a
boxs = map ungroup . ungroup
     . map cols
     . group . map group
```

関数 group はリストを 3 つのグループに分割する．

```
group :: [a] -> [[a]]
group [] = []
group xs = take 3 xs : group (drop 3 xs)
```

関数 ungroup はグループ化を解除する．

```
ungroup :: [[a]] -> [a]
ungroup = concat
```

boxs の動きを 4×4 の場合で図解したものが以下である．ただし，この場合は group はリストを 3 つではなく 2 つのグループに分割する．

$$\begin{pmatrix} a & b & c & d \\ e & f & g & h \\ i & j & k & l \\ m & n & o & p \end{pmatrix} \rightarrow \begin{pmatrix} \begin{pmatrix} ab & cd \\ ef & gh \\ ij & kl \\ mn & op \end{pmatrix} \end{pmatrix}$$

$$\downarrow$$

$$\begin{pmatrix} a & b & e & f \\ c & d & g & h \\ i & j & m & n \\ k & l & o & p \end{pmatrix} \leftarrow \begin{pmatrix} \begin{pmatrix} ab & ef \\ cd & gh \\ ij & mn \\ kl & op \end{pmatrix} \end{pmatrix}$$

グループ化によって行列のリストを生成し，各行列を転置し，グループ化を解除すると，各行がもとの行列の箱になっている行列ができる．

5.2　法則を使ったプログラムの構成

　気がついて欲しいのだが，ここまで行列について考えるときにインデックスを使わず，行や列や箱を行列のインデックス計算で識別する代わりに，行列そのものを完全に独立した存在として扱う関数の定義に挑戦してきた．このスタイルを評して**全粒粉プログラミング**（wholemeal programming）とはうまい呼び方である．全粒粉プログラミングは，インデックス炎という病気を予防し，法則を利用したプログラムの構成を促進してくれる．

　たとえば，数独盤面で有効な法則が 3 つある．

```
rows . rows = id
cols . cols = id
boxs . boxs = id
```

つまり，この 3 つの関数はすべて対合[*1]である．はじめの 2 つは任意の行列で成り立ち，3 つめは任意の $n^2 \times n^2$ 行列で成り立つ（group の定義は n によって変更するものとする）．3 つのうち 2 つは容易に証明

[*1] 訳注：自分自身をその逆写像として持つ写像

できるが，もう 1 つは証明が難しい．難しいのは `boxs` に関するものだと思うかもしれないが，実は `cols` の対合性である．行列を 2 度転置すればもとの行列に戻ることは，直感的には明らかではあるが，`cols` の定義からこれを証明するには少し工夫がいる．証明をするための道具立てについての議論がまだなので，ここでは深入りはしない．

　ここでは，`boxs` の対合性のほうを証明しよう．簡単な等式論証で証明できる．`map` のファンクタ則をはじめとするいくつもの法則，`id` が関数合成の単位元であること，および，以下の事実を使う．

```
ungroup . group = id
group . ungroup = id
```

2 つめの等式はグループ化されたリスト上でのみ有効であるが，以降の運算でも有効である．

　だらだらと説明するよりも一気に全体像を示すことにする．`boxs` の定義を用いて `boxs . boxs` を書き換えるところから始める．

```
  map ungroup . ungroup . map cols . group . map group
. map ungroup . ungroup . map cols . group . map group
```

途中にある `map group . map ungroup` は `map` のファンクタ則と `group` と `ungroup` が互いに逆関数であることから `id` に単純化できる．これにより以下をえる．

```
  map ungroup . ungroup . map cols . group
. ungroup . map cols . group . map group
```

`group . ungroup = id` により以下をえる．

```
  map ungroup . ungroup . map cols
. map cols . group . map group
```

`map` のファンクタ則と `cols` の対合性により以下をえる．

```
map ungroup . ungroup . group . map group
```

さらに `ungroup . group = id` を 2 回使うと証明が終わる．今見たとおり，単純な運算である．

　選択肢の $n^2 \times n^2$ 行列で有効な法則をあと 3 つ挙げておく．

```
map rows . expand = expand . rows
map cols . expand = expand . cols
map boxs . expand = expand . boxs
```

この 3 つの法則はすぐあとで利用する．

　最後に `cp` に関する法則を 2 つ挙げておく．

```
map (map f) . cp = cp . map (map f)
filter (all p) . cp = cp . map (filter p)
```

1 つめの法則は，`cp` の型で示されている自然性である．前章で同様の法則を目にした．2 つめの法則は，リストのリストのデカルト積を取り，その要素すべてが `p` を満たすリストのみを残すのと，まず，もとのリストから要素が `p` を満たすものだけを残してからデカルト積を取るのとは，入れ換えられることを示してい

る．まえに述べたように1つの等式は一騎当千，千のことばで示すのに匹敵する．

5.3 選択肢行列の枝刈り

ここまでをまとめると以下のとおりである．
```
solve :: Grid -> [Grid]
solve = filter valid . expand . choices
```
理論上は実行可能でも，先の solve の仕様は実際にはまったく使いものにならない．81 あるマス目のうち 20 のマス目が最初から決まっているとすると，チェックしなければならない盤面の数は 9^{61}，つまり，
```
ghci> 9 ^ 61
16173092699229880893718618465586445357583280647840659957609
```
である．そのため，もっとよい方法が必要だ．

効率のよいソルバーを作るには，マス目 c の選択肢から，そのマス目を含む行，列，箱に単一要素リストとしてすでに現れている要素を取り除けばよい．単一要素リストである要素は，すでに確定した選択肢に対応している．そこで，
```
filter valid . expand = filter valid . expand . prune
```
を満たす枝刈りのための関数 prune を探ることにする．
```
prune :: Matrix Choices -> Matrix Choices
```
prune はどう定義できるだろうか．行列は行のリストであるから，まずは1つの行の枝刈りから考え始めよう．関数 pruneRow を以下のように定義する．
```
pruneRow      :: Row Choices -> Row Choices
pruneRow row =  map (remove fixed) row
                where
                    fixed = [d | [d] <- row]
```
確定した選択肢は各行で単一要素リストのエントリーとなる．fixed の定義ではパターンを含むリスト内包表記を使っている．単一要素リストではない row の要素はすべて破棄される．

関数 remove は確定していない選択肢から確定した選択肢を削除する[*2]．
```
remove :: Choices -> Choices -> Choices
remove ds [x] = [x]
remove ds xs  = filter (`notElem` ds) xs
```
標準プレリュード関数 notElem は以下のように定義されている．
```
notElem :: (Eq a) => a -> [a] -> Bool
notElem x xs = all (/= x) xs
```

[*2] 訳注：確定した選択肢 [x] からはなにも除去してはいけないことに注意すること．

以下は pruneRow の使用例である．

```
ghci> pruneRow ["6","12","3","134","56"]
["6","12","3","14","5"]
ghci> pruneRow ["6","36","3","134","4"]
["6","","3","1","4"]
```

1 つめの例では"6"と"3"が確定した選択肢である．これらの選択肢を他の選択肢から取り除くと最後のエントリーは確定要素になる．2 つめの例では確定した選択肢を取り除くと 2 番目のエントリーが空になる．

関数 pruneRow は以下の等式を満たす．

```
filter nodups . cp = filter nodups . cp . pruneRow
```

すなわち，行を枝刈りしても重複のないリストが捨てられてしまうことはない．この法則はすぐあとで使う．

これで関数 prune を決定するための運算の準備はほぼできた．しかし，まだすべてではない．filter に関する 2 つの法則が必要になるからである．$f \cdot f = id$ ならば，

```
filter (p . f) = map f . filter p . map f
filter (p . f) . map f = map f . filter p
```

である．2 つめの法則は 1 つめの法則から導ける（なぜか）．以下は 1 つめの法則の証明である．

```
  map f . filter p . map f
=   {前章で証明したとおり filter p . map f = map f . filter (p . f)}
  map f . map f . filter (p . f)
=   {map のファンクタ則および f . f = id}
  filter (p . f)
```

では本命の運算をしよう．valid の定義を用いて filter valid . expand を以下のように書き換えるところから始めよう．

```
  filter valid . expand
    = filter (all nodups . boxs)
    . filter (all nodups . cols)
    . filter (all nodups . rows) . expand
```

右辺のフィルターの順は重要ではない．これらのフィルターそれぞれを expand との交戦に送り出すのが攻略計画である．たとえば，boxs の場合は以下のように論証する．

```
      filter (all nodups . boxs) . expand
  =   {boxs . boxs = id なので上のフィルター則により}
      map boxs . filter (all nodups) . map boxs . expand
  =   {map boxs . expand = expand . boxs より}
      map boxs . filter (all nodups) . expand . boxs
  =   {expand の定義より}
      map boxs . filter (all nodups) . cp . map cp . boxs
  =   {filter (all p) . cp = cp . map (filter p) より}
      map boxs . cp . map (filter nodups) . map cp . boxs
  =   {map のファンクタ則より}
      map boxs . cp . map (filter nodups . cp) . boxs
```

ここで，

```
      filter nodups . cp = filter nodups . cp . pruneRow
```

という性質を使って，最後の式を以下のように書き換える．

```
      map boxs . cp . map (filter nodups . cp . pruneRow) . boxs
```

残るステップは上の運算の繰り返しであるが，逆順で行う．

```
      map boxs . cp . map (filter nodups . cp . pruneRow) . boxs
  =   {map のファンクタ則}
      map boxs . cp . map (filter nodups) . map (cp . pruneRow) . boxs
  =   {cp . map (filter p) = filter (all p) . cp より}
      map boxs . filter (all nodups) . cp . map (cp . pruneRow) . boxs
  =   {map のファンクタ則}
      map boxs . filter (all nodups) . cp . map cp . map pruneRow . boxs
  =   {expand の定義}
      map boxs . filter (all nodups) . expand . map pruneRow . boxs
  =   {boxs . boxs = id なのでフィルター則により}
      filter (all nodups . boxs) . map boxs . expand . map pruneRow . boxs
  =   {map boxs . expand = expand . boxs より}
      filter (all nodups . boxs) . expand . boxs . map pruneRow . boxs
  =   {pruneBy f = f . map pruneRow . f を導入}
      filter (all nodups . boxs) . expand . pruneBy boxs
```

これで以下を示せた．

```
      filter (all nodups . boxs) . expand
        = filter (all nodups .boxs) . expand . pruneBy boxs
```

ただし，pruneBy f = f . map pruneRow . f である．同じ運算を行，列に対して行えば以下をえる．

```
      filter valid . expand = filter valid . expand . prune
```

ただし，

```
prune = pruneBy boxs . pruneBy cols . pruneBy rows
```

である．結論として solve の定義は以下のもので置き換えられる．

```
solve = filter valid . expand . prune . choices
```

実は，prune による枝刈りは1回きりではなく，好きなだけ繰り返してもよい．そのほうが理にかなっている．枝刈りを1回すると選択肢のうちいくつかが決定して単一要素のリストになるので，もう1回枝刈りをすれば選択肢をさらに除去できる．そこで以下のように定義する．

```
many :: (Eq a) => (a -> a) -> a -> a
many f x = if x == y then x else many f y
           where
               y = f x
```

これで solve を精緻化すると，

```
solve = filter valid . expand . many prune . choices
```

ごく単純な数独の問題は，単一要素の選択肢だけが残るまで選択肢行列を枝刈りし続けるだけで解ける．

5.4　単一マス目拡張

many prune . choices の結果は以下の3つに分類できる選択肢の行列である．
1. すべてのエントリーが単一選択肢である**完成行列**．この場合 expand は1つだけある正しい盤面を取り出す．
2. どこかに空の選択肢を含む行列．この場合 expand は空リストを生成する．
3. 空の選択肢は含まないものの2つ以上の選択肢があるエントリーがある行列．

問題は3つめの場合でどうすべきかということである．盤面上のすべてのマス目について可能な選択肢をすべて設定するよりも，1つのマス目に対してだけ可能なすべての選択肢を設定し，それぞれの結果について枝刈り処理を再起動するほうが理にかなっている．枝刈りと単一マス目拡張の組み合わせにより，さらに速く解にたどり着けると期待できる．そこで1つのマス目に対してのみ選択肢を拡張する部分関数 expand1 を構成することを目指す．

```
expand1 :: Matrix Choices -> [Matrix Choices]
```

この関数は未完成の行列に対してのみ正しく定義された結果を返す．さらに未完成の行列に対しては以下が成り立たなければならない．

```
expand = concat . map expand . expand1
```

この表明は，両辺の関数をそれぞれ適用した結果の2つのリストが同値であるというものだが，リストの同値性では実際には厳しすぎる．部分拡張によって可能な選択肢が失われることがないことを確認したいだけで，両辺がどのような順で結果を生成するかには興味はないのである．そのために，この等式は両辺の関数

を適用した結果が置換の違いを除いて一致するという表明と解釈する．
　どのマス目を拡張すればよいか．最も簡単な答は行列中の単一要素ではないエントリーの最初に見つかったものである．行列 rows を以下のように分解してみよう．

```
rows = rows1 ++ [row] ++ rows2
row  = row1 ++ [cs] ++ row2
```

row の途中にあるマス目 cs は選択肢の単一要素ではないリストである．その row は行列 rows の途中にある．
　そうすると以下のような定義方針が考えられる．

```
expand1 :: Matrix Choices -> [Matrix Choices]
expand1 rows = [rows1 ++ [row1 ++ [c] : row2] ++ rows2 | c <- cs]
```

行列をこの方法で分解するためには，プレリュード関数 break を使う．

```
break :: (a -> Bool) -> [a] -> ([a], [a])
break p = span (not . p)
```

関数 span の定義は 4.8 節にある．使用例は以下のとおり．

```
ghci> break even [1, 3, 7, 6, 2, 3, 5]
([1,3,7],[6,2,3,5])
```

さらに標準プレリュード関数 any も必要になる．その定義は以下のとおり．

```
any :: (a -> Bool) -> [a] -> Bool
any p = or . map p
```

ただし，or は論理値のリストを取り，その要素に True があれば True を返し，さもなければ False を返す．

```
or :: [Bool] -> Bool
or []     = False
or (x:xs) = x || or xs
```

最後に single という述語をワイルドカードパターンを使って以下のように定義する．

```
single :: [a] -> Bool
single [_] = True
single _   = False
```

これで，expand1 の定義方針は以下のように考えられる．

```
    expand1 :: Matrix Choices -> [Matrix Choices]
    expand1 rows
      = [rows1 ++ [row1 ++ [c] : row2] ++ rows2 | c <- cs]
        where
          (rows1, row : rows2) = break (any (not . single)) rows
          (row1, cs : row2)    = break (not . single) row
```

where 節の 1 つめは行列を 2 つの行のリストに分ける．このとき 2 つめのリストの先頭の行には単一ではない選択肢が含まれている．where 節の 2 つめは break を使ってこの行を 2 つのリストに分ける．このとき 2 つめのリストの先頭は最初の単一ではない選択肢である．行列が単一要素エントリーしか含んでいない場合には，

```
    break (any (not . single)) rows = (rows, [])
```

となり，expand1 の計算はエラーメッセージを返す．

問題なのは，この expand1 の定義では無駄な計算をしてしまうということである．この方法では単一要素ではない最初のエントリーが空リストだったら，expand1 は空リストを返す．しかし，そのようなリストが行列の奥底に埋もれていると expand1 は存在しない解を求めて無駄な計算を行ってしまう．拡張するマス目として適切なのは，選択肢の数が最小（もちろん 1 ではない）のマス目である．選択肢がないマス目は，そのパズルに解がないことを意味するので，できるだけ早く見つけたほうがよい．

expand1 を変更して，この考え方を以下のように実装する．

```
    expand1 :: Matrix Choices -> [Matrix Choices]
    expand1 rows
      = [rows1 ++ [row1 ++ [c] : row2] ++ rows2 | c <- cs]
        where
          (rows1, row : rows2) = break (any smallest) rows
          (row1, cs : row2)    = break smallest row
          smallest cs = length cs == n
          n           = minimum (counts rows)
```

関数 counts の定義は以下のとおり．

```
    counts = filter (/= 1) . map length . concat
```

n の値は選択肢行列のマス目の選択肢数の 1 ではない最小値である．minimum の定義は練習問題とする．選択肢行列のどこかに空の選択肢があれば n の値は 0 になり，expand1 は空リストを返す．一方，選択肢行列が単一選択肢だけを含むときには n は空リストの最小値，すなわち未定義値 ⊥ となる．このとき，expand1 は ⊥ を返してしまうので，expand1 を未完成の行列にのみ適用するようにするべきなのだ．行列は以下の complete を満たさなければ未完成である．

```
    complete :: Matrix Choices -> Bool
    complete = all (all single)
```

選択肢行列の検査をより使いやすく一般化できる．以下のように safe を定義したとしよう．

```
safe :: Matrix Choices -> Bool
safe cm = all ok (rows cm) && all ok (cols cm) && all ok (boxs cm)

ok row = nodups [x | [x] <- row]
```

行，列，箱のいずれでも単一要素選択肢に重複がない場合，その行列は**安全** (safe) と呼ぶ．しかし，安全な行列は非単一要素選択肢を含むことがある．枝刈りによって，安全な行列が安全でない行列になりうる．しかし，枝刈りあとに安全な行列は枝刈りまえにも安全である．すなわち，`safe . prune` を適用した結果が `True` なら，`safe` を適用した結果も `True` ということである．完成した安全な行列は数独問題の解になる．この解は `expand` の以下のような単純版で取り出せる．

```
extract :: Matrix Choices -> Grid
extract = map (map head)
```

したがって，安全な完成行列 m については以下が成り立つ．

```
filter valid (expand m) = [extract m]
```

安全であるが未完成行列に対しては以下が成り立つ．

```
  filter valid . expand
= filter valid . concat . map expand . expand1
```

これは両辺の関数をそれぞれ適用した結果が置換の違いを除いて一致していることを意味する．一般に，

```
filter p . concat = concat . map (filter p)
```

であるから，`filter valid . expand` は以下のように単純化できる．

```
concat . map (filter valid . expand) . expand1
```

これで `prune` を1つ挿入して以下をえる．

```
concat . map (filter valid . expand . prune) . expand1
```

ここに以下を導入する．

```
search = filter valid . expand . prune
```

これで安全であるが未完成な行列に対して以下が成り立つ．

```
search = concat . map search . expand1 . prune
```

これが `solve` の第3版となる．

```
solve = search . choices
search cm
  | not (safe pm) = []
  | complete pm   = [extract pm]
  | otherwise     = concat (map search (expand1 pm))
  where pm = prune cm
```

これが単純な数独ソルバーの最終形である．最後の行の `prune` は `many prune` に置き換えることもできる．枝刈りを繰り返すほうが速い場合もあり，枝刈りは 1 度だけのほうが速い場合もある．まさに最初の安全性検査が，設定された選択肢の 1 回の枝刈り直後に現れていることに注意してもらいたい．すなわち，欠陥のある入力はすぐに検知される．

5.5　練習問題

練習問題 A

整数行列の各要素に 1 を加えるにはどうすればよいか．行列の要素の総和はどうすればよいか．関数 `zipWith (+)` は 2 つの行を加えるが，2 つの行列を加える関数はどのようなものか．行列の積はどのように定義するか．

練習問題 B

行列 `[[]，[]]` のサイズはどうなっているか．行列 `[]` のサイズはどうか．
関数 `cols` は以下のように定義した（ここでは `transpose` と名前を変える）．

```
transpose :: [[a]] -> [[a]]
transpose [xs]       = [[x] | x <- xs]
transpose (xs : xss) = zipWith (:) xs (transpose xss)
```

以下の `...` 部分を補って 1 つめの節を置き換えよ．

```
transpose [] = ...
```

上の定義では `transpose` は 1 行ずつ処理を行う．以下は列ごとに処理する定義の一部である．

```
transpose xss = map head xss : transpose (map tail xss)
```

この定義を完成せよ．

練習問題 C

以下の等式のうち真であるのはどれか（証明は不要）．

```
any p = not . all (not p)
any null = null . cp
```

練習問題 D

リストをソートする関数 sort :: (Ord a) => [a] -> [a] が与えられたとして，以下の nodups の定義を構成せよ．

```
nodups :: (Ord a) => [a] -> Bool
```

練習問題 E

関数 nub :: (Eq a) => [a] -> [a] はリストから重複を取り除く（この関数の 1 つの版は Data.List モジュールで定義されている）．nub を定義せよ．結果のリストにおける要素の並び順は無視してよいと仮定して，以下の型におけるより効率のよい版を定義せよ．

```
nub :: (Ord a) => [a] -> [a]
```

練習問題 F

関数 takeWhile および dropWhile は以下を満たす．

```
span p xs = (takeWhile p xs, dropWhile p xs)
```

takeWhile および dropWhile の直接再帰定義を与えよ．

whiteSpace :: Char -> Bool は文字が空白（スペース，タブ，改行）であるか，目に見える文字であるかを判定すると仮定せよ．文字列を単語のリストにする以下の関数 words を構成せよ．

```
words :: String -> [Word]
```

練習問題 G

以下を定義せよ．

```
minimum :: (Ord a) => [a] -> a
```

練習問題 H

solve を以下のように定義しなかった理由は何か．

```
solve = search . choices
search m
  | not (safe m) = []
  | complete m   = [extract m]
  | otherwise    = process m
  where
    process = concat . map  search . expand1 . prune
```

5.6 練習問題の解答

練習問題 A の解答

行列の各要素に 1 を加える関数は `map (map (+1))` と定義する.

行列の要素の和は `sum . map sum` と定義する. ただし, `sum` は数値リストの要素和である. 別解としては `sum . concat` とすることもできる.

行列の和は `zipWith (zipWith (+))` と定義する.

行列の積を定義するには, まず以下のように `scalarMult` を定義する.

```
scalarMult :: (Num a) => [a] -> [a] -> a
scalarMult xs ys = sum (zipWith (*) xs ys)
```

これで以下が成り立つ.

```
matMult :: (Num a) => Matrix a -> Matrix a -> Matrix a
matMult ma mb = [map (scalarMult row) mbt | row <- ma]
                where
                    mbt = transpose mb
```

練習問題 B の解答

行列 `[[],[]]` のサイズは 2×0 である. 行列 `[]` のサイズはすべての自然数 n ごとに $0 \times n$ である. したがって, このような行列の転置はすべての n ごとに $n \times 0$ のサイズを持つ. 合理的な選択としては, n を無限大とすることである.

```
transpose :: [[a]] -> [[a]]
transpose []         = repeat []
transpose (xs : xss) = zipWith (:) xs (transpose xss)
```

ただし, `repeat x` は `x` を繰り返す無限リストである. 以下が成り立つことに留意してもらいたい.

```
transpose [xs] = zipWith (:) xs (repeat [])
               = [[x] | x <- xs]
```

もう 1 つの定義のほうは以下のとおり.

```
transpose ([] : xss) = []
transpose xss        = map head xss : transpose (map tail xss)
```

1 つめの等式において, 1 つめの行が空ならすべての行は空であるということを仮定している. したがって, その転置は空の行列である.

練習問題 C の解答

どちらの等式も真である.

第 5 章　単純な数独ソルバー

練習問題 D の解答

```
nodups :: (Ord a) => [a] -> Bool
nodups xs = and (zipWith (/=) ys (tail ys))
  where ys = sort xs
```

練習問題 E の解答

```
nub :: (Eq a) => [a] -> [a]
nub []     = []
nub (x:xs) = x : nub (filter (/= x) xs)


nub :: (Ord a) => [a] -> [a]
nub = remdups . sort

remdups []       = []
remdups (x : xs) = x : remdups (dropWhile (== x) xs)
```

関数 dropWhile は次の練習問題で定義している．

練習問題 F の解答

```
takeWhile, dropWhile :: (a -> Bool) -> [a] -> [a]
takeWhile p [] = []
takeWhile p (x : xs)
  = if p x then x : takeWhile p xs else []
dropWhile p [] = []
dropWhile p (x : xs)
  = if p x then dropWhile p xs else x : xs
```

words の定義は以下のとおり．

```
words :: String -> [Word]
words xs | null ys   = []
         | otherwise = w : words zs
      where
         ys      = dropWhile whiteSpace xs
         (w, zs) = break whiteSpace ys
```

練習問題 G の解答

```
minimum :: (Ord a) => [a] -> a
minimum [x]      = x
minimum (x : xs) = x `min` minimum xs
```

空リストの最小値は未定義であることに留意してもらいたい．

練習問題 H の解答

示された solve の定義では，1 回の枝刈り後に行列が完成すると未定義値を返してしまう．

5.7 章末ノート

Independent 紙は現在，この章の冒頭で引用した数独の解説は載せていない．筆者の本 *Pearls of Functional Algorithm Design* (2010, Cambridge)[3] から引用した．以下のサイトには 20 ほどの数独の Haskell 実装がある．

    http://wiki.haskell.org/Sudoku

多くは配列かモナドあるいはその両方を用いている．配列やモナドについては 10 章で扱う．

---

[3] 邦訳：『関数プログラミング 珠玉のアルゴリズムデザイン』(2014 年，オーム社)

第6章 証明

直前2つの章でいくつもの法則を見た．しかし「法則」という用語が天下りに与えられ証明不要のものを思わせるとしたら少々不適切である．それでも，この用語は短いというのが利点である．ここまで見てきた法則はどれも2つの関数表現が同等であることを表明するものであった．付帯条件がつくこともある．すなわち，法則とは関数間の等式あるいは関数間の**恒等式**であり，運算はポイントフリー運算であった（ポイントフリースタイルについては4章および練習問題Kの解答を参照）．適切で正しい法則が与えられれば，等式論証を使って他の法則を証明できる．関数プログラミングにおいて，等式論理は単純ではあるが強力な道具である．これを使うことで，先に構成していた関数やその他の値よりも効率のよい定義を新たに導けるからである．効率は次章の主題である．この章では等式論証の別の一面，すなわち，帰納法による証明を主題とする．計算の共通パターンを捉えた**高階関数**をいくつか導入して証明を短くする方法を示す．似たような関数の性質を繰り返し証明するようなことはしなくても，こうした高階関数に関するより一般的な結果を証明し，それを使う．

6.1 自然数上の帰納法

以下のような指数関数の定義を考えよう．

```
exp :: (Num a) => a -> Nat -> a
exp x Zero     = 1
exp x (Succ n) = x * exp x n
```

かつては以下のように書いた．

```
exp :: (Num a) => a -> Int -> a
exp x 0       = 1
exp x (n + 1) = x * exp x n
```

しかし，このn+kパターンを使った，ぴったりの定義は現行の標準版 Haskell，すなわち，Haskell 2010 では許されていない[*1]．

それはともかく，任意の m, n に対して以下の等式が真であることが期待される．

```
exp x (m + n) = exp x m * exp x n
```

すなわち，数学でいう $x^{m+n} = x^m x^n$ が正しい等式であるということである．しかし，この法則を証明す

[*1] 現行の GHC では言語拡張 `NPlusKPatterns` を指定すれば使用可能である．

るにはどうすればよいか.

答はもちろん,**帰納法**である.自然数はすべて,Zero か,なにがしかの自然数 n に対して Succ n の形である.これがデータ型 Nat の以下の定義が示すことそのものである.

```
data Nat = Zero | Succ Nat
```

したがって,任意の自然数 n について $P(n)$ が成り立つことを証明するには,以下を証明すればよい.

1. $P(0)$ が成り立つ.
2. 任意の自然数 n に対して,$P(n)$ が成り立つことを仮定すれば,$P(n+1)$ が成り立つ.

ここで Zero を 0 に,Succ n を $n+1$ に戻して表現することにする.2 つめの項目の証明においては $P(n)$ を仮定し,この仮定を使って $P(n+1)$ を証明する.

例として,任意の m および n について以下を証明する.

```
exp x (m + n) = exp x m * exp x n
```

ここでは m 上の帰納法を用いる.n 上で帰納法を用いても証明できるが,証明がより複雑なものになる.証明は以下のとおり.

0 の場合

```
    exp x (0 + n)                    exp x 0 * exp x n
  = {0 + n = n だから}              = {exp.1}
    exp x n                           1 * exp x n
                                    = {1 * x = x だから}
                                      exp x n
```

m + 1 の場合

```
    exp x ((m + 1) + n)              exp x (m + 1) * exp x n
  = {算術}                          = {exp.2}
    exp x ((m + n) + 1)               (x * exp x m) * exp x n
  = {exp.2}              }          = {* は結合的であるから}
    x * exp x (m + n)                 x * (exp x m * exp x n)
  = {帰納法の仮定により}
    x * (exp x m * exp x n)
```

今後,帰納法による証明には上の形式を用いる.証明は 2 つの場合に分けて行う.**基底部**すなわち 0 の場合と**帰納部**すなわち $n+1$ の場合である.それぞれの場合について 2 段組のレイアウトを使う.1 つは等式の左辺,もう 1 つは等式の右辺に対応する.(2 段組にするには幅が足りないというときには,一方を他方のあとに置く.)両辺をそれぞれできるだけ簡約する.2 つの場合について,両辺が同じ結果に簡約されれば証明は完成である.exp.1 および exp.2 はそれぞれ exp の定義の 1 つめの等式,2 つめの等式を指している.この証明は最終的には以下の 3 つの法則に依っていることに注目してもらいたい.

```
(m + 1) + n = (m + n) + 1
      1 * x = x
(x * y) * z = x * (y * z)
```

とても面倒なことだが，算術演算をなにもないところから再構成するのなら，これらの法則も証明しなければならない．ここでは証明できるのは1つめだけである．1つめは自然数についてのみで自然数上の加法演算については定義済みだからである．あとの2つは Num クラスのさまざまなインスタンスに関して Haskell で定義済みの乗法演算の実装に依存する．

実は結合法則は浮動小数点数では成り立たないのである．

```
ghci> (9.9e10 * 0.5e-10) * 0.1e-10 :: Float
4.95e-11
ghci> 9.9e10 * (0.5e-10 * 0.1e-10) :: Float
4.9499998e-11
```

科学的記数法 9.9e10 は 9.9 * 10^10 を表すことを思い出してもらいたい．つまり，証明が数学的に正しくても，少なくとも Haskell では成り立たないということである．

6.2　リスト上の帰納法

有限リストは空リスト [] か xs を有限リストとして x : xs の形式をしているかのどちらかであることをみた．したがって，任意の有限リスト xs に対して $P(xs)$ が成り立つことを証明するには以下を証明すればよい．

1. $P([])$ が成り立つ．
2. 任意の x および任意の有限リスト xs に対して，$P(xs)$ が成り立つと仮定すれば，$P(x : xs)$ も成り立つ．

例を挙げよう．連接 (++) の定義を思い出してもらいたい．

```
[] ++ ys       = ys
(x : xs) ++ ys = x : (xs ++ ys)
```

これを使って，任意の有限リスト xs および任意のリスト ys, zs について ++ が結合的であることを証明しよう．

```
(xs ++ ys) ++ zs = xs ++ (ys ++ zs)
```

(あとの2つのリストは有限リストでなくてもよいことに留意してもらいたい．) 証明は xs 上の帰納法を使う．

[] の場合

```
    ([] ++ ys) ++ zs              [] ++ (ys ++ zs)
=   {++.1}                    =   {++.1}
    ys ++ zs                      ys ++ zs
```

x : xs の場合

```
    ((x : xs) ++ ys) ++ zs        (x : xs) ++ (ys ++ zs)
=   {++.2}                    =   {++.2}
    (x : (xs ++ ys)) ++ zs        x : (xs ++ (ys ++ zs))
=   {++.2}                    =   {帰納法の仮定}
    x : ((xs ++ ys) ++ zs)        x : ((xs ++ ys) ++ zs)
```

別の例も考えてみよう．以下の定義が与えられているものとする．

```
reverse []       = []
reverse (x : xs) = reverse xs ++ [x]
```

任意の有限リスト xs に対して reverse が対合になっていることを証明しよう．

```
reverse (reverse xs) = xs
```

基底部はたやすいので，帰納部の証明を試みる．

x : xs の場合

```
    reverse (reverse (x : xs))
=   {reverse.2}
    reverse (reverse xs ++ [x])
=   {... ??? ...}
    x : reverse (reverse xs)
=   {帰納法の仮定}
    x : xs
```

この例では，右辺は単に x : xs なので，右の段は省略する．しかしながら，証明は途中で止まってしまう．以下のような補助的な結果が必要である．すなわち，任意の有限リスト ys に対して以下が成り立つ．

```
reverse (ys ++ [x]) = x : reverse ys
```

この補助的結果も ys 上の帰納法で証明する．

[] の場合

```
    reverse ([] ++ [x])                    x : reverse []
=   {++.1}                              =  {reverse.1}
    reverse [x]                            [x]
=   {reverse.2}
    reverse [] ++ [x]
=   {reverse.1 および ++.1}
    [x]
```

y : ys の場合

```
    reverse ((y : ys) ++ [x])              x : reverse (y : ys)
=   {++.2}                              =  {reverse.2}
    reverse (y : (ys ++ [x]))              x : (reverse ys ++ [y])
=   {reverse.2}
    reverse (ys ++ [x]) ++ [y]
=   {帰納法の仮定}
    (x : reverse ys) ++ [y]
=   {++.2}
    x : (reverse ys ++ [y])
```

この補助的結果は成り立つ．ゆえに主たる結果も成り立つ．

擬リスト上の帰納法

擬リストは未定義リストであるか，ある x と，ある擬リスト xs について x:xs という形式になる．したがって，任意の擬リスト xs に対して $P(xs)$ が成り立つことを証明するには，以下を証明すればよい．

1. $P(\text{undefined})$ が成り立つ．
2. 任意の x および任意の擬リスト xs に対して，$P(\text{xs})$ が成り立つと仮定すると，$P(\text{x : xs})$ が成り立つ．

例を挙げよう．任意の擬リスト xs, 任意のリスト ys に対して

```
    xs ++ ys = xs
```

が成り立つことを証明する．

undefined の場合

```
    undefined ++ ys
=   {++.0}
    undefined
```

x : xs の場合

```
    (x : xs) ++ ys
=    {++.2}
    x : (xs ++ ys)
=    {帰納法の仮定}
    x : xs
```

どちらの場合も右側の段は自明なので省略している．(++).0 というのは (++) の定義における失敗節を表している．連接は左側の引数上のパターン照合を使って定義されているので左側の引数が未定義なら結果も未定義であるからだ．

無限リスト上の帰納法

すべての無限リストで真になることを証明するにはいくつかの前提知識が必要になる．これについては次章で詳細に説明する．リストは基本的には擬リスト列の極限と考えられる．たとえば，[0..] は以下の擬リスト列の極限である．

```
    undefined, 0 : undefined, 0 : 1 : undefined, 0 : 1 : 2 : undefined, ...
```

$xs_0, xs_1, \ldots$ が擬リスト列であり，その極限が xs のとき，任意の n に対して $P(xs_n)$ が成り立てば $P(xs)$ が成り立つとき，性質 P は**連鎖完備**であるという．
すなわち，性質 P が任意の擬リスト（および場合によっては任意の有限リスト）に対して成り立てば，任意の無限リストで成り立つ．
連鎖完備である性質にはいろいろある．たとえば，

- $e1$ および $e2$ が全称量化された（$\forall$ で修飾された）自由変数を含む Haskell 式であるとき，等式 $e1 = e2$ はすべて連鎖完備である．
- P および Q が連鎖完備であるならば，その連言（論理積）$P \land Q$ も連鎖完備である．

しかし，不等式 $e1 \neq e2$ は必ずしも連鎖完備ではない．また，存在量化（∃による修飾）を含む性質も連鎖完備ではない．例として，ある n について以下であるという表明を考えよう．

```
    drop n xs = undefined
```

この性質が真である擬リストが存在することは自明である．同時に任意の無限リストについて偽であることも自明である．
証明の例を考える．まえに，任意の有限リスト xs および任意のリスト ys, zs について ++ が結合的であることを示した．

```
    (xs ++ ys) ++ zs = xs ++ (ys ++ zs)
```

この連鎖完備性が**任意の**リスト xs について成り立つことを証明しよう．

undefined の場合

```
    (undefined ++ ys) ++ zs              undefined ++ (ys ++ zs)
=   {++.0}                            =   {++.0}
    undefined ++ zs                       undefined
=   {++.0}
    undefined
```

したがって，++ は真に結合的なリスト上の演算であり，有限リスト，擬リスト，無限リストのどれであるかとは独立である．

しかし，注意すべきこともある．まえに任意の有限リスト xs について以下が成り立つことを証明した．

    reverse (reverse xs) = xs

この性質は任意リストでも成り立つだろうか．以下の場合の証明を追加すればそれでよいのだろうか．

undefined の場合

```
    reverse (reverse undefined)
=   {reverse.0}
    undefined
```

これでよさそうだが，何かが違う．Haskell の等式としては，

    reverse (reverse xs) = undefined

はすべての擬リスト xs に対して成り立つ．なにが抜けているのか．

その答は reverse の対合性の証明においては補助的な結果を用いていた．それは，任意の有限リスト ys に対して以下が成り立つというものである．

    reverse (ys ++ [x]) = x : reverse ys

この結果はすべてのリストで真になるわけではない．実際，任意の擬リスト ys について真ではない．

したがって，reverse . reverse はリスト上の恒等関数ではない．リスト上の関数の等式 f = g は**任意のリスト（有限リスト，擬リスト，無限リスト）** xs について f xs = g xs という表明である．この等式が有限リストでのみ成り立つというなら，それをはっきりといわなければならない．

6.3　foldr 関数

以下の関数はどれにも共通するパターンがある．

```
    sum []              = 0
    sum (x : xs)        = x + sum xs

    concat []           = []
    concat (xs : xss)   = xs ++ concat xss
```

第6章 証明

```
filter p []       = []
filter p (x :xs)  = if p x then x : filter p xs
                    else filter p xs

map f []          = []
map f (x : xs)    = f x : map f xs
```

同様に以下の法則を帰納法で証明するとき，どれにも共通するパターンがある．

```
sum (xs ++ ys)        = sum xs + sum ys
concat (xss ++ yss)   = concat xss ++ concat yss
filter p (xs ++ ys)   = filter p xs ++ filter p ys
map f (xs ++ ys)      = map f xs ++ map f ys
```

上述の関数がどれもより一般的な1つの関数の具体例として定義できることを確かめられるか．また，上述の法則がより一般的な1つの法則の具体例であることが確かめられるか．もし，そうなら同じことを繰り返さなくても済む．

関数 foldr（右からの畳み込み）は以下のように定義されている．

```
foldr :: (a -> b -> b) -> b -> [a] -> b
foldr f e []        = e
foldr f e (x : xs)  = f x (foldr f e xs)
```

この定義をしっかり理解するには以下のような例を考えるとよい[*2]．

```
foldr (@) e [x, y, z] = x @ (y @ (z @ e))
              [x, y, z] = x : (y : (z : []))
```

すなわち，foldr (@) e をリストに適用すると，空リストは e に，(:) は (@) に置き換わって結果が評価される．括弧は右側からグループ化するので，それが関数名に反映されている．
foldr (:) [] はリスト上の恒等関数であることは直ちに導ける．さらに以下が成り立つ．

```
sum       = foldr (+) 0
concat    = foldr (++) []
filter p  = foldr (\x xs -> if p x then x : xs else xs) []
map f     = foldr ((:) . f) []
```

いくつかの性質を満たす演算 (@) に対して以下が成り立つことが，上述の恒等式のすべてに共通することを表している．

```
foldr f e (xs ++ ys) = foldr f e xs @ foldr f e ys
```

この等式を xs 上の帰納法で証明しよう．その中で f, e, (@) が満たすべき性質を探る．

[*2] 訳注：Haskell では，実際は@は予約語で，演算子名には使えない．

[] の場合

```
    foldr f e ([] ++ ys)              foldr f e [] @ foldr f e ys
  =   {++.1}                        =   {foldr.1}
    foldr f e ys                      e @ foldr f e ys
```

したがって，任意の x について e @ x = x であって欲しい．

x : xs の場合

```
    foldr f e ((x : xs) ++ ys)
  =   {++.2}
    foldr f e (x : (xs ++ ys))
  =   {foldr.2}
    f x (foldr f e (xs ++ ys))
  =   {帰納法の仮定}
    f x (foldr f e xs @ foldr f e ys)
```

この場合の右辺は単純にすると以下のようになる．

```
    f x (foldr f e xs) @ foldr f e ys
```

まとめると，任意の x, y, z に対して以下が成り立って欲しい．

```
    e @ x = x
    f x (y @ z) = f x y @ z
```

特に，f = (@) かつ (@) が結合的で e がその単位元であればこの条件は満たされる．したがって，以下は直ちに証明したことになる．

```
    sum (xs ++ ys) = sum xs + sum ys
    concat (xss ++ yss) = concat xss ++ concat yss
```

map の法則については以下の事実が必要である．

```
    [] ++ xs = xs
    f x : (xs ++ ys) = (f x : ys) ++ ys
```

この 2 つは連接の定義より明らかである．

filter の法則については以下の事実が必要である．

```
    if p x then x : (ys ++ zs) else ys ++ zs
      = (if p x then x : ys else ys) ++ zs
```

これについては連接および条件式の定義より直ちに導ける．

融合変換

foldr の性質で最も重要なのが**融合則**（fusion law）である．その主張は，構成要素がある性質を満たせば以下が成り立つという主張である．

```
f . foldr g a = foldr h b
```

例を 2 つ挙げよう．

```
double . sum    = foldr ((+) . double) 0
length . concat = foldr ((+) . length) 0
```

実は，これまで説明した多くの法則は foldr に対する融合則の具体例である．すなわち，この融合則はリスト上の帰納法をあらかじめ内包したものといえる．

どのような性質が必要か，この融合則を帰納法で証明しながら探ることにしよう．この法則は関数の等式として表現されているので，これが任意の有限リストおよび任意の擬リストで成り立つことを証明しなければならない．

undefined の場合

```
    f (foldr g a undefined)           foldr h b undefined
 =  {foldr.0}                      =  {foldr.0}
    f undefined                       undefined
```

したがって，1 つめの条件は f は正格関数であることである．

[] の場合

```
    f (foldr g a [])                  foldr h b []
 =  {foldr.1}                      =  {foldr.1}
    f a                               b
```

したがって，2 つめの条件は f a = b である．

x : xs の場合

```
    f (foldr g a (x : xs))            foldr h b (x : xs)
 =  {foldr.2}                      =  {foldr.2}
    f (g x (foldr g a xs))            h x (foldr h b xs)
                                   =  {帰納法の仮定}
                                      h x (f (foldr g a xs))
```

したがって，3 つめの条件は任意の x, y に対して f (g x y) = h x (f y) が成り立つことである．この融合則を使って以下を示そう．

```
foldr f a . map g = foldr h a
```

map g = foldr ((:) . g) [] であることを思い出してもらいたい．融合則の成立条件を見れば以下であ

ることがわかる.

```
foldr f a undefined = undefined
foldr f a []        = a
```

したがって，最初の2つの融合条件は満たされている．3つめの条件は，

```
foldr f a (g x : xs) = h x (foldr f a xs)
```

である．左辺は以下のように簡約される．

```
f (g x) (foldr f a xs)
```

したがって，h x y = f (g x) y と定義できる．あるいはより短く h = f . g である．これにより，以下の便利な規則がえられる．

```
foldr f a . map g = foldr (f . g) a
```

具体的な例は以下のとおり．

```
double . sum = sum  . map double
             = foldr ((+) . double) 0

length . concat = sum . map length
                = foldr ((+) . length) 0
```

このほかにも融合則を使う簡単な例を練習問題で探求することにしよう．

変形版

空リストを扱うのに困難が伴うことがある．たとえば，空リストの最小要素はなんだろうか．このような理由で Haskell では foldr の変形版として，foldr1 が提供されている．これは空ではないリストでのみ使える．この関数の定義は以下のとおり．

```
foldr1 :: (a -> a -> a) -> [a] -> a
foldr1 f [x]        = x
foldr1 f (x : xs) = f x (foldr1 f xs)
```

これで以下のような定義ができる．

```
minimum, maximum :: Ord a => [a] -> a
minimum = foldr1 min
maximum = foldr1 max
```

これで明示的再帰が回避できる．実は Haskell の foldr1 はあるべき一般性を欠いているが，その議論は練習問題にとっておく．

6.4 `foldl` 関数

```
foldr (@) e [w, x, y, z] = w @ (x @ (y @ (z @ e)))
```

であったことを思い出してもらいたい．右辺は以下のようなパターンであるほうが便利なこともある．

```
(((e @ w) @ x) @ y) @ z
```

このパターンは `foldl`（左側からの畳み込み）関数が内包している．

```
foldl :: (b -> a -> b) -> b -> [a] -> b
foldl f e []      = e
foldl f e (x : xs) = foldl f (f e x) xs
```

例として，1234.567 のような実数を表す文字列を考える．整数部分と小数部分を計算したい．以下のように定義することが可能である．

```
ipart :: String -> Integer
ipart xs = read (takeWhile (/= '.') xs) :: Integer

fpart :: String -> Float
fpart xs = read ('0' : dropWhile (/= '.') xs) :: Float
```

ここでは型クラス Read の read 関数を使っている．ところで，.567 は Haskell では正しい形式のリテラルではない．小数点のまえには少なくとも 1 文字の数字がなければならない．関数合成演算子と違えることのないようにそうなっている．

```
ghci> :t 3 . 4
3 . 4 :: (Num (b -> c), Num (a -> b)) => a -> c
```

別解としては，以下のような定義も可能である．

```
parts :: String -> (Integer,Float)
parts ds  = (ipart es, fpart fs)
             where
               (es, d : fs) = break (== '.') ds
    ipart    = foldl shiftl 0 . map toDigit
             where
               shiftl n d = n * 10 + d
    fpart    = foldr shiftr 0 . map toDigit
             where
               shiftr d x = (d + x) / 10
    toDigit d = fromIntegral (fromEnum d - fromEnum '0')
```

ここで，

6.4 foldl 関数

```
1234    = 1 * 1000 + 2 * 100 + 3 * 10 + 4
        = (((0 * 10 + 1) * 10 + 2) * 10 + 3) * 10 + 4
0.567   = 5 / 10 + 6 / 100 + 7 / 1000
        = (5 + (6 + (7 + 0) / 10) / 10) / 10
```

である．これは，整数部分の計算には foldl，小数部分の計算には foldr を使うとよいことを示している．

別の例を挙げよう．関数 reverse はまえに以下のように定義した．

```
reverse []       = []
reverse (x : xs) = reverse xs ++ [x]
```

より賢く，以下のように定義しよう．

```
reverse = foldr snoc []
          where
            snoc x xs = xs ++ [x]
```

しかし，生兵法は危険である．どちらの reverse の定義もひどいものである．長さ n のリストの逆転が n^2 のオーダーの計算になるからだ．以下のように定義するのがはるかによい．

```
reverse = foldl (flip (:)) []
```

ただし，flip f x y = f y x である．この新しい版ではリストの逆転が線形時間になる．

```
  foldl (flip (:)) [] [1, 2, 3]
= foldl (flip (:)) (1 : []) [2, 3]
= foldl (flip (:)) (2 : 1 : []) [3]
= foldl (flip (:)) (3 : 2 : 1 : []) []
= 3 : 2 : 1 : []
```

これはかなり技巧的に見えるが，この新しい定義の背景にはまともで健全な原理がある．これについては次章で取りあげる．

この例が示しているように，foldr と foldl の間には以下のような関係がある．任意の有限リスト xs に関して以下が成り立つ．

```
foldl f e xs = foldr (flip f) e (reverse xs)
foldr f e xs = foldl (flip f) e (reverse xs)
```

証明は練習問題にしておく．xs が ⊥ のとき両辺は ⊥ になるのであるが，ここでは有限リストだけに限定していることに注意してもらいたい．つまり，この証明には有限リスト上でのみ成り立つ補助的な結果が必要であるということである．

さらに 2 つの畳み込みの間には別の関係がある．任意の有限リスト xs について，

```
foldl (@) e xs = foldr (<>) e xs
```

が成り立つ．ただし，

```
(x <> y) @ z = x <> (y @ z)
e @ x = x <> e
```

を仮定する．この証明も練習問題としておく．(@) = (<>) および (@) は単位元 e を持つ結合的演算であるという仮定をおくと，この法則の有益な応用例となる．この 2 つの前提条件があるなら，(@) は単位元 e を持つ結合的演算なので，任意の有限リスト xs について，

```
foldr (@) e xs = foldl (@) e xs
```

である．具体例を挙げると，任意の有限リスト xss について以下が成り立つ．

```
concat xss = foldr (++) [] xss = foldl (++) [] xss
```

この 2 つの定義は xss が無限リストであるときには同じではない．

```
ghci> foldl (++) [] [[i] | i <- [1..]]
Interrupted.
ghci> foldr (++) [] [[i] | i <- [1..]]
[1,2,3,4,Interrupted.
```

1 つめの式の応答は GHCi が黙ってしまったので「プログラム実行停止」ボタンを押して実行を停止したということである．2 つめの式の応答は GHCi が無限リストの表示を始めたので停止したということである．

そういうわけで，foldr を使った定義なら無限リスト上で正しく動作するが，foldl を使った定義だとそうはいかない．しかし，foldl を使って定義した concat のほうがすべての要素リストが有限である場合は効率のよい計算になるだろうか．以下をよく見てみよう．

```
foldr (++) [] [xs, ys, us, vs]
        = xs ++ (ys ++ (us ++ (vs ++ [])))
foldl (++) [] [xs, ys, us, vs]
        = ((([] ++ xs) ++ ys) ++ us) ++ vs
```

要素リストの長さはどれも n であるとする．1 つめの式の右辺では連接を全部終了するのに $4n$ ステップかかる．2 つめの式の右辺では $0 + n + (n+n) + (n+n+n) = 6n$ ステップかかる．少なくとも今はこれだけ説明すれば十分だろう．

6.5 scanl 関数

関数 scanl f e は foldl f e をリストの各先頭部分列に適用する．例を 1 つ挙げよう．

```
ghci> scanl (+) 0 [1..10]
[0,1,3,6,10,15,21,28,36,45,55]
```

この式は正整数の最初の 10 個までの**連続和**を計算する．

```
[0, 0 + 1, (0 + 1) + 2, ((0 + 1) + 2) + 3, (((0 + 1) + 2) + 3) + 4, ...]
```

scanl の仕様は以下のとおり．

6.5 scanl 関数

```
scanl :: (b -> a -> b) -> b -> [a] -> [b]
scanl f e = map (foldl f e) . inits

inits :: [a] -> [[a]]
inits []     = [[]]
inits (x:xs) = [] : map (x:) (inits xs)
```

inits の実行例は以下のとおり.

```
ghci> inits "barbara"
["","b","ba","bar","barb","barba","barbar","barbara"]
```

関数 inits は Data.List モジュールにある.

しかし, この scanl f の定義では, 長さ n のリストに対して f の適用が以下の回数だけ起こる.

$$0 + 1 + 2 + \cdots + n = n(n+1)/2$$

もっと効率よくできるだろうか.

できる. 何を証明するのかがわかっていないという点以外では, 帰納法による証明に似た運算を進めることで, よりよい定義を導ける.

[] の場合

```
    scanl f e []
=   {scanl の定義}
    map (foldl f e) (inits [])
=   {inits.1}
    map (foldl f e) [[]]
=   {map.1 および map.2}
    [foldl f e []]
=   {foldl.1}
    [e]
```

これで scanl f e [] = [e] が導けた.

x : xs の場合

```
    scanl f e (x : xs)
=   {scanl の定義}
    map (foldl f e) (inits (x : xs))
=   {inits.2}
    map (foldl f e) ([] : map (x :) (inits xs))
=   {map.1 および map.2}
    foldl f e [] : map (foldl f e . (x :)) (inits xs)
=   {foldl.1}
    e : map (foldl f e . (x :)) (inits xs)
=   {主張: foldl f e . (x :) = foldl f (f e x)}
    e : map (fold f (f e x)) (inits xs)
=   {scanl の定義}
    e : scanl f (f e x) xs
```

途中の主張は foldl の定義から簡単に導ける帰結である．まとめると，以下が示せた．

```
scanl f e []       = [e]
scanl f e (x : xs) = e : scanl f (f e x) xs
```

この定義なら f の適用は線形オーダーの回数でよい．

ここで示したのは**プログラム運算**（program calculation）による関数最適化の一例である．Haskell を使っていてワクワクするのは，おおげさな仕掛けを使わなくてもプログラム運算できるということである．まったく別の論理言語を使ってプログラム論証する必要がないのである．

しかしながら，scanl のプレリュードでの定義は少し違っている．

```
scanl f e xs = e : (case xs of
                    []   -> []
                    x:xs -> scanl f (f e x) xs)
```

先ほどの定義では，scanl f e undefined = undefined であるがプレリュード版では

```
scanl f e undefined = e : undefined
```

である．そうする理由は scanl を定義している 2 つの節の右辺はともに e で始まるリストだからである．左辺の 3 つめの引数についてなにも知らなくてもこの事実はわかる．遅延評価なので知らなくてもよいのである．プレリュード版は case 式も使っている．本書ではこのような式はほとんど使わないので，詳細については扱わない．Haskell では同じことをするのにいくつもの方法が可能である．

6.6 最大切片和

ここではプログラム運算の別の例を示そう．**最大切片和**（maximum segment sum）問題は有名な問題で，その歴史については J.Bentley の *Programming Pearls*(second edition)(Addison-Wesley,2000)[*3] に記述がある．整数の列が与えられたとして，その列のすべての切片の和のうち最大のものを求めよ，というのが問題である．切片は**連続部分列**（contiguous subsequence）ともいう．たとえば，以下のような列があるとしよう．

```
[-1,2,-3,5,-2,1,3,-2,-2,-3,6]
```

最大の切片和は 7 で，これは切片 [5,-2,1,3] の和である．列 [-1,-2,-3] の最大切片和は 0 である．空列はすべてのリストの切片でありその和は 0 だからである．したがって，最大切片和は必ず非負である．

問題の仕様は以下のとおりである．

```
mss :: [Int] -> Int
mss = maximum . map sum . segments
```

ここで segments はリストのすべての切片を含むリストを返す．この関数を定義する方法はいろいろあるが，その 1 つは以下である．

```
segments = concat . map inits . tails
```

ただし，tails は inits の双対で，リストのすべての末尾切片を返す．

```
tails :: [a] -> [[a]]
tails []     = [[]]
tails (x : xs) = (x : xs) : tails xs
```

segments のこの定義は，すべての末尾切片のすべての先頭切片を取ることを示している．例を挙げよう．

```
ghci> segments "abc"
["","a","ab","abc","","b","bc","","c",""]
```

空列がこのリストには 4 回でてくる．これは末尾切片ごとに 1 つ出てきているのである．

mss を直接計算すると，長さ n のリストについて n^3 に比例したステップ数がかかる．およそ n^2 の切片があり，それぞれの和を求めるのに n ステップ要するので全体としては n^3 ステップかかることになる．この問題に対して 3 乗よりもよい計算ができるかどうかは自明ではない．

しかしながら，プログラム運算が導く先を見ることにしよう．segments をその定義に置き換えることから始める．

```
maximum . map sum . concat . map inits . tails
```

ここで適用できる法則を探し，

```
map f . concat = concat . map (map f)
```

[*3] 邦訳：『珠玉のプログラミング 本質を見抜いたアルゴリズムとデータ構造』（2014 年，丸善出版）

を部分項 `map sum . concat` に適用して以下をえる.

  `maximum . concat . map (map sum) . map inits . tails`

ここで, `map f . map g = map (f . g)` を使えば以下をえる.

  `maximum . concat . map (map sum . inits) . tails`

さて以下の法則が使えるだろうか.

  `maximum . concat = maximum . map maximum`

`concat` の引数が空リストまたは空リストのリストであると使えない. 空リストの最大値は定義されていないからである. しかし, この例では `inits`, `tails` はともに空ではないリストを返すのでこの法則は有効である. したがって, 以下をえる.

  `maximum . map (maximum . map sum . inits) . tails`

次に前節で説明した以下の `scanl` の性質を使う.

  `map sum . inits = scanl (+) 0`

そうすると以下をえる.

  `maximum . map (maximum . scanl (+) 0) . tails`

これで, n^3 のアルゴリズムが n^2 のアルゴリズムになった. さらに先に行こう. しかし, もう手持ちで役に立ちそうな法則がなくなり, ここで立ち往生である.

　次にあたるべきところは `maximum . scanl (+) 0` の部分であることは間違いない. そこで, 以下に関して証明できることは何かを見ていこう.

  `foldr1 max . scanl (+) 0`

これは融合則に似ているが, `scanl (+) 0` が `foldr` で表現できるだろうか. では例で考えよう.

```
   scanl (+) 0 [x, y, z]
 = [0, 0 + x, (0 + x) + y, ((0 + x) + y) + z]
 = [0, x, x + y, x + y + z]
 = 0 : map (x +) [0, y, y + z]
 = 0 : map (x +) (scanl (+) 0 [y, z])
```

この演算は `(+)` の結合性と 0 が `(+)` の単位元であることを利用している. 結果を一般化すると, `(@)` が結合的演算で e がその単位元であるなら,

  `scanl (@) e = foldr f [e]`

ただし, `f x xs = e : map (x @) xs` となりそうである. この主張を信用することにして, 以下が満たされる条件を考えることにしよう.

  `foldr1 (<>) . foldr f [e] = foldr h b`

ただし，f x xs = e : map (x @) xs である．foldr1 (<>) が正格関数で，foldr1 (<>) [e] = e であることは直ちにわかる．したがって，b = e である．残るは融合則の 3 つめの条件を確認することである．h が任意の x, xs について，以下を満たさなければならない．

　　foldr1 (<>) (e : map (x @) xs) = h x (foldr1 (<>) xs)

左辺は以下のように簡約される．

　　e <> (foldr1 (<>) (map (x @) xs))

単一要素リスト xs = [y] の場合には，

　　h x y = e <> (x @ y)

である．これで h の定義をえた．しかし，以下のチェックがまだ残っている．

　　foldr1 (<>) (e : map (x @) xs) = e <> (x @ foldr1 (<>) xs)

両辺を簡約すると，この等式は以下のときに成り立つ．

　　foldr1 (<>) . map (x @) = (x @) . foldr1 (<>)

最後の等式は (@) が (<>) で**分配可能**であるとき，すなわち，以下のときに成り立つ．

　　x @ (y <> z) = (x @ y) <> (x @ z)

証明は練習問題としておく．
　加法演算は 2 項演算 'max', 'min' で分配可能だろうか．可能である．

　　x + (y 'max' z) = (x + y) 'max' (x + z)
　　x + (y 'min' z) = (x + y) 'min' (x + z)

最大切片和にもどると，以下のところまできたことになる．

　　maximum . map (foldr (@) 0) . tails

ただし，

　　x @ y = 0 'max' (x + y)

である．残りの部分は前節で見た scanl の法則によく似ている．違いは，foldl ではなく foldr になっていることと，inits ではなく tails になっているところである．しかし，scanl の法則のときと同じ運算を行えば以下がえられる．

　　map (foldr f e) . tails = scanr f e

131

ただし,

```
scanr :: (a -> b -> b) -> b -> [a] -> [b]
scanr f e []       = [e]
scanr f e (x : xs) = f x (head ys) : ys
                     where
                       ys = scanr f e xs
```

である. 関数 scanr も標準プレリュードで定義されている. まとめると,

```
mss = maximum . scanr (@) 0
      where
        x @ y = 0 'max' (x + y)
```

となる. この結果, 最大切片和を求める線形時間のプログラムがえられた.

6.7 練習問題

練習問題 A

3 章で自然数の乗法を定義した. 以下の定義はそれとは少し変えてある.

```
mult :: Nat -> Nat -> Nat
mult Zero y     = Zero
mult (Succ x) y = mult x y + y
```

mult (x + y) z = mult x z + mult y z であることを証明せよ. x + 0 = x および (+) が結合的であることのみ利用してよい. 要するに x, y, z のどの変数上の帰納法を使うのがよいかを考えればよいということである.

練習問題 B

任意の有限リスト xs, ys について,

```
reverse (xs ++ ys) = reverse ys ++ reverse xs
```

であることを証明せよ. (++) が結合的であることを仮定してよい.

練習問題 C

2 章で出会った友人 Eager Beaver と Lazy Susan のことを思い出してもらいたい. Susan は問題なく head . map f という式を使い. Beaver は f . head を選んでいた. ちょっと待て. この 2 つの式は同じか. 帰納法を使って証明せよ.

練習問題 D

前章で説明したデカルト積関数 cp :: [[a]] -> [[a]] を思い出してもらいたい. cp の定義を

cp = foldr f e の形式で与えよ．f, e を適切に定義すればよい．f を定義するのにリスト内包表記を使ってもよい．

この練習問題では以下の恒等式を証明してもらいたい．

    length . cp = product . map length

ただし，product は数のリストの積を返す関数である．

1. 融合定理を使って length . cp を foldr の具体例として表せ．
2. map length を foldr の具体例として表せ．
3. 再び融合定理を使って product . map length を foldr の具体例として表せ．
4. 2つの結果が同じであることを確認せよ．同じでなければ，cp の定義が間違っていたことになる．

練習問題 E

foldr の最初の2つの引数はリストの2つの構成子に対応する．

    (:) :: a -> [a] -> [a]
    [] :: [a]

畳み込み関数はどのようなデータ型に対しても定義可能で，データ型の構成子の置き換えを提供すればよい．例として以下のデータ型を考えよう．

    data Either a b = Left a | Right b

Either に対する畳み込み関数を定義するには以下の構成子の置き換えを提供すればよい．

    Left :: a -> Either a b
    Right :: b -> Either a b

すなわち，以下のように定義できる．

    foldE :: (a -> c) -> (b -> c) -> Either a b -> c
    foldE f g (Left x) = f x
    foldE f g (Right x) = g x

Either 型は再帰データ型ではなく，foldE も再帰関数ではない．実は foldE は標準プレリュード関数である．ただし，名前は foldE ではなく either である．

では，以下のデータ型に対する畳み込み関数を定義せよ．

    data Nat = Zero | Succ Nat
    data NEList a = One a | Cons a (NEList a)

2つめの宣言は空ではないリストを導入する．

Haskell の foldr1 の定義が一般性を欠いている思われるのはどういうところか．

練習問題 F

任意の有限リスト xs について，以下が成り立つことを証明せよ．

```
foldl f e xs = foldr (flip f) e (reverse xs)
```
また，
```
(x <> y) @ z = x <> (y @ z)
e @ x = x <> e
```
であることを仮定して，以下が成り立つことを証明せよ．
```
foldl (@) e xs = foldr (<>) e xs
```

練習問題 G

以下の事実
```
foldl f e (xs ++ ys) = foldl f (foldl f e xs) ys
foldr f e (xs ++ ys) = foldr f (foldr f e ys) xs
```
を使って，以下が成り立つことを証明せよ．
```
foldl f e . concat = foldl (foldl f) e
foldr f e . concat = foldr (flip (foldr f)) e
```

練習問題 H

数学的にいえば，以下の値はどのようなものか．
```
sum (scanl (/) 1 [1..])
```

練習問題 I

以下の scanr の仕様から効率のよい定義を運算で導出せよ．
```
scanr f e = map (foldr f e) . tails
```

練習問題 J

以下のような計算を考えよう．
```
mss :: [Int] -> Int
mss = maximum . map sum . subseqs
```
ただし，subseqs は有限リストの自身も含むすべての部分列を返す関数である．

```
subseqs :: [a] -> [[a]]
subseqs []       = [[]]
subseqs (x : xs) = xss ++ map (x:) xss
                   where
                     xss = subseqs xs
```

mss のより効率のよい定義を見つけよ．

練習問題 K

以下の小問に答えよ．
1. 関数 takePrefix p をリスト xs に適用すると p を満たす xs の最長先頭切片を返す．すなわち，
    ```
    takePrefix :: ([a] -> Bool) -> [a] -> [a]
    ```
   である．以下の式の値は何か．
    ```
    takePrefix nondec [1, 3, 7, 6, 8, 9]
    takePrefix (all even) [2, 4, 7, 8]
    ```
   以下の等式右辺を完成せよ．
    ```
    takePrefix (all p) = ...
    ```
   inits を含む標準関数を使って，takePrefix を定義せよ．最後の小問でこの関数を再び取りあげる．
2. 関数 one および none を以下のように定義する．
    ```
    one x  = [x]
    none x = []
    ```
   以下の等式右辺を完成せよ．
    ```
    none . f      = ...
    map f . none  = ...
    map f . one   = ...
    ```
3. fork (f, g) x = (f x, g x) であることを思い出してもらいたい．以下の等式を完成せよ．
    ```
    fst . fork (f, g) = ...
    snd . fork (f, g) = ...
    fork (f, g) . h   = ...
    ```
4. 以下のように定義した test があるとする．
    ```
    test p (f, g) x = if p x then f x else g x
    ```
   以下の等式右辺を完成せよ．
    ```
    test p (f, g) . h = ...
    h . test p (f, g) = ...
    ```
   関数 filter は以下のように定義できる．
    ```
    filter p = concat . map (test p (one, none))
    ```
   上の恒等式と他の標準の恒等式を使って，以下を等式論証によって証明せよ．
    ```
    filter p = map fst . filter snd . map (fork (id,p))
    ```
   (ヒント：いつものように運算では等式の複雑な側から始めよ．)
5. 4 章の練習問題 K に対する解答で登場した標準プレリュード関数 curry および uncurry を思い出してもらいたい．

```
curry :: ((a, b) -> c) -> a -> b -> c
curry f x y = f (x,y)

uncurry :: (a -> b -> c) -> (a, b) -> c
uncurry f (x, y) = f x y
```
以下の等式右辺を完成せよ．
```
map (fork (f, g)) = uncurry zip . (??)
```
6. `takePrefix` に戻って，等式論証により以下の式のより効率のよいプログラムを運算で導け．
```
takePrefix (p . foldl f e)
```
結果の計算は f の適用回数が線形オーダーになる．

6.8 練習問題の解答

練習問題 A の解答

証明は y 上の帰納法による．

0 の場合

```
    mult (x + 0) z                      mult x z + mult 0 z
  =   {x + 0 = x だから}               =   {mult.1}
    mult x z                            mult x z + 0
                                      =   {a + 0 = a だから}
                                        mult x z
```

Succ y の場合[*4]

```
    mult (x + (y + 1)) z                mult x z + mult (y + 1) z
  =   {(+) の結合性}                    =   {mult.2}
    mult ((x + y) + 1) z                mult x z + (mult y z + z)
  =   {mult.2}                          =   {(+) は結合的だから}
    mult (x + y) z + z                  (mult x z + mult y z) + z
  =   {帰納法の仮定}
    (mult x z + mult y z) + z
```

練習問題 B の解答

証明は xs 上の帰納法による．

[*4] 訳注：Succ y の場合において，左側の論証の最初で Succ y = y + 1 という主張が真であることを暗黙に仮定している．

[] の場合

```
  reverse ([] ++ ys)           reverse ys ++ reverse []
= {++.1}                     = {reverse.1}
  reverse ys                   reverse ys ++ []
                             = {xs ++ [] = xs}
                               reverse ys
```

x : xs の場合

```
  reverse ((x : xs) ++ ys)     reverse ys ++ reverse (x : xs)
= {++.2}                     = {reverse.2}
  reverse (x : (xs ++ ys))     reverse ys ++ (reverse xs ++ [x])
= {reverse.2}                = {(++) は結合的だから}
  reverse (xs ++ ys) ++ [x]    (reverse ys ++ reverse xs) ++ [x]
= {帰納法の仮定}
  (reverse ys ++ reverse xs) ++ [x]
```

練習問題 C の解答

任意のリストすなわち任意の有限リスト,擬リスト,無限リストについて以下を証明しなければならない.

```
head (map f xs) = f (head xs)
```

undefined の場合と帰納部 (x:xs の場合) は問題ないが,[] の場合以下のようになる.

```
head (map f []) = head [] = undefined
f (head [])     = f undefined
```

したがって,この法則は f が正格関数のときにのみ成り立つ.Eager Beaver は正格関数しか構成しないのでこの点になやまされることはないのである.

練習問題 D の解答

以下が成り立つ.
```
cp = foldr op [[]]
     where
        op xs xss = [x : ys | x <- xs, ys <- xss]
```

1. length が正格で(実際,正格である),
```
length [[]] = b
length (op xs xss) = h xs (length xss)
```
であれば,length . cp = foldr h b が成り立つ.1 つめの等式より,b = 1 である.また,
```
length (op xs xss) = length xs * length xss
```
なので,2 つめの等式より h = (*) . length である.

2. f xs ns = length xs : ns とすると，map length = foldr f [] である．より短い定義は f = (:) . length となる．
3. product が正格で（実際，正格である），
    product [] = b
    product (length xs : ns) = h xs (product ns)
であれば，product . map length = foldr h b が成り立つ．1 つめの等式より，b = 1 である．また，
    product (length xs : ns) = length xs * product ns
なので，2 つめの等式より h = (*) . length である．
4. h と b の 2 つの定義はそれぞれ同一である．

練習問題 E の解答

foldN は素直に以下のように定義する．
```
foldN :: (a -> a) -> a -> Nat -> a
foldN f e Zero     = e
foldN f e (Succ n) = f (foldN f e n)
```
具体例としては以下が考えられる．
```
m + n = foldN Succ m n
m * n = foldN (+ m) Zero n
m ^ n = foldN (* m) (Succ Zero) n
```
空ではないリストに対応する foldNE は以下のとおり．
```
foldNE :: (a -> b -> b) -> (a -> b) -> NEList a -> b
foldNE f g (One x)     = g x
foldNE f g (Cons x xs) = f x (foldNE f g xs)
```
空ではないリスト上の正しい畳み込み関数としては，foldr1 は以下のようになっているべきである．
```
foldr1 :: (a -> b -> b) -> (a -> b) -> [a] -> b
foldr1 f g [x]      = g x
foldr1 f g (x : xs) = f x (foldr1 f g xs)
```
Haskell の foldr1 の定義は g を恒等関数に限定してしまっている．

練習問題 F の解答

短く書くために，g = flip f とする．帰納法で証明すべきは，任意の有限リスト xs に関して
    foldl f e xs = foldr g e (reverse xs)
が成り立つことである．

6.8 練習問題の解答

[] の場合

```
    foldl f e []
=   {foldl.1}
    e
```

```
    foldr g e (reverse [])
=   {reverse.1}
    foldr g e []
=   {foldr.1}
    e
```

x : xs の場合

左辺

```
    foldl f e (x : xs)
=   {foldl.2}
    foldl f (f e x) xs
=   {帰納法の仮定}
    foldr g (f e x) (reverse xs)
```

右辺

```
    foldr g e (reverse (x : xs))
=   {reverse.2}
    foldr g e (reverse xs ++ [x])
=   {後述の主張}
    foldr g (foldr g e [x]) (reverse xs)
=   {foldr (flip f) e [x] = f e x だから}
    foldr g (f e x) (reverse xs)
```

途中で使った主張は以下のとおり．

```
    foldr f e (xs ++ ys) = foldr f (foldr f e ys) xs
```

この主張の証明は読者にゆだねる．この主張に対応する以下も成り立つ．

```
    foldl f e (xs ++ ys) = foldl f (foldl f e xs) ys
```

こちらの証明も読者にゆだねる．
　ここで，任意の有限リスト xs について以下が成り立つことを帰納法で証明する．

```
    foldl (@) e xs = foldr (<>) e xs
```

基底部は自明である．帰納部は以下に示す．

x : xs の場合

```
    foldl (@) e (x : xs)                foldr (<>) e (x : xs)
=   {foldl.2}                       =   {foldr.2}
    foldl (@) (e @ x) xs                x <> foldr (<>) e xs
=   {e @ x = x <> e であるから}      =   {帰納法の仮定}
    foldl (@) (x <> e) xs               x <> foldl (@) e xs
```

両辺は別の結果に簡約された．別の帰納法の仮定が必要となる．

```
    foldl (@) (x <> y) xs = x <> foldl (@) y xs
```

これも基底部は自明である．帰納部は以下に示す．

z : zs の場合

左辺

```
    foldl (@) (x <> y) (z : zs)
=   {foldl.2}
    foldl (@) ((x <> y) @ z) zs
=   {(x <> y) @ z = x <> (y @ z) であるから}
    foldl (@) (x <> (y @ z)) zs
=   {帰納法の仮定}
    x <> foldl (@) (y @ z) zs
```

右辺

```
    x <> foldl (@) y (z : zs)
=   {foldl.2}
    x <> foldl (@) (y @ z) zs
```

練習問題 G の解答

証明は帰納法を用いる．基底部はやさしい．帰納部は以下のようになる．

xs : xss の場合

foldl の等式

```
    foldl f e (concat (xs : xss))
=   {concat の定義}
    foldl f e (xs ++ concat xss)
=   {与えられた foldl の性質}
    foldl f (foldl f e xs) (concat xss)
=   {帰納法の仮定}
    foldl (foldl f) (foldl f e xs) xss
=   {foldl の定義}
    foldl (foldl f) e (xs:xss)
```

foldr の等式

```
    foldr f e (concat (xs : xss))
=   {concat の定義}
    foldr f e (xs ++ concat xss)
=   {与えられた foldr の性質}
    foldr f (foldr f e (concat xss)) xs
=   {flip を使う}
    flip (foldr f) xs (foldr f e (concat xss))
=   {帰納法の仮定}
    flip (foldr f) xs (foldr (flip (foldr f)) e xss)
=   {foldr の定義}
    foldr (flip (foldr f)) e (xs : xss)
```

練習問題 H の解答

数学的には $\Sigma_{n=0}^{\infty} 1/n! = e$ だから

```
sum (scanl (/) 1 [1..]) = e
```

である.計算としては,[1..] を有限リスト [1..n] に置き換えると e の近似値となる.たとえば,

```
ghci> sum (scanl (/) 1 [1..20])
2.7182818284590455
ghci> exp 1
2.718281828459045
```

である.標準プレリュード関数 exp は数 x を取り,e^x を返す.プレリュード関数 log は数 x を取り,$\log_e x$ を返す.別の底の対数が欲しければ,logBase を使えばよい.その型は以下のとおり.

```
logBase :: Floating a => a -> a -> a
```

練習問題 I の解答

より効率のよい定義は場合分けを行う．基底部は以下のとおり．

[] の場合
```
    scanr f e [] = [e]
```
帰納部は以下のとおり．

x : xs の場合
```
      scanr f e (x : xs)
  =   {仕様}
      map (foldr f e) (tails (x : xs))
  =   {tails.2}
      map (foldr f e) ((x : xs) : tails xs)
  =   {map の定義}
      foldr f e (x : xs) : map (foldr f e) (tails xs)
  =   {foldr.2 および仕様}
      f x (foldr f e xs) : scanr f e xs
  =   {主張：foldr f e xs = head (scanr f e xs)}
      f x (head ys) : ys  where ys = scanr f e xs
```

練習問題 J の解答

まず，
```
  subseqs = foldr op [[]]
      where
        op x xss = xss ++ map (x :) xss
```
である．融合則を使うと以下のようになる．
```
  map sum . subseqs = foldr op [0]
      where
        op x xs = xs ++ map (x +) xs
```
次に融合を使うと以下のようになる．
```
  maximum . map sum . subseqs = foldr op 0
      where
        op x y = y `max` (x + y)
```
これでうまくいくはずである．もちろん，sum . filter (>0) でもうまくいく．

練習問題 K の解答

1. 以下が成り立つ.
    ```
    takePrefix nondec [1, 3, 7, 6, 8, 9] = [1, 3, 7]
    takePrefix (all even) [2, 4, 7, 8] = [2, 4]
    ```
    恒等式は以下のとおり.
    ```
    takePrefix (all p) = takeWhile p
    ```
    仕様は以下のとおり.
    ```
    takePrefix p = last . filter p . inits
    ```

2. 以下が成り立つ.
    ```
    none . f      = none
    map f . none  = none
    map f . one   = one . f
    ```

3. 以下が成り立つ.
    ```
    fst . fork (f, g) = f
    snd . fork (f, g) = g
    fork (f, g) . h = fork (f . h, g . h)
    ```

4. 以下が成り立つ.
    ```
    test p (f, g) . h = test (p . h) (f . h, g . h)
    h . test p (f, g) = test p (h . f, h . g)
    ```
    論証は以下のとおり.
    ```
       map fst . filter snd . map (fork (id, p))
    =    {filter の定義}
       map fst . concat . map (test snd (one, none))
       . map (fork (id, p))
    =    {map f . concat = concat . map (map f) だから}
       concat . map (map fst . test snd (one, none))
       . fork (id, p)
    =    {test 第 2 の法則, one および none の法則}
       concat . map (test snd (one . fst, none))
       . fork (id, p)
    =    {test 第 1 の法則, fork の法則}
       concat . map (test p (one . id, none . fork (id, p)))
    =    {id および none の法則}
       concat . map (test p (one, none))
    =    {filter の定義}
       filter p
    ```

5. 以下が成り立つ.
    ```
    map (fork (f, g)) = uncurry zip . fork (map f, map g)
    ```

6. 以下が成り立つ.

```
       filter (p . foldl f e) . inits
    =  {導出済みの filter の法則}
       map fst . filter snd
         . map (fork (id, p . foldl f e)) . inits
    =  {zip の法則}
       map fst . filter snd . uncurry zip
         . fork (id, map (p . foldl f e)) . inits
    =  {fork の法則}
       map fst . filter snd . uncurry zip
         . fork (inits, map (p . foldl f e) . inits)
    =  {scan の補題}
       map fst . filter snd . uncurry zip
         . fork (inits, map p . scanl f e)
```

したがって,
```
    takePrefix (p . foldl f e)
      = fst . last . filter snd . uncurry zip
          . fork (inits, map p . scanl f e)
```

6.9　章末ノート

　Mark Jones が設計した初期版 Haskell は「等式論証向き（GOod for Equational Reasoning）」からその名をとった．HUGS (The Haskell Users Gofer System) は初期版の GHCi 相当のシステムであり，本書のもとになった第 2 版で用いたが，すでに保守されていない．

　多くの人々が関数プログラミングの法則を理解することに貢献してくれたが，その数は多すぎて 1 つ 1 つ列挙することはできない．HaskellWiki のページ

　　　http://wiki.haskell.org/Equational_reasoning_examples

には等式論証の例，等式論証に関するさまざまな議論へのリンクがある．

　最大切片和問題の魅力的な歴史については Jon Bentley の *Programming Pearls*(second edition)(2000, Addison-Wesley)[*5]に議論がある.

[*5] 邦訳：『珠玉のプログラミング 本質を見抜いたアルゴリズムとデータ構造』（2014 年，丸善出版）

第7章
効率

効率の問題に言及することが増えてきたので，そろそろ効率という重要な話題を前面に出して議論しよう．効率を向上する最良の方法は，もちろん，問題にあう適切なアルゴリズムを見つけることである．そうだとするとより大きなアルゴリズムデザインという話題になるわけだが，それは本書が主として焦点をあてる話題ではない．とはいうものの，いくつかの基本的なアルゴリズムデザインのアイデアについては後述する．本章ではより基本的な問に集中する．関数プログラミングではエレガントな式を構成できるが，その式を計算するコストについて知っているのだろうか．米国の計算機科学者 Alan Perlis は，Oscar Wilde が皮肉屋を定義した言葉をさかさまに使って，「関数プログラマはあらゆるものの値を知るがコストについてはなにも知らない」と評したことがあった[*1]．

7.1 遅延評価

2章で以下の式を遅延評価のもとで評価する方法について言及した．
　　`sqr (sqr (3 + 4))`

ただし，`sqr x = x * x` である．遅延評価ではこの式を外側から簡約ステップを適用して最も単純な形式に簡約する．まず `sqr` の定義に展開されるということで，引数は必要なときにだけ評価される．以下の評価系列はこの方式に従っているが，**遅延評価ではない**．

```
  sqr (sqr (3 + 4))
= sqr (3 + 4) * sqr (3 + 4)
= ((3 + 4) * (3 + 4)) * ((3 + 4) * (3 + 4))
= ...
= 2401
```

下から2行目は省略されて見えないが，この部分では少なくとも4回 3+4 を計算し，2回 7*7 を計算している．関数式に引数の式を代入する（substitute）という単純な方針では簡約の効率が悪いことは明らかである．

遅延評価では1つの引数の値が必要になったとき，その値の計算が1度だけであることを保証する．遅延評価のもとでの簡約系列は基本的には以下のように展開される．

[*1] 訳注：よく Alan Perlis の言葉として引用されるのは，"Lisp programmers know the value of everything and the cost of nothing." である．Oscar Wilde の言葉については，たとえば http://itre.cis.upenn.edu/myl/languagelog/archives/002898.html などを参照のこと．

```
    sqr (sqr (3 + 4))
  = let x = sqr (3 + 4) in x * x
  = let y = 3 + 4 in
    let x = y * y in x * x
  = let y = 7 in
    let x = y * y in x * x
  = let x = 49 in x * x
  = 2401
```

式 3 + 4 は（式 7 * 7 も）1 度しか評価されない．名前 x, y は let を使って式に束縛されているが，Haskell の実装ではこれらの名前は式を指す無名ポインタである．式が値に簡約されると，このポインタはその値を指すようになり，その値は**共有される**．

それでも，お題目「遅延評価のもとでは引数は必要なときにだけ，そのとき 1 度しか評価されない」というのは説明不足である．sqr (head xs) を評価することを考えてみよう．sqr を評価するには，その引数を評価しなければならないが，head xs を評価するには，xs 全体にわたって評価する必要はない．必要なのは xs が y : ys という形の式になるところまでである．そこまでの評価ができれば，head xs は y を返すことができ，sqr (head xs) は y * y を返せる．一般化すれば，式が（sqr のような）関数あるいは（(:) のような）データ構成子が引数に適用されている形式であるとき，その式は**頭部正規形**（head normal form）であるという．正規形である（すなわち，完全に評価された形式の）式はすべて頭部正規形であるが，その逆はいえない．たとえば，(e1,e2) は頭部正規形である（この式は (,) e1 e2 と同じであり (,) は対を表すデータ構成子だから）．しかし，e1, e2 がともに正規形でない限り，正規形ではない．もちろん，数値や論理値などはこの 2 種類の正規形に区別はない．

まえのお題目ほど目を引くものではなくなるが，「遅延評価のもとでは引数は必要なときにだけ，そのとき 1 度しか評価されない，そして評価は頭部正規形までである」というほうがよりよい説明になっている[*2]．

次に，リストのすべての部分列を返す関数 subseqs の帰納部の定義を考える．以下の 2 つの定義を比べてみよう．

```
    subseqs (x : xs) = subseqs xs ++ map (x :) (subseqs xs)

    subseqs (x : xs) = xss ++ map (x :) xss
                       where
                         xss = subseqs xs
```

1 つめの定義では，式 subseqs xs が右辺に 2 度現れている．したがって，与えられたリストのすべての部分列が必要となれば，この式は 2 回評価される．2 つめの定義では，プログラマがこの 2 重の計算に気づき，where 節を使って subseqs xs が 1 度しか計算されないようにしている（let 式を使っても同様にできる）．

要点はどちらの定義を選ぶかはプログラマが決めるということだ．Haskell の処理系が 2 重の出現を認識し，内部では同等の let 式を使って**抽象**することは可能である．この技法は**共通部分式除去**（common subexpression elimination）としてよく知られたものである．しかし，**空間漏れ**（space leak）を起こす可

[*2] 訳注：「評価は**弱頭部正規形**（weak head normal form）まで」と説明されることが多い．一般のデータでは弱頭部正規形は頭部正規形と同じである．

能性があるので Haskell の処理系は通常これを行わない．2 つめの subseqs (x : xs) の定義には以下のような問題がある．subseqs xs のリストが構成されるのは 1 度だけであるが，そのリスト全体はメモリ上に残る．この式の値が 2 つめの部分式 map (x :) xxs でもう 1 度使われるからである．

つまりこういうことだ．1 つめの定義では重複があるので計算に 2 つめよりも時間がかかる．2 つめの計算のほうが速い（といっても指数時間かかる）が，瞬く間にメモリを食いつぶす可能性がある．要するに長さ n のリストには 2^n の部分列がある．ここにプログラミングにおける避けられない基本的な 2 項対立がある．同じことを重複して行うのを回避するには 1 度めの結果を格納しておく空間が必要である．

これに関してもう 1 つ例を挙げよう．以下の 2 つの定義が 1 つのスクリプトにあるとしよう[3]．

```
foo1 n = sum (take n primes)
  where
    primes   = [x | x <- [2..], divisors x == [x]]
    divisors x = [d | d <- [2..x], x `mod` d == 0]

foo2 n    = sum (take n primes)
primes    = [x | x <- [2..], divisors x == [x]]
divisors x = [d | d <- [2..x], x `mod` d == 0]
```

foo1 を書いたプログラマは primes と divisors をともに foo1 の局所定義にしている．おそらく，この 2 つは foo1 以外からは使わないと考えてのことだろう．foo2 を書いたプログラマは 2 つの補助定義を大域のトップレベル定義にしている．効率としてはなにも違いがないように見えるかもしれないが，GHCi を使って以下のような対話を試みよう．（:set +s コマンドは，式を評価したのちいくつかの集計値を表示するように設定する．）

```
ghci> :set +s
ghci> foo1 1000
3682913
(2.52 secs, 1,015,981,728 bytes)
ghci> foo1 1000
3682913
(2.52 secs, 1,015,982,384 bytes)
ghci> foo2 1000
3682913
(2.50 secs, 1,015,663,672 bytes)
ghci> foo2 1000
3682913
(0.02 secs, 231,240 bytes)
```

foo1 1000 は 2 回とも同じ時間かかっているのに，foo2 1000 は 2 回めの評価が 1 回めよりもはるかに速いのはなぜか．

---

[3] 訳注：-XNoMonomorphismRestriction が有効になっていると，2 回目の foo2 1000 の評価は速くならない．その場合，本文にあるような効果を見るには，primes :: [Int] という型シグネチャを追加するか，ghci を -XMonomorphismRestriction オプションを付けて起動する．

その答は，foo2 の定義では，リスト primes の最初の 1000 要素が必要とされるので，評価後は primes は最初の 1000 要素がはっきり確定したリストを指すということである．2 回目の foo2 1000 の評価ではその 1000 要素を再計算しなくてもよいのである．一方，このスクリプトでは，内部的に用いられるメモリのサイズが増大する．primes が少なくとも 1000 単位の空間を占めることになるからである．

第 3 のプログラマは以下のような定義を選択するかもれない．

```
foo3 = \ n -> sum (take n primes)
  where
    primes    = [x | x <- [2..], divisors x == [x]]
    divisors x = [d | d <- [2..x], x 'mod' d == 0]
```

この定義では λ 抽象式を用いて foo3 を関数として表している．しかし，それ以外は foo1 の定義と同じである．foo3 は以下のようにも書ける．

```
foo3 = sum . flip take primes
  where
    primes    = [x | x <- [2..], divisors x == [x]]
    divisors x = [d | d <- [2..x], x 'mod' d == 0]
```

foo3 を用いたセッションは以下のとおり．

```
ghci> foo3 1000
3682913
(2.53 secs, 1,015,663,424 bytes)
ghci> foo3 1000
3682913
(0.00 secs, 231,144 bytes)
```

ここでもまた，2 回目の評価は 1 回目よりもずっと速い．なぜか．

何が起こっているかを確かめよう．2 つの関数を以下の形式に書き換えてみる．

```
foo1 n = let primes = ... in
           sum (take n primes)
foo3   = let primes = ... in
           \ n -> sum (take n primes)
```

このようにすれば，1 つめの定義では，foo1 1000 が呼ばれるたび primes は再評価されることがわかるだろう．その理由は primes が束縛されるのは foo1 が適用されるときであって，foo1 自身が束縛されるときではないからだ．理論的には，1 つめの定義の局所定義は n に依存する可能性がある．したがって，このような定義は実引数 n ごとに再評価しなければならない．2 つめの定義では，局所定義が関数 foo3 そのものに束縛されており（この関数の実引数に依存する可能性はない），その結果，評価されるのは 1 度きりである．もちろん，foo3 1000 を評価したあとでは，primes の局所定義は 1000 要素分は明らかになり，その後，残りを評価するためのレシピが続くリストに展開されるはずである．

7.2　空間計算量の制御

sum を sum = foldl (+) 0 と定義したとしよう．遅延評価のもとでは，式 sum [1..1000] は以下のように簡約される．

```
  sum [1..1000]
= foldl (+) 0 [1..1000]
= foldl (+) (0 + 1) [2..1000]
= foldl (+) ((0 + 1) + 2) [3..1000]
...
= foldl (+) (..((0 + 1) + 2) + ... + 1000) []
= (..((0 + 1) + 2) + ... + 1000)
...
= 500500
```

1000 個の数の総和を表す算術式を組み立てるだけで 1000 単位の空間が必要である．その後，算術式が表面に出て最終的に評価される．

遅延評価と先行評価を混ぜるとずっとよくなる．

```
  sum [1..1000]
= foldl (+) 0 [1..1000]
= foldl (+) (0+1) [2..1000]
= foldl (+) 1 [2..1000]
= foldl (+) (1 + 2) [3..1000]
= foldl (+) 3 [3..1000]
...
= foldl (+) 500500 []
= 500500
```

リスト式 [1..1000] の評価は遅延する一方，foldl の2つめの引数，すなわち和を蓄積する引数は先行して評価される．遅延評価と先行評価を交互にすることで一定空間しか使わない簡約系列になる．

この例は簡約順序を制御するなんらかの方法があれば便利であることを示している．そのような方法は以下の型を持つプリミティブ関数 seq で提供される．

```
seq :: a -> b -> b
```

x `seq` y の評価は，まず x を（頭部正規形まで）評価し，それから，y を評価した結果を返す．x の評価が停止しないときには，x `seq` y の評価も停止しない．seq を Haskell で定義することはできないので，代わりに Haskell では seq をプリミティブ関数として提供している．

foldl の2つめの引数を正格に評価する版 foldl' を考えよう．

```
foldl' :: (b -> a -> b) -> b -> [a] -> b
foldl' f e []       = e
foldl' f e (x : xs) = y `seq` foldl' f y xs
                      where
                          y = f e x
```

Haskell ではこの foldl' を標準ライブラリ Data.List で（想像しにくいが，まさにこの名前で）提供している．これで，sum = foldl' (+) 0 と定義できる．そうすれば評価は一定空間で行われる．実は sum はプレリュード関数で本質的にはこの定義である[*4]．

では，冗長で遅い foldl を使うのを止めて，新しい改良版 foldl' に置き換えることは可能だろうか．実用としては可能であるが，理論的には不可能である．すなわち，

```
foldl f e xs ≠ foldl' f e xs
```

となるような，f, e, xs を構成できるのである．しかしながら，f が正格関数であるとき（$f \bot = \bot$ であるとき，f を正格関数ということを思い出してもらいたい），2 つの式は同じ結果を返す．詳細は練習問題とする．

平均値

上の情報をもとに，数値リストの**平均値**を計算するわかりやすい例を考えよう．この問題は，やさしい．リスト要素の総和をリストの長さで割ればよいだけだろう．

```
mean :: [Float] -> Float
mean xs = sum xs / length xs
```

この定義には間違いが多く含まれている．大きな間違いは，右辺の式は正しい形式ではないということである．Haskell では length の型は [a] -> Int である．また，Float を Int で割ることはできない．はっきり型変換を行う必要がある．

このような用途には以下の標準プレリュード関数が便利である．

```
fromIntegral :: (Integral a, Num b) => a -> b
fromIntegral = fromInteger . toInteger
```

3 章にあった 2 つの変換関数を思い出してもらいたい．

```
toInteger    :: (Integral a) => a -> Integer
fromInteger  :: (Num a) => Integer -> a
```

1 つめの関数は任意の整数クラスの型から整数への変換，2 つめは整数から数値への変換である．この 2 つを合成すると，整数クラスの型，たとえば Int 型からより一般的な数値クラスの型，たとえば Float 型へ変換する．

これで mean を以下のように書き換える．

[*4] 訳注：Haskell 2010 では sum は foldl で定義されている．GHC ではコンパイラの最適化を使って sum の評価が一定空間でできるようにしている．

7.2 空間計算量の制御

```
mean :: [Float] -> Float
mean xs = sum xs / fromIntegral (length xs)
```

この定義の2つめの間違いは，リストが空であったときのことをこっそり無視しているところである．リストが空であったとき，0 / 0 はどういう値だろうか．エラーメッセージを示して計算を失敗させるべきか．よくそうするように，空リストの平均は0であると認めるべきか．どちらかになる．

```
mean [] = 0
mean xs = sum xs / fromIntegral (length xs)
```

mean の定義のほんとうの誤りがなんであるかを説明することにしよう．この定義には空間漏れがある．mean [1..1000] を評価すると，展開されたリストが総和の計算後もメモリ上に残る．長さを計算する部分に，このリストを指している2つめのポインタがあるからである．

タプリングという最適化戦略を使えば，リストを2回たどるところを1回で済ませられる．考え方は例を見れば一目瞭然である．sumlen を以下のように定義する．

```
sumlen :: [Float] -> (Float, Int)
sumlen xs = (sum xs, length xs)
```

こうしておいて，運算によって，リストを2回たどらない別の定義を導く．運算そのものは簡単なので，えられた結果だけを示しておく．

```
sumlen []       = (0, 0)
sumlen (x : xs) = (s + x, n + 1)
                  where
                    (s, n) = sumlen xs
```

この sumlen の定義パターンは，おなじみのものである．以下のようにも定義できる．

```
sumlen = foldr f (0, 0)
         where
           f x (s, n) = (s + x, n + 1)
```

foldr f を foldl g に置き換えると，さらによい．ここで，

```
g (s, n) x = (s + x, n + 1)
```

である．この運算ステップが正しいことは前章で扱った以下の法則が保証する．すなわち，

```
f x (g y z) = g (f x y) z
f x e = g e x
```

ならば，任意の有限リスト xs について，

```
foldr f e xs = foldl g e xs
```

である．2つの条件に関する論証については練習問題とする．

これにより，foldl' を使えばよいことがわかる．

```
sumlen = foldl' g (0, 0)
         where
             g (s, n) x = (s + x, n + 1)
```

これであれこれと指摘された定義を以下のように置き換えられる．

```
mean [] = 0
mean xs = s / fromIntegral n
          where
              (s, n) = sumlen xs
```

さて，これでほんとうに定空間計算量で mean を実装する目標に到達できただろうか．

残念ながらまだである．問題は sumlen にある．その場所を見抜くのは少し難しい．定義を展開すると以下のようになる．

```
foldl' f (s, n) (x : xs) = y 'seq' foldl' f y xs
                           where
                               y = (s + x, n + 1)
```

y 'seq' z は y を頭部正規形に簡約し，(s + x, n + 1) は頭部正規形になっている．したがって，2つの構成要素の計算は最後まで進まない．つまり，sumlen を以下のように書き換えて，seq でもっと深く掘り進めなくてはならないということである[*5]．

```
sumlen = foldl' f (0, 0)
         where
             f (s,n) x = s 'seq' n 'seq' (s + x, n + 1)
```

これで万事順調．空間計算量は定数になる．

関数適用演算子

関数適用は唯一目に見える記号で表さない演算である．しかし，Haskell では ($) と ($!) という2つの適用演算子も提供されている．

```
infixr 0 $,$!
($), ($!) :: (a -> b) -> a -> b
f $ x = f x
f $! x = x 'seq' f x
```

f x と f $! x との唯一の違いは2つめの式では関数 f を適用するまえに，引数 x が評価されることである．f x と f $ x との唯一の違いは ($) が (($!) も同様に)，結合力が最低の 0 であり，右結合性を持つと宣言されていることである．これは上記の例では 1 行目の宣言そのものの説明である．なぜ，そうなっているのだろうか．

その答は，たとえば以下のように

[*5] 訳注：GHC では BangPatterns 拡張を指定すれば，f (!s, !n) x = (s + x, n + 1) と書ける．

```
    process1 (process2 (process3 input))
```

あるいは

```
    (process1 . process2 . process3) input
```

などと書かずに，

```
    process1 $ process2 $ process3 input
```

と書けるからである．(`$`) がたいへん便利な場合があるということは疑いない．特に GHCi で式を評価する場合には，こういう演算子があることを知っておくと便利である．また，正格適用演算子 (`$!`) が便利であることは先に議論したとおりである．

7.3　時間計算量の制御

　ダッシュボードの「先行評価」ボタンは，計算を走らせるうえで空間計算量を制御する簡単な方法であることを知ったが，時間計算量についてはどうだろうか．残念ながら，同じように簡単なボタンで計算を速くするというわけにはいかない．むしろ，計算が意図に反して遅くなってしまうような場合について理解する必要がある．Haskell Platform には GHC に関する文書が付いていて，この文書にはプログラムを速く走らせる方法が書かれている．この文書によれば，その要点は以下の 3 つである．

- GHC の**プロファイリングツール**を使うこと．プログラムが実際に使う時間および空間を知るためにはこれ以外の代用品はない．本書ではプロファイリングについては議論しないが，このようなツールが使えることを知っておくのは重要である．
- プログラムの性能を改善するには，よりよいアルゴリズムを使うのが最もよい方法である．この点についてはこの章の最初に述べた．
- 自分でアルゴリズムを書くより，だれかがしっかり調整してくれているライブラリ関数を使うほうがはるかによい．`Data.List` で提供されているものよりもよいソートアルゴリズムを書けるかもしれないが，単に `import Data.List (sort)` と書くよりもはるかに時間がかかることになる．こうしたことは，GHCi を使っている場合には特にあてはまる．GHCi は標準ライブラリの関数ならコンパイル済みのものをロードするからである．コンパイル版は通常インタプリト版よりも 1 桁は速い．

　GHC 文書にあるアドバイスの詳細のほとんどは，本書の範囲外である．しかし，2 つのコツだけは説明しておく．1 つめは，遅延評価管理は先行評価管理よりもオーバーヘッドが大きくなる．したがって，関数が値を必要とすることがわかっているなら，「先行評価」ボタンを押すのがよい．件のドキュメント曰く，「正格関数は汝が友なり」と．

　2 つめは，型に関するコツである．まず，`Int` 上の算術演算は，`Integer` 上の算術演算よりも速い．Haskell では巨大になる可能性のある数を扱うにはより多くの仕事が必要になるからである．したがって，安全であるなら `Integer` ではなく `Int` を使うべきである．次に，使用例にあわせて自作関数の型を絞ったほうが，Haskell 側での調整工程が少なくなる．たとえば，7.1 節で定義した foo1 の型を考えよう．foo1 に（実際には関連する関数にも）型シグネチャを与えていなかった．それは誤りであった．この関数の型は，

```
    foo1 :: Integral a => Int -> a
```

になる．関心があるのは，最初の n 個の素数の和であるとすれば，foo1 の型としては以下のように宣言さ

れるべきである.

```
foo1 :: Int -> Integer
```

より限定された定義のおかげでHaskellがIntegralクラスのインスタンスやメソッドの辞書に関する仕事をしなくてよいので，負担が軽減される．

これらのコツによって削られる時間は定数時間であって，**漸近的時間計算量**すなわち時間計算量関数のオーダーが低減されるわけではない．しかし，場合によっては，意図したよりも効率の悪いコードを書いてしまうことがある．わかりやすい例を示そう．5章で議論したデカルト積関数cpを考える．

```
cp []         = [[]]
cp (xs : xss) = [x : ys | x <- xs, ys <- cp xss]
```

実に明快な定義であると思うかもしれないが，以下と比較してみよう．

```
cp' = foldr op [[]]
      where
        op xs yss = [x : ys | x <- xs, ys <- yss]
```

1つめは直接再帰の定義であり，2つめは`foldr`を使って再帰パターンをカプセル化したものである．はたして，2つの「アルゴリズム」は同じだろうか．

```
ghci> sum $ map sum $ cp [[1..10] | j <- [1..6]]
33000000
(3.28 secs, 1,538,637,584 bytes)
ghci> sum $ map sum $ cp' [[1..10] | j <- [1..6]]
33000000
(1.17 secs, 657,754,520 bytes)
```

式`sum $ map sum`はデカルト積の評価を完全に実行させるためだけにある．なぜ，1つめの計算は2つめの計算の3倍近くかかったのだろうか．

この問に答えるために，1つめの定義のリスト内包表記を除去する変換を行う．

```
cp []         = [[]]
cp (xs : xss) = concat (map f xs)
                where
                  f x = [x : ys | ys <- cp xss]
```

このように変換すると，fを要素xに**適用**するたびに`cp xss`が計算されてしまうのがわかる．すなわち，上の例では1つめのほうが2つめよりもはるかに多く`cp`が計算されている．現時点ではこれ以上詳細にわからないが，あとでちょっとした運算を展開して計算時間を見積もれば判明する．しかし，問題点については明らかである．`cp`を単純に再帰定義すると，思っている以上に余分な計算が行われてしまうことになる．

デカルト積のより効率のよい定義は以下のようにも定義できる．

```
cp []        = [[]]
cp (xs : xss) = [x : ys | x <- xs, ys <- yss]
                  where
                    yss = cp xss
```

この定義の効率は `foldr` を使った定義とまったく同じである．ここでの教訓はなんの変哲もないリスト内包表記では，式によっては 1 度しか書かれていないものが複数回計算されるという落とし穴になることがあるということである．

7.4　時間計算量の分析

関数 `f` の定義が与えられたとして，「大きさ」n の引数に対して `f` を計算するのに必要になる簡約ステップ数の最悪の場合での漸近的見積もりを $T(\mathtt{f})(n)$ と書くことにする．さらに，先ほど説明した理由で T の定義では簡約戦略として遅延評価ではなく，先行評価を仮定する．

T を定義するにあたってはいくらかの拡張を行う．1 つめは，$T(\mathtt{f})$ は与えられた `f` の**定義**の計算量を指すものとする．時間計算量は式の性質であって，値の性質ではない．

2 つめは，簡約ステップは式を入力してから答が返ってくるまでの経過時間にぴったり対応するわけではないということである．大きく複雑かもしれない式において，次に簡約すべき部分式を探索する時間は，簡約ステップ数には関係がない．そういうわけで，GHCi の計測機能は簡約ステップを数えない．代わりに経過時間を測るのである．

3 つめは，状況によって適切な尺度が違うので，大きさの概念を形式化することはしないということである．たとえば，`xs ++ ys` の計算コストは 2 つのリストの長さを対にした (m,n) で測るのがよい．`concat xss` の計算コストでは `concat xss` の長さを大きさの尺度にすることもできるが，`xss` が，すべての要素が長さ n のリストである，長さ m のリストであるなら，(m,n) を尺度とするのがより適切である．

4 つめは，きわめて重要なことで，$T(\mathtt{f})(n)$ は**先行評価**の簡約モデルのもとで決定されるということである．その理由は単純で，遅延評価のもとでは簡約ステップ数を見積もるのが難しいからである．`minimum = head . sort` という定義を考えて説明しよう．先行評価のもとでは，長さ n のリスト上の `minimum` の評価にかかる時間は以下のようになる．

$$T(\mathtt{minimum})(n) = T(\mathtt{sort})(n) + T(\mathtt{head})(n)$$

つまり，まず長さ n のリストをソートし終えてから，その結果の先頭を取る演算（これは通常は定数時間演算）を行わなければならない．この等式は遅延評価のもとでは成り立たない．`sort xs` の先頭要素が判明するのに必要な簡約ステップ数は `sort xs` を頭部正規形にするまでのステップ数だからである．このステップ数は `sort` で使っているアルゴリズムに依存する．先行評価のもとでの時間計算量分析のほうが単純なのは合成可能だからである．遅延評価での簡約ステップ数は先行評価で必要な簡約ステップ数を超えることはない．$T(\mathtt{f})(n)$ の上限は遅延評価での上限である．さらに多くの場合で下限も遅延評価の下限になる．

時間計算量の分析例を示すために，オーダー記法について紹介しておこう．これまで，効率について議論するとき「〜に比例したステップ数かかる」というぎこちない表現を使ってきた．これをより短い表現に置き換えよう．2 つの自然数上の関数 f, g が与えられたとする．正の定数 C_1, C_2 および n_0 が存在して，$n > n_0$ であるような任意の n に対して $C_1 g(n) \leq f(n) \leq C_2 g(n)$ が成り立つとき，f のオーダーは g であるといい，$f = \Theta(g)$ と書く．すなわち，f は十分大きな任意の引数について g の定数倍で上下を抑えられるということである．

この記法はよく誤用される．たとえば，$f(n) = \Theta(n^2)$ と書かれることがあるが，より正しくは $f = \Theta(\lambda n.n^2)$ である．同様に $f(n) = \Theta(n)$ とあれば，正しくは $f = \Theta(id)$ である．Θ 記法の使い道は主に定数を隠すことである．たとえば，正確な定数がどうであるかを気にすることなく以下のように書いてよい．

$$\sum_{j=1}^{n} j = \Theta(n^2) \quad \text{かつ} \quad \sum_{j=1}^{n} j^2 = \Theta(n^3)$$

公式中の $\Theta(g)$ は，$f = \Theta(g)$ を満たす名前のない関数 f のことである．また，特に $\Theta(1)$ は名前のない定数を表す．

そのことを念頭において，時間計算量を見積もる方法の例を 3 つ挙げよう．1 つめは concat の 2 つの定義

```
concat  xss = foldr (++) [] xss
concat' xss = foldl (++) [] xss
```

この 2 つの定義は xss が有限リストであれば同じ結果になる．xss が，長さ m のリストで，その要素のリストの長さがすべて n であると仮定する．最初の定義では

$$T(\text{concat})(m,n) = T(\text{foldr (++) []})(m,n)$$
$$T(\text{foldr (++) []})(0,n) = \Theta(1)$$
$$T(\text{foldr (++) []})(m+1,n) = T(\text{++})(n,mn) + T(\text{foldr (++) []})(m,n)$$

となる．長さ n のリストと長さ mn のリストを連接するので $T(\text{++})(n,mn)$ の計算が現れる．$T(\text{++})(n,m) = \Theta(n)$ であるから，以下をえる．

$$T(\text{foldr (++) []})(m,n) = \sum_{k=0}^{m} \Theta(n) = \Theta(mn)$$

concat の 2 つめの定義では以下が成り立つ．

$$T(\text{concat'})(m,n) = T(\text{foldl (++)})(0,m,n)$$
$$T(\text{foldl (++)})(k,0,n) = \Theta(1)$$
$$T(\text{foldl (++)})(k,m+1,n) = T(\text{++})(k,n) + T(\text{foldl (++)})(k+n,m,n)$$

追加された引数 k は foldl の 2 つめの引数である蓄積リストの長さを表す．今度は以下をえる

$$T(\text{foldl (++)})(k,m,n) = \sum_{j=0}^{m-1} \Theta(k+jn) = \Theta(k+m^2 n)$$

したがって，$T(\text{concat'})(m,n) = \Theta(m^2 n)$ である．この結果は前章で予想したとおり，foldr を使って concat を定義したほうが foldl を使うより漸近的に速いプログラムになる．

2 つめの例を考えよう．7.1 節で議論した 2 つの subseqs プログラムの時間を測ってみよう．以下の 2 つの定義例を考えた．

```
subseqs  (x : xs) = subseqs xs ++ map (x :) (subseqs xs)
subseqs' (x : xs) = xss ++ map (x :) xss
                    where
                      xss = subseqs' xs
```

(i)xs の長さが n なら subseqs xs の長さは 2^n. (ii) したがって，連接と map (x :) の適用の両方にかかる時間は $\Theta(2^n)$ である．このことを踏まえれば，それぞれの時間計算量は以下のように分析できる．

$$T(\text{subseqs})(n+1) = 2T(\text{subseqs})(n) + \Theta(2^n)$$
$$T(\text{subseqs'})(n+1) = T(\text{subseqs'})(n) + \Theta(2^n)$$

さらに $T(\text{subseqs})(0) = \Theta(1)$ である．ここでは，それぞれの解だけを示す（証明は単純な帰納法でできる）．

$$T(\text{subseqs})(n) = \Theta(n2^n)$$
$$T(\text{subseqs'})(n) = \Theta(2^n)$$

したがって，後者のほうが漸近的には対数倍速い．

3つめの例を考えよう．前節の最初で議論した2つの cp プログラムの時間を測ってみよう．1つめの定義は以下であった．

```
cp []         = [[]]
cp (xs : xss) = [x : ys | x <- xs, ys <- cp xss]
```

ここでも，xss は，すべての要素が長さ n のリストである，長さ m のリストだとする．そうすると，cp xss の長さは n^m である．したがって，(x :) をそれぞれの部分列に適用するのに $\Theta(n^m)$ ステップかかるので，以下が成り立つ．

$$T(\text{cp})(0, n) = \Theta(1)$$
$$T(\text{cp})(m+1, n) = nT(\text{cp})(m, n) + \Theta(n^m)$$

解は，

$$T(\text{cp})(m, n) = \Theta(mn^m)$$

である．他方，foldr を使った cp の定義では，

$$T(\text{cp})(0, n) = \Theta(1)$$
$$T(\text{cp})(m+1, n) = T(\text{cp})(m, n) + \Theta(n^m)$$

であり，その解は $T(\text{cp})(m, n) = \Theta(n^m)$ である．ここでも2つめの版が漸近的に対数倍速い．

7.5　蓄積引数

蓄積引数という引数を関数に追加することで計算時間を改善できることがある．典型的な例としては reverse 関数がある．

```
reverse []       = []
reverse (x : xs) = reverse xs ++ [x]
```

この定義では，$T(\text{reverse})(n) = \Theta(n^2)$ である．線形時間のプログラムを探すとして，以下を定義したとする．

```
revcat :: [a] -> [a] -> [a]
revcat xs ys = reverse xs ++ ys
```

明らかに reverse xs = revcat xs [] であるから，効率のよい revcat がえられれば，効率のよい reverse がえられることになる．この目標にむけて，revcat の再帰定義を運算する．基底部 revcat [] ys = ys については練習問題とし，帰納部を以下のように運算する．

```
    revcat (x : xs) ys
=   {revcat の定義}
    reverse (x : xs) ++ ys
=   {reverse の定義}
    (reverse xs ++ [x]) ++ ys
=   {(++) の結合性}
    reverse xs ++ ([x] ++ ys)
=   {(:) の定義}
    reverse xs ++ (x : ys)
=   {revcat の定義}
    revcat xs (x : ys)
```

したがって，

```
    revcat [] ys       = ys
    revcat (x : xs) ys = revcat xs (x : ys)
```

となる．時間計算量は $T(\mathtt{revcat})(m,n) = \Theta(m)$ である．特に，

$$T(\mathtt{reverse})(n) = T(\mathtt{revcat})(n,0) = \Theta(n)$$

である．これはリストの逆転計算が線形時間であることを示している．

もう1つ例を挙げよう．以下のように定義された関数 length があるとする．

```
    length :: [a] -> Int
    length []       = 0
    length (x : xs) = length xs + 1
```

$T(\mathtt{length})(n) = \Theta(n)$ が成り立つので，別の定義を運算で導いても有利なところはない．しかしながら，以下のように lenplus を定義してみよう．

```
    lenplus :: [a] -> Int -> Int
    lenplus xs n = length xs + n
```

この lenplus について，revcat のときと同じように運算すると，以下をえる．

```
    lenplus [] n       = n
    lenplus (x : xs) n = lenplus xs (1 + n)
```

この運算が進む理由は (+) が (++) と同様に結合性を持つ演算子だからである．length を

```
    length xs = lenplus xs 0 = foldl (\ n x -> 1 + n) 0 xs
```

のように定義する利点は，foldl を foldl' に置き換えるとリストの長さが定数空間量で計算できるからで

ある．Haskell のプレリュードでは length はまさにそのように定義されている．

洞察力のある読者なら気づいたと思うが，実は上のような運算を行う必要はない．どちらの例も実は前章で説明した法則の具体例になっている．すなわち，

```
x <> (y @ z) = (x <> y) @ z
     x <> e = e @ x
```

であるなら，

```
foldr (<>) e xs = foldl (@) e xs
```

である．2つの例はそれぞれ，

```
foldr (\ x n -> n + 1) 0 xs = foldl (\ n x -> 1 + n) 0 xs
foldr (\ x ys -> ys ++ [x]) [] xs = foldl (\ ys x -> [x] ++ ys) [] xs
```

である．これらの等式が正しいかどうかの検証は練習問題としておく．

蓄積引数技法の最後の例に取りかかろう．リストの問題から木の問題に移ることにする．以下のデータ宣言を考えよう．

```
data GenTree a = Node a [GenTree a]
```

この型の値はラベルと部分木のリストで構成される節点である．このような木は，位置と移動を使って形式化できる問題[6]に現れる．節点についているラベルは現在の位置を示し，部分木の数は現在の位置における可能な移動の数を表す．それぞれの部分木には移動の結果を示すラベルが付いており，さらにその部分木は新しい位置から可能な移動を表し，以下同様である．

以下は木にあるラベルのリストを計算する関数である．

```
labels :: GenTree a -> [a]
labels (Node x ts) = x : concat (map labels ts)
```

計算方法は単純で，それぞれの部分木のラベルリストを計算し，連結し，その先頭にこの木のラベルを追加するだけである．

木 t に対するこのプログラムの実行時間を分析してみよう．わかりやすくするために t は高さ h の**完全** k **分木**であるとする．すなわち，$h=1$ であれば t は部分木を持たず，$h>1$ であれば t は高さ $h-1$ の部分木をちょうど k 個持つ．$s(h,k)$ は以下を満たす木のラベルの数を表すものとする．

$$s(1,t) = 1$$
$$s(h+1,k) = 1 + ks(h,k)$$

これの解は $s(h,k) = \Theta(k^h)$ である．したがって，以下をえる．

$$T(\texttt{labels})(1,k) = \Theta(1)$$
$$T(\texttt{labels})(h+1,k) = \Theta(1) + T(\texttt{concat})(k,s) + T(\texttt{map labels})(h,k)$$

ここで，$s = s(h,k)$ である．項 $T(\texttt{map labels})$ は，map labels を高さ h のすべての部分木の長さ k のリストに適用する時間計算量の見積もりである．一般にそれぞれの要素の大きさが n の長さ k のリストが

---

[6] 訳注：現在の状態（位置）と次の状態への変化（移動）で形式化できる問題．

与えられたとき，以下が成り立つ．

$$T(\mathtt{map\ f})(k, n) = kT(\mathtt{f})(n) + \Theta(k)$$

さらに $T(\mathtt{concat})(k, s) = \Theta(ks) = \Theta(k^{h+1})$ である．したがって，$\Theta(1) + \Theta(k) = \Theta(k)$ であるから，以下が成り立つ．

$$T(\mathtt{labels})(h+1, k) = \Theta(k^{h+1}) + kT(\mathtt{labels})(h, k)$$

これの解は

$$T(\mathtt{labels})(h, k) = \Theta(hk^h) = \Theta(s \log s)$$

である．すなわち，上の定義を使う木のラベルを列挙する計算は漸近的には木の大きさより対数倍だけ時間がかかる．

ここで蓄積引数を使うとどうなるかを説明しよう．labcat を以下のように定義する．

```
labcat :: [GenTree a] -> [a] -> [a]
labcat ts xs = concat (map labels ts) ++ xs
```

リスト xs に加えて，第1引数を木から木のリストへ一般化した．latels t = labcat [t] [] が成り立つので，labcat を改良すれば，それが labels の改良につながる．

ここでは，labcat について別の定義を合成しよう．基底部としては以下がいえる．

```
labcat [] xs = xs
```

帰納部は以下のように論証する．

```
  labcat (Node x us : vs) xs
=   {labcat の定義}
  concat (map labels (Node x us : vs)) ++ xs
=   {定義}
  labels (Node x us) ++ concat (map labels vs) ++ xs
=   {定義}
  x : concat (map labels us) ++ concat (map labels vs) ++ xs
=   {labcat の定義}
  x : concat (map labels us) ++ labcat vs xs
=   {labcat の定義}
  x : labcat us (labcat vs xs)
```

この運算の結果，labels のプログラムは以下のようになる．

```
labels t = labcat [t] []
labcat []                xs = xs
labcat (Node x us : vs) xs = x : labcat us (labcat vs xs)
```

時間計算量を分析するには，$T(\mathtt{labcat})(h, k, n)$ を labcat ts xs の時間計算量とする．ただし，ts は長さ k のリストで，各要素それぞれの高さ h の完全 k 分木である（xs の大きさは分析には影響しないので無

視する）．そうすると以下をえる．

$$T(\texttt{labcat})(h,k,0) = \Theta(1)$$
$$T(\texttt{labcat})(1,k,n+1) = \Theta(1) + T(\texttt{labcat})(1,k,n)$$
$$T(\texttt{labcat})(h+1,k,n+1) = \Theta(1) + T(\texttt{labcat})(h,k,k) + T(\texttt{labcat})(h+1,k,n)$$

はじめの 2 つの等式を解くと $T(\texttt{labcat})(1,k,n) = \Theta(n)$ となる．帰納法により $T(\texttt{labcat})(h,k,n) = \Theta(k^h n)$ がえられる．したがって，

$$T(\texttt{labels})(h,k) = T(\texttt{labcat})(h,k,1) = \Theta(k^h) = \Theta(s)$$

である．すなわち，木のラベルはその木の大きさに比例した時間で列挙できるということであり，これは最初の版よりも対数倍改善されている．

7.6 タプリング法

mean 関数の議論のとき 2 つの関数を組にするというタプリング法を考えた．タプリング法は蓄積引数の考え方とある種の双対になる考え方である．タプリング法では引数を追加して関数を一般化するのではなく，結果を追加して関数を一般化する．

タプリング法の力を示す典型的な例としては，フィボナッチ関数がある．

```
fib :: Int -> Integer
fib 0 = 0
fib 1 = 1
fib n = fib (n - 1) + fib (n - 2)
```

この 3 つの等式で定義された fib の評価にかかる時間は以下のようになる．

$$T(\texttt{fib})(0) = \Theta(1)$$
$$T(\texttt{fib})(1) = \Theta(1)$$
$$T(\texttt{fib})(n) = T(\texttt{fib})(n-1) + T(\texttt{fib})(n-2) + \Theta(1)$$

等式を満たす時間計算量関数は fib 自身によく似ている．実際，$T(\texttt{fib})(n) = \Theta(\phi^n)$ である．ただし，ϕ は黄金比 $\phi = (1+\sqrt{5})/2$ である．すなわち，入力 n に対して fib の計算時間は n の指数オーダーになる．

関数 fib2 を以下のように定義する

```
fib2 n = (fib n, fib (n + 1))
```

fib n = fst (fib2 n) であることは自明である．fib2 の直接再帰定義は以下のようになる．

```
fib2 0 = (0, 1)
fib2 n = (b, a + b)
         where
            (a, b) = fib2 (n - 1)
```

このプログラムは定数時間である．この例では，タプリング法の効果は絶大で効率は指数オーダー時間から線形オーダー時間へと劇的に改善される．

効率を改善できる一般法則を形式化するのは楽しいことである．そのような法則の 1 つは以下のような計

算に関わる．

```
(foldr f a xs, foldr g b xs)
```

この式では xs を 2 回たどることになる．リストをたどる foldr の適用が 2 つ含まれているからである．リストを 1 回しかたどらない版を形式的に導けば，少しばかり時間が稼げて空間は大いに稼げる可能性がある．実際，

```
(foldr f a xs, fordr g b xs) = foldr h (a, b) xs
```

である．ただし，

```
h x (y, z) = (f x y, g x z)
```

である．この結果は帰納法で証明できる．詳細については簡単な練習問題としておこう．

もう 1 つの例として，再びリストから木を作ることを考える．ただし，今回はラベル付き端点を持つ二分木である．

```
data BinTree a = Leaf a | Fork (BinTree a) (BinTree a)
```

先ほど議論した GenTree とはちがい，BinTree はラベルの付いた端点または 2 つの部分木への分岐点である．

ラベルのリストが与えられたとき，このような木を構成したいとしよう．より正確には，任意の空ではない有限リスト xs について，以下を満たす関数 build を定義したい．

```
labels (build xs) = xs
```

ただし，labels は二分木のラベルのリストを返す関数である．

```
labels :: BinTree a -> [a]
labels (Leaf x)    = [x]
labels (Fork u v) = labels u ++ labels v
```

可能であれば最適化したくなる．labels のこの定義については蓄積変数を使って改善できそうである．できるのではあるが，ここでの関心はそこではないので，この関数の最適化については練習問題としておく．

木を構成する方法の 1 つは，リストを半分にして一方を左の部分木に，もう一方を右の部分木にするというものである．

```
build :: [a] -> BinTree a
build [x] = Leaf x
build xs  = Fork (build ys) (build zs)
            where
                (ys, zs) = halve xs
```

halve 関数は 4.8 節で見たものである．

```
halve xs = (take m xs, drop m xs)
           where
               m = length xs `div` 2
```

つまり，halve はリストをほぼ半分に分ける関数である．halve のこの定義ではリストの長さを測るのに 1 回，2 つの構成要素を計算するのに部分的に 2 回リストをたどっている．それゆえ，これがタプリング戦略を適用して改善できる第 1 候補である．しかし，labels のときと同じく個別の最適化は今は見ないことにする．また，build の定義が仕様にあっているかも見ない．これらの運算は，次の問題に集中するために練習問題[*7]としておく．

では，build を見ていこう．

$$T(\text{build})(1) = \Theta(1)$$
$$T(\text{build})(n) = T(\text{build})(m) + T(\text{build})(n - m) + \Theta(n)$$
$$\quad\quad \textbf{where } m = n \text{ div } 2$$

長さ n のリストを半分にするには $\Theta(n)$ ステップかかり，その後，長さ m と長さ $n - m$ のリストから部分木をそれぞれ構成する．解は，

$$T(\text{build})(n) = \Theta(n \log n)$$

である．すなわち，前述の方法で木を構成するのにはリストの長さの対数倍かかる．

この事実を踏まえたうえで，build2 を以下のように定義しよう．

```
build2 :: Int -> [a] -> (BinTree a, [a])
build2 n xs = (build (take n xs), drop n xs)
```

この関数はリストの先頭から n 要素を使って木を構成するとともに残りのリストを返す．

```
build xs = fst (build2 (length xs) xs)
```

が成り立つので，もとの関数はタプル化版から決定できる．

ここで目指すところは，build2 の直接再帰定義を構成することである．まず，基底部は明らかに

```
build2 1 xs = (Leaf (head xs), tail xs)
```

である．再帰部については，以下から始めよう．

```
build2 n xs = ( Fork (build (take m (take n xs)))
                     (build (drop m (take n xs)))
              , drop n xs)
              where
                  m = n `div` 2
```

この等式は build の再帰部を置き換えるとえられる．これを見ると次は take と drop の性質を何か使えばよさそうなことがわかる．さて，ここで m <= n であるとすると，

[*7] 訳注：labels の最適化と build の定義が仕様を満たしていることの証明は練習問題 I とし，halve の最適化については次節で扱う．

```
take m . take n = take m
drop m . take n = take (n - m) . drop m
```
である．これより，以下が成り立つ．
```
build2 n xs = ( Fork (build (take m xs))
                     (build (take (n - m) (drop m xs)))
              , drop n xs)
              where
                m = n `div` 2
```
build2 の定義を使えば，上の式を以下のように書き換えられる．
```
build2 n xs = (Fork u v, drop n xs)
              where
                (u, xs')  = build2 m xs
                (v, xs'') = build2 (n - m) xs'
                m         = n `div` 2
```
最後の部分は，
```
xs'' = drop (n - m) xs'
     = drop (n - m) (drop m xs)
```
である．したがって，build2 をもう1度書き換えると以下となる．
```
build2 1 xs = (Leaf (head xs), tail xs)
build2 n xs = (Fork u v, xs'')
              where
                (u, xs')  = build2 m xs
                (v, xs'') = build2 (n - m) xs'
                m         = n `div` 2
```
このプログラムの時間計算量は以下となる．

$T(\text{build2})(1) = \Theta(1)$
$T(\text{build2})(n) = T(\text{build2})(m) + T(\text{build2})(n - m) + \Theta(1)$

この解は $T(\text{build2})(n) = \Theta(n)$ である．それゆえ，build2 という補助関数を使えば，build の時間計算量は対数倍だけ改善される．

7.7 ソート

ソートは大きな話題であり，いろいろなアルゴリズムをいじりまわす楽しい時間がすごせる．Knuth は著書 *The Art of Computer Programming* の第3巻の約 400 ページをこの話題にあてている．しかも，純粋に関数としてソートを考えるなら Knuth の結論は形式化し直す必要がある．ここでは2つのソートアルゴリズムを簡単に考察し，どのような最適化が可能なのか注目することにする．

7.7 ソート

マージソート

マージソートというソート方法は 4.8 節で見た.
```
sort :: (Ord a) => [a] -> [a]
sort []  = []
sort [x] = [x]
sort xs  = merge (sort ys) (sort zs)
           where
             (ys, zs) = halve xs

halve xs = (take m xs, drop m xs)
           where
             m = length xs `div` 2
```
実は，マージによるソートにはいろいろな変形版があり，標準プレリュード関数の sort は上述のものとは別のものである．

前述のように，halve の定義は引数をなんどもたどるので効率が悪い．これを改善するには標準プレリュード関数である splitAt を使う．splitAt 関数の仕様は以下のとおりである．
```
splitAt :: Int -> [a] -> ([a], [a])
splitAt n xs = (take n xs, drop n xs)
```
この関数のプレリュード版はタプリングによる変換を行ったものである．
```
splitAt 0 xs       = ([], xs)
splitAt n []       = ([], [])
splitAt n (x : xs) = (x : ys, zs)
                     where
                       (ys, zs) = splitAt (n - 1) xs
```
この定義は，0 < n という仮定のもとで以下が成り立つことを使えば運算で簡単に導ける．
```
take n (x : xs) = x : take (n - 1) xs
drop n (x : xs) = drop (n - 1) xs
```
これで以下が成り立つ．
```
halve xs = splitAt (length xs `div` 2) xs
```
もちろん，これでまだ 2 回引数をたどっている．

もう 1 つの改善方法は sort を以下のように定義する．
```
sort2 n xs = (sort (take n xs), drop n xs)
```
sort xs = fst (sort2 (length xs) xs) が成り立つので，もとのソート関数はこの一般化した関数から導ける．前節で行ったのとほぼ同じ運算を行えば以下がえられる．

```
sort2 0 xs = ([], xs)
sort2 1 xs = ([head xs], tail xs)
sort2 n xs = (merge ys zs, xs'')
             where
                (ys, xs')  = sort2 m xs
                (zs, xs'') = sort2 (n - m) xs'
                m          = n `div` 2
```

この定義では長さを計算することも，xs を複数回たどることもない．

halve を最適化する方法は

```
halve []          = ([], [])
halve [x]         = ([x], [])
halve (x : y : xs) = (x : ys, y : zs)
                    where
                       (ys, zs) = halve xs
```

もちろん，この定義では結果はそのまえのもとは異なるが，それをソートするのであれば 2 つのリスト中での要素の順序は重要ではない．重要なのは，すべての要素がそこにあるということだけである．

sort を改良する方法を 3 つ示した．しかしながら，どれも全体の時間計算量を大きく変えるものではない．おそらくは，それぞれ数パーセントの改善であり大幅な改善ではない．それに加えて，GHCi を関数評価器として使っている限り，ライブラリ関数の sort にはかなわない．それは，ライブラリの sort はコンパイル済みの形式になっており，コンパイル済みの場合は同じ関数でも 10 倍程度速いからである．もちろん，自分で定義した関数は GHC を使えばいつでもコンパイルできる．

クイックソート

2 つめに扱うのは有名なクイックソートアルゴリズムである．Haskell ではたった 2 行で書けるというものである．

```
sort :: (Ord a) => [a] -> [a]
sort []       = []
sort (x : xs) = sort [y | y <- xs, y < x] ++ [x]
                ++ sort [y | y <- xs, x <= y]
```

これはすっきりとして Haskell の表現力の高さを示す証拠になる．しかし，すっきりしていることにはコストがかかっている．空間計算量を考えたときにはこのプログラムでは効率が悪い．この状況はまえに見た mean のプログラムのときと同じである．

このコードを最適化する方法を探索するまえに，$T(\mathsf{sort})$ を計算しておこう．長さ $n+1$ のリストをソートしたいとしよう．1 つめのリスト内包表記は 0 から n までの間にある任意の長さ k のリストを返す可能性がある．したがって，2 つめのリスト内包表記の結果は長さ $n-k$ のリストになる．時間計算量の関数は最悪の場合の実行時間を見積もるものであるから，可能な限り最大になる場合を想定しなければならない．

$$T(\mathsf{sort})(n+1) = max[T(\mathsf{sort})(k) + T(\mathsf{sort})(n-k) | k \leftarrow [0..n]] + \Theta(n)$$

$\Theta(n)$ 項は 2 つのリスト内包表記の評価時間と連結を実行する時間両方を表している．ところで，リスト内包表記を Haskell ではなく数学の式で使っていることに注意してもらいたい．リスト内包表記がプログラミングで便利に使えるなら，数学でも便利に使えるのである．

自明というわけではないが，最悪の場合というのは $k = 0$ あるいは $k = n$ のときである．したがって，

$$T(\text{sort})(0) = \Theta(1)$$
$$T(\text{sort})(n+1) = T(\text{sort})(n) + \Theta(n)$$

であり，これの解は $T(\text{sort})(n) = \Theta(n^2)$ である．したがって，クイックソートは最悪の場合，2 乗オーダーの計算量になるアルゴリズムである．この事実はこのアルゴリズムがもともと持っている性質であって，Haskell で表現したからではない．クイックソートが有名であるのには別の理由が 2 つある．いずれも純粋な関数プログラミングという前提では成り立たない．1 つめは，クイックソートをリストではなく配列を使って実装すると，分割の局面では，余計な空間を使うことなくインプレイスで実行できる．2 つめは，**平均的な場合**でのクイックソートの性能は，入力に合理的な仮定をしたうえで，$\Theta(n \log n)$ である．このとき係数は小さい定数値である．関数プログラミングではこの定数値があまり小さくなく，クイックソートよりもよいソート法が存在する．

このような注意点を踏まえて，本質的な変更をする（たとえば，全然別のソートアルゴリズムにする）ことなく，このアルゴリズムを最適化する方法を見ていこう．分割の過程でリストを 2 回たどらないようにするために以下を定義しておく．

```
partition p xs = (filter p xs, filter (not . p) xs)
```

これは 2 つの定義をタプルにすることによってリストの走査を節約する例である．`filter p` は `foldr` の具体例として表現できるので，`foldr` のタプリング法則を用いて以下をえる．

```
partition p = foldr op ([], [])
              where
                op x (ys, zs) | p x       = (x : ys, zs)
                              | otherwise = (ys, x : zs)
```

これで以下のように書ける．

```
sort []       = []
sort (x : xs) = sort ys ++ [x] ++ sort zs
                where
                  (ys, zs) = partition (< x) xs
```

しかし，このプログラムにはまだ空間漏れが残っている．なぜだろうか．再帰部を同等の式に書き換えると，以下のようになる．

```
sort (x : xs) = sort (fst p) ++ [x] ++ sort (snd p)
                where
                  p = partition (< x) xs
```

リスト `(x : xs)` が長さが $n+1$ で，厳密減少順になっていると仮定すると，`x` はこのリストで最も大きな要素であり，`p` はそれぞれの長さが n と 0 のリストの対になる．`p` の評価は，1 つめの再帰呼び出しの結果

を表示しようとすることで起動する．しかし，pの第1要素が占めているn単位の空間は再利用できない．2つめの再帰呼び出しでもpが参照されているからである．この2つの再帰呼び出しの間で，次々とリストの対が作られ，保存される．全部あわせると，長さ$n+1$の厳密減少リストに対してsortを計算するのに$\Theta(n^2)$単位の空間が必要になる．つまり，実用上，大きな入力に対するsortの計算ではメモリ空間が足りずプログラムが中断してしまう可能性があるということになる．

解決法はpartitionの計算を強制することであるが，それとともに対でpを束縛するのではなく，対の構成要素でysおよびzsをそれぞれ束縛することが重要である．

うまくやるには2つの蓄積変数を導入すればよい．sortpを以下のように定義する．

```
sortp x xs us vs = sort (us ++ ys) ++ [x] ++ sort (vs ++ zs)
                where
                    (ys, zs) = partition (< x) xs
```

すると以下が成り立つ．

```
sort (x : xs) = sortp x xs [] []
```

次にsortpの直接再帰定義を合成しよう．基底部は，

```
sortp x [] us vs = sort us ++ [x] ++ sort vs
```

である．再帰部 y : xs では，まず y < x を仮定する．そうすると，以下のように論証できる．

```
   sortp x (y : xs) us vs
=  {sortpの定義と (ys, zs) = partition (< x) xs より}
   sort (us ++ y : ys) ++ [x] ++ sort (vs ++ zs)
=  {あとで説明する主張}
   sort (y : us ++ ys) ++ [x] ++ sort (vs ++ zs)
=  {sortpの定義}
   sortp x xs (y : us) vs
```

ここで使った主張というのはasがbsの並び換えであるならsort asとsort bsの結果は同じであるというものである．この主張は直感的には自明である．リストをソートした結果は入力リストに含まれる要素に依存するだけで，その順には依存しない．これについての形式的な証明は省略する．

x <= y の場合についても，同様の運算を行い，sortpをsortで局所定義すると，最終的に以下のプログラムをえる．

```
sort []       = []
sort (x : xs) = sortp x xs [] []
  where
    sortp x []       us vs = sort us ++ [x] ++ sort vs
    sortp x (y : xs) us vs = if y < x
                             then sortp x xs (y : us) vs
                             else sortp x xs us (y : vs)
```

以前ほどすっきりしていないが，少なくとも$\Theta(n)$の空間計算量になる．

7.8 練習問題

練習問題 A

簡単な sort の定義に以下がある．
```
sort []       = []
sort (x : xs) = insert x (sort xs)

insert x []       = [x]
insert x (y : ys) = if x <= y
                    then x : y : ys
                    else y : insert x ys
```

これは挿入ソートという方法である．sort [3,4,2,1] を遅延評価のもとで，頭部正規形に簡約せよ．次に以下の問に答えよ．(i) 長さ n のリストに適用したとき，head . sort の計算にかかる時間を n の関数として表すとどれほどになるか．(ii) 同じことをしたとき先行評価ではどうなるか．(iii) 遅延評価のもとで挿入ソートにおける比較列は以下の選択ソートと同じになるか．

```
sort [] = []
sort xs = y : sort ys
          where
            (y, ys) = select xs

select [x] = (x, [])
select (x:xs) | x <= y    = (x, y : ys)
              | otherwise = (y, x : ys)
              where
                (y, ys) = select xs
```

練習問題 B

定数空間量で評価を行う length の定義を書け．次に（直接にせよ間接にせよ）seq を使わずに定数空間量で評価を行う length を定義せよ．

練習問題 C

以下を満たす f, e, xs を構成せよ．
```
foldl f e xs ≠ foldl' f e xs
```

練習問題 D

以下の cp の定義は foldr を用いた定義と同等の効率になっているか，なっていないか，どちらともいえないか．
```
cp []        = [[]]
cp (xs : xss) = [x : ys | ys <- cp xss, x <- xs]
```
次は運算である．foldr の融合則を使って，以下の関数の効率のよい版を導け．
```
fcp = filter nondec . cp
```
nondec の定義については 4.7 節を参照せよ．

練習問題 E

$2 \leq n$ について以下を仮定する．

$T(1) = \Theta(1)$
$T(n) = T(n \text{ div } 2) + T(n - n \text{ div } 2) + \Theta(n)$

$T(2^k) = \Theta(k2^k)$ であることを証明せよ．それを使って，$T(n) = \Theta(n \log n)$ であることを証明せよ．

練習問題 F

以下を証明せよ．
```
foldr (\ x n -> n + 1) 0 xs = foldl (\ n x -> 1 + n) 0 xs
foldr (\ x xs -> xs ++ [x]) [] xs = foldl (\ xs x -> [x] ++ xs) [] xs
```

練習問題 G

h x (y, z) = (f x y, g x z) ならば，任意の有限リスト xs について
```
(foldr f a xs, foldr g b xs) = foldr h (a, b) xs
```
であることを証明せよ．少し難しい問題として，この結果は任意のリストで xs で成り立つか．

以下を満たす h はどのようなものか．
```
(foldl f a xs, foldl g b xs) = foldl h (a, b) xs
```

練習問題 H

```
partition p xs = (filter p xs, filter (not . p) xs)
```
であった．結果に含まれる 2 つの構成要素をそれぞれ foldr の具体例として示せ．次に前問の結果を用いて patition の別定義を運算で導け．

以下を満たす関数 part を定義せよ．

```
part p xs us vs = (filter p xs ++ us, filter (not . p) xs ++ vs)
```

局所定義した part を使った partition の別定義を運算で導け.

練習問題 I

```
labels :: BinTree a -> [a]
labels (Leaf x)   = [x]
labels (Fork u v) = labels u ++ labels v
```

であった. $T(\mathtt{labels})(n)$ を計算せよ. ただし, n は木に含まれる葉の数である. 次に蓄積引数の技法を使って labels のより速い計算法を見いだせ. 任意の空ではない有限リスト xs について, labels (build xs) = xs であることを証明せよ.

練習問題 J

```
select k = (!! k) . sort
```

と定義する. ただし, sort はもともとのクイックソートである. そうすると, select k は空ではない有限リストの k 番目に小さい要素を選択する. 0 番目に小さい要素とは最も小さい要素であり, 1 番目に小さい要素とはその次に小さい要素のことである. select のより効率のよい定義を運算で導き, その時間計算量を見積もれ.

7.9 練習問題の解答

練習問題 A の解答

```
  sort [3, 4, 1, 2]
= insert 3 (sort [4, 1, 2])
...
= insert 3 (insert 4 (insert 1 (insert 2 [])))
= insert 3 (insert 4 (insert 1 (2 : [])))
= insert 3 (insert 4 (1 : 2 : []))
= insert 3 (1:insert 4 (2 : []))
= 1 : insert 3 (insert 4 (2 : []))
```

長さ n のリスト上で head . sort を計算するには $\Theta(n)$ ステップかかる. 先行評価のもとではこれがおよそ n^2 ステップになる. (iii) については答は「同じになる」である. 挿入によるソートを定義したように見えるが, 遅延評価のもとでは選択ソートなのである. ここでの教訓は, 遅延評価のもとでは, 実際にえられたものと思っていたものとが一致するとはかぎらないということである.

練習問題 B の解答

1 つめの問には以下のように答えればよい.
```
length = foldl' (\ n x -> n + 1) 0
```

2 つめの問については,以下がその解の 1 つである.
```
length           = length2 0
length2 n []     = n
length2 n (x : xs) = if n == 0
                     then length2 1 xs
                     else length2 (n + 1) xs
```

n == 0 という検査により第 1 引数の評価が強制される.

練習問題 C の解答

```
f n x = if x == 0 then undefined else 0 とすると
foldl  f 0 [0, 2] = 0
foldl' f 0 [0, 2] = undefined
```
である.

練習問題 D の解答

答は,どちらともいえない,である.示された版の cp は効率がよいものではあるが,結果として返されたリストの要素リストは本文のどの定義とも違う順序になっている.結果の**集合**にしか興味がないのなら順序は重要ではない.しかし,cp の結果を探索し,与えられた性質を満たすリストを探すプログラムを考えると,順序がその結果や計算時間に影響することがある.

融合則によるなら,以下を満たす関数 g を見つけなければならない.
```
filter nondec (f xs yss) = g xs (filter nondec yss)
```
ただし, f xs yss = [x : ys | x <- xs, ys <- yss] である.そのような g があれば,
```
fcp = filter nondec . cp
    = filter nondec . foldr f [[]]
    = foldr g [[]]
```
である.ここで,
```
nondec (x : ys) = null ys || (x <= head ys && nondec ys)
```
である.したがって,以下が導かれる.
```
g xs [[]] = [[x] | x <- xs]
g xs yss  = [x : ys | x <- xs, ys <- yss, x <= head ys]
```

練習問題 E の解答

1つめは,
$$T(2^k) = 2T(2^{k-1}) + \Theta(2^k)$$

が成り立つ.帰納法により,$T(2^k) = \sum_{i=0}^{k} \Theta(2^k)$ であることが示せる.帰納法は以下のようになる.

$$\begin{aligned} T(2^k) &= 2 \sum_{i=0}^{k-1} \Theta(2^{k-1}) + \Theta(2^k) \\ &= \sum_{i=0}^{k-1} \Theta(2^k) + \Theta(2^k) \\ &= \sum_{i=0}^{k} \Theta(2^k) \end{aligned}$$

したがって,$T(2^k) = \Theta(k2^k)$ である.次に $2^k \leq n < 2^{k+1}$ を仮定すると,

$$\Theta(k2^k) = T(2^k) \leq T(n) \leq T(2^{k+1}) = \Theta((k+1)2^{k+1}) = \Theta(k2^k)$$

であるから,$T(n) = \Theta(k2^k) = \Theta(n \log n)$ である.

練習問題 F の解答

x <> n = n + 1 および n @ x = 1 + n と定義すると,以下が成り立つ.
    (x <> n) @ y = 1 + (n + 1) = (1 + n) + 1 = x <> (n @ y)

2つめの証明も同様.

練習問題 G の解答

帰納部のステップは以下のとおり.
```
   (foldr f a (x : xs), foldr g b (x : xs))
 = (f x (foldr f a xs), g x (foldr g b xs))
 = h x (foldr f a xs, foldr g b xs)
 = h x (foldr h (a, b) xs)
 = foldr h (a, b) (x : xs)
```

少し難しいほうの答は,ノーである.Haskell では $(\bot, \bot)$ と $\bot$ は別の値である.たとえば,foo (x, y) = 1 と定義すると,

    foo undefined = undefined
    foo (undefined, undefined) = 1

である.
    最後の h の定義は,

```
    h (y, z) x = (f y x, g z x)
```
である．

練習問題 H の解答

```
  filter p = foldr (op p) [] が成り立つ．ただし，
    op p x xs = if p x then x : xs else xs
```
である．このとき，
```
    (op p x ys, op (not . p) x zs)
      = if p x then (x : ys, zs) else (ys, x : zs)
```
であるから，
```
    partition p xs = foldr f ([], []) xs
                     where
                       f x (ys, zs) = if p x
                                      then (x : ys, zs)
                                      else (ys, x : zs)
```
である．最後の問の答として以下がえられる．
```
    partition p xs = part p xs [] []

    part p [] ys zs       = (ys, zs)
    part p (x : xs) ys zs = if p x
                            then part p xs (x : ys) zs
                            else part p xs ys (x : zs)
```

練習問題 I の解答

T は最悪の場合の時間計算量であることを思いだしてもらいたい．labels の最悪の場合というのは，すべての右部分木が葉の場合である．したがって，

$$T(\texttt{labels})(n) = T(\texttt{labels})(n-1) + \Theta(n)$$

である．ただし，$\Theta(n)$ は長さ $n-1$ のリストと長さ 1 のリストの連結にかかる時間を考慮したものである．したがって，

$$T(\texttt{labels})(n) = \sum_{j=0}^{n} \Theta(j) = \Theta(n^2)$$

である．蓄積引数の技法によれば，

```
labels t = labels2 t []
labels2 (Leaf x) xs   = x : xs
labels2 (Fork u v) xs = labels2 u (labels2 v xs)
```

となり，$T(\text{labels2})(n) = \Theta(n)$ である．これは `labels` の時間計算量を2乗オーダーから線形オーダーにまで改善することになる．

`labels (build xs) = xs` の帰納部を証明するには，現れるすべてのリストは `xs` よりも短いという仮定を使う．

```
  labels (build xs)
=   {xs の長さは少なくとも 2，かつ，(ys,zs) = halve xs とする}
  labels (Fork (build ys) (build zs))
=   {labels の定義}
  labels (build ys) ++ labels (build zs)
=   {ys および zs はともに xs よりも短いので，帰納法の仮定より}
  ys ++ zs
=   {halve の定義}
  xs
```

ここでの帰納法は**一般帰納法**である．すなわち，任意の有限リスト `xs` について $P(\text{xs})$ であることを証明するには，次の2つが成り立つことを証明すればよい．(i) $P([])$．(ii) `xs` より短い任意のリストについて P が成り立つと仮定すれば $P(\text{xs})$．

練習問題 J の解答

鍵となる性質は以下のものである．

```
(xs ++ [x] ++ ys) !! k | k < n = xs !! k
                       | k == n = x
                       | k > n = ys !! (n - k)
                       where  n = length xs
```

もう1つ鍵になる性質はリストをソートしても長さは変わらないということである．したがって，

```
select k []          = error "list too short"
select k (x : xs) | k < n    = select k ys
                  | k == n   = x
                  | otherwise = select (n-k) zs
                  where  ys = [y | y <- xs, y < x]
                         zs = [z | z <- xs, x <= z]
                         n  = length ys
```

長さ n のリストに対する最悪の場合というのは $k = 0$ かつ `ys` の長さが $n-1$ のときである．すなわち，`x : xs` が厳密減少列である場合である．したがって，

$$T(\text{select})(0, n) = T(\text{select})(0, n-1) + \Theta(n)$$

であり，この解は $T(\mathtt{select})(0,n) = \Theta(n^2)$ である．しかし，ソートされた結果を並び換えたものがどれも等しく現れるような偏りのない合理的な入力分布を考えれば，$T(\mathtt{select})(k,n) = \Theta(n)$ が成り立つ．

7.10　章末ノート

アルゴリズムデザインに関する書籍は数多くあるが，関数プログラミングに焦点をあてたものは次の2冊である．Fethi Rabbi と Guy Lapalme による *Algorithms: A Functional Programming Approach, Second Edition*（1999, Addison-Wesley）と，本書著者による *Pearls of Functional Algorithm Design*（2010, Cambridge）[*8]である．

プロファイリングツールに関する情報は Haskell Platform に関する文書にある．ソートについて参考にした本は Don Knuth の *The Art of Computer Programming, Volume3: Sorting and Searching*, Second Edition（1998, Addison-Wesley）[*9]である．

[*8] 邦訳：『関数プログラミング 珠玉のアルゴリズムデザイン』（2014 年，オーム社）
[*9] 邦訳：『The Art of Computer Programming Volume 3 Sorting and Searching Second Edition 日本語版』（2015 年，アスキードワンゴ）

第8章 プリティプリント

本章では Haskell で小さなライブラリを構築する例を示そう．ライブラリは利用者がなにがしか仕事をするのに利用できる関数や型を組織的にまとめたものである．ここで議論する仕事はプリティプリント（整形印字）である．基本的な考え方は，一連のテキストを内容が理解しやすいようにレイアウトするというものである．ただし，フォント色の変更，フォントサイズの変更などテキストの読みやすさを改善するための技法の多くは扱わない．ここでは，改行をどこに入れるか，インデントをどう入れるかのみに焦点を絞る．数学の式などのレイアウトには使えないが，木構造の情報を表示したり，単語のリストを段落として表示するのに使える．

8.1 利用状況の想定

条件式を表示するという問題から始めよう．本書では条件式の表示には以下の 3 つのやり方を採用してきた．

```
if p then expr1 else expr2

if p then expr1
else expr2

if p
then expr1
else expr2
```

それぞれ 1 行，2 行，3 行にわたるこの 3 つのレイアウトはよいレイアウトであると考える．しかし，以下の 2 つはよくないレイアウトである．

```
if p then
expr1 else expr2

if p
then expr1 else expr2
```

なにがよくてなにがよくないかは筆者の独断である．読者はこの選択（の一部）には同意できないかもしれない．柔軟性のあるライブラリであれば，読者が合理的であると考える選択も提供できなければならない．

いずれにせよ，2つの基本的な疑問に答えなければならない．1つめは，よいレイアウトからなる選択肢をどのように記述し，どのようによくないレイアウトを除外するのか，である．2つめは，よいレイアウトのうちのどれをどのように選択するのか，である．

2つめの疑問に簡単に答えると，選択は行幅の制限によるということである．たとえば，すべての行が行幅内に収まっていれば，いちばん行数の少ないレイアウトを選択できる．これについてはのちほど詳しく説明する．

1つめの疑問に対する1つの答は，よいレイアウトの選択肢をすべて書き出すというものである．そうすると大量に書き出されることになる．もっとよい方法は，適切な**レイアウト記述言語**を利用者に提供することである．先ほどの例でおおざっぱにいうと，以下のように書ける．

```
if p <0> then expr1 (<0> + <1>) else expr2 +
if p <1> then expr1 <1> else expr2
```

ここで，<0>は単一の空白，<1>は改行，+は「または」を意味するものである．上の式は先に述べた3つのレイアウトになる．しかしながら，利用者がなんの制約もなく選択が可能であるというのは危険である．それはすべての選択肢を確認しなければ，最もよいレイアウトを決定するのが困難になるからである．さらに，すべての選択肢を確認するには時間がかかるだろう．

もう1つの可能性としては，利用者が限られた選択のみできるようにすることである．それには，利用者がライブラリで提供された関数と演算子のみを使ってレイアウトを記述しなければならないようにすることである．たとえば，以下のような記述を考えよう．

```
group (group (if p <1> then expr1) <> <1> else expr2)
```

ここで group は引数となるレイアウトにそのレイアウト中のすべての<1>を<0>に置き換えたレイアウト（すなわち1行に平たく配置する）を加えたレイアウト集合を構成する．また，<>は連結演算を選択肢集合間の演算に持ち上げたものである．たとえば，

```
group (if p <1> then expr1)
   = { if p <0> then expr1, if p <1> then expr1 }

group (if p <1> then expr1) <> <1> else expr2
   = { if p <0> then expr1 <1> else expr2
     , if p <1> then expr1 <1> else expr2 }

group (group (if p <1> then expr1) <> <1> else expr2)
   = { if p <0> then expr1 <0> else expr2
     , if p <0> then expr1 <1> else expr2
     , if p <1> then expr1 <1> else expr2 }
```

である．これで，先に挙げた3つのよいレイアウトは2つの group 演算子を含む式で表現できたことになる．

条件式を表示するには，もう1つ別の問題がある．expr1 や expr2 自身が条件式であった場合どうなるかである．以下のようなレイアウトを認めたくなるだろう．

```
if p
then if q
    then expr1
    else expr2
else expr3
```

要点はレイアウト言語での**字下げ**が可能であることである．字下げとは改行のあとに適切な数の空白を置くことである．この考え方は `nest` 関数で表現され，`nest i x` はレイアウト `x` において改行ごとに `i` 個の空白を置くというレイアウトになる．

8.2　ドキュメント

　1 つのテキストのレイアウト集合を表す実体のことを**ドキュメント**と読んでもさしつかえあるまい．ドキュメントの定義はあと回しにするが Doc 型の値として与えることとする．一方，レイアウトは単なる文字列とする．

```
type Layout = String
```

Doc の表現を 2 つ考えたいので，ドキュメントとは実際には何であるかについては意図的に触れないでおく．現時点ではライブラリで提供すべきドキュメント上の演算に焦点をあてる．

　1 つめの演算は，行幅とドキュメントをもらって，最良のレイアウトを返す関数である．この関数の効率がよい定義をどう構成するかが，実はこの章の主題である．

```
pretty :: Int -> Doc -> Layout
```

2 つめの演算は，

```
layouts :: Doc -> [Layout]
```

という可能なレイアウトの集合をリストとして返す関数である．`pretty` があるのに，このような関数が必要なのはなぜか．よいレイアウトとみなせるものを記述する定義を見つけるには，ちょっとした実験が必要である．最初の定義を形式化してから，いくつかの例についてレイアウトをすべて検討して，定義をやり直すのである．これにより，どのレイアウトを除外し，どれを加えるかが判断できる．最終的なドキュメントの表現がどのようなものであれ，利用者がレイアウトを検討するツールとして `layouts` を提供すべきである．

　残りの演算はドキュメントの構成を行うものである．まず，2 つのドキュメントを連結して新しいドキュメントを構成する演算である．

```
(<>) :: Doc -> Doc -> Doc
```

ドキュメントの連結は結合的でなければならず，どのような実装であるにせよ `(<>)` は任意のドキュメント `x`, `y`, `z` について以下を満たさなければならない．

```
(x <> y) <> z = x <> (y <> z)
```

結合的演算があれば，たいてい単位元があるので，ここでもそのような空ドキュメントを提供する．

```
nil :: Doc
```

任意のドキュメント x について nil <> x = x かつ x <> nil = x でなければならない.
　次に考える演算は,

```
text :: String -> Doc
```

という関数である. この関数は改行を含まない文字列を取り, これをドキュメントにする. 複数行を含むドキュメントを提供するには, もう 1 つの基本ドキュメントを提供すればよい.

```
line :: Doc
```

たとえば, 2 行にわたる単一のレイアウトを持つドキュメントを考えよう.

```
text "Hello" <> line <> text "World!"
```

改行文字を含むテキストが使えるようにできるのだから, この line は必要ないと思うかもしれない. しかし, line がないと, ドキュメントを字下げしたいとき, すべての text の引数である文字列の内容を確認しなければならなくなる. それよりは, 明示的に改行ドキュメントがあるほうがずっとよい. 上のようになっていればどこで改行するのかはすぐにわかる. さらに, 次に考えるのは

```
nest :: Int -> Doc -> Doc
```

というドキュメントを入れ子にする関数である. nest i は改行ごとにそのあとに i 個の空白を追加してドキュメントを字下げする. ここで強調しておきたいのは, ドキュメントが改行で始まっているとき以外は, ドキュメントの先頭ではインデントされないということである. そのようにしている理由はあとで説明する.
　最後に 8 つめの演算を考えてライブラリは完成である. それは,

```
group :: Doc -> Doc
```

という関数である. この関数は複数のレイアウトを生成する. ドキュメントを引数として取り, これにレイアウトを追加する. 追加されるレイアウトは改行を含まない単一行のレイアウトである.
　8 つの演算に名前を付け, その意味を非形式的に説明したが, それらの性質や相互の関係をより正確に記述できるだろうか. もっと基本的な点を問えば, これらの演算は合理的なレイアウトを表現するだけの柔軟性を備えているかということである.
　まずは, どのような等式で表される法則が必要であるかに焦点をあてよう. このような法則を見つければ, 的確に使いやすい道具箱を手にしているという実感を強化できる. さらに, 何か重要な道具を手にしそこなっているようなことはないという確信が持てるはずである. こうした法則は, 演算の意味や手引きとなる実装にも影響する. すでに, (<>) が単位元を持ち, 結合的であるべきことを表明している. しかし, 他に必要なことはないだろうか.
　さて, text が満たすべき性質は以下である.

```
text (s ++ t) = text s <> text t
text "" = nil
```

数学の言葉では, これは text は文字列連結からドキュメント連結への**準同型射**（homomorphism）である

という．ずいぶんおおげさ（かつ威圧的）な名前ではあるが，その内容はごく単純なことである．注目してもらいたいのは，文字列の連結が結合的であれば，少なくとも text で作られたドキュメントの連結も結合的だということである．

nest に関しては以下の等式が成り立つべきである．

```
nest i (x <> y)     = nest i x <> nest i y
nest i nil          = nil
nest i (text s)     = text s
nest i line         = line <> text (replicate i ' ')
nest i (nest j x)   = nest (i + j) x
nest 0 x            = x
nest i (group x)    = group (nest i x)
```

どれも合理的な等式である（最後のものは少しわかりにくいかもしれない）．これらの等式の中には数学の言葉で名前がつくものもある．nest i は連結に関して分配でき，nest は数値の加算から関数合成への準同型射である．また，nest i と group は可換である．3 つめの法則は，nest がドキュメント先頭からの字下げだとしたら成り立たない．さらにテキスト文字列に改行を含めてよいことにしていた場合にも成り立たない．最後の法則が成り立つのは，グループ化は改行を含まないレイアウトを追加し，入れ子にすることでは，そのようなレイアウトには影響を与えないからである．より詳細な主張については練習問題 D を参照してもらいたい．

次は layouts の性質を見よう．必要となる性質は以下である．

```
layouts (x <> y)     = layouts x <++> layouts y
layouts nil          = [""]
layouts (text s)     = [s]
layouts line         = ["\n"]
layouts (nest i x)   = map (nestl i) (layouts x)
layouts (group x)    = layouts (flatten x) ++ layouts x
```

(<++>) はレイアウト集合上に持ち上げた連結演算である．

```
xss <++> yss = [xs ++ ys | xs <- xss, ys <- yss]
```

関数 nestl :: Int -> Layout -> Layout は以下のように定義する．

```
nestl i     = concat . map (indent i)
indent i c  = if c == '\n' then c : replicate i ' ' else [c]
```

最後に flatten :: Doc -> Doc は，ドキュメントのレイアウトを変換する関数である．この変換は改行と字下げの組を 1 つの空白に置き換える．この関数のインターフェイスは公開しないが，内部では必要になる．代数法則の記述を完成させるのに必要という意味で見えない下請け道具である．

flatten は以下の条件を満たさなければならない．

```
flatten (x <> y)    = flatten x <> flatten y
flatten nil         = nil
flatten (text s)    = text s
flatten line        = text " "
flatten (nest i x)  = flatten x
flatten (group x)   = flatten x
```

全部で24の法則になる．<>に関するものが1つ，nilとtextに関するものが2つずつ，nestに関するものが7つ，layoutsとflattenに関するものが6つずつである．多くの法則はnilやtextなどを構成子としたデータ型上で定義した構成的なHaskellの定義と類似している．詳しくは8.6節で扱う．

8.3 直接実装

ドキュメントの表現としてわかりやすいのは，ドキュメントをレイアウトのリストとすることである．

```
type Doc = [Layout]
```

このような表現を浅い埋め込み（shallow embedding）という．浅い埋め込みを使えば，ライブラリ関数（ここでは，layouts）は関心のある値を使って直接実装することになる．のちに，この表現は捨ててより構造化された表現を使うのであるが，まずはわかりやすい方法を試そう．

先に挙げた演算の定義は以下のとおりとし，prettyはあと回しにする．

```
layouts    = id
x <> y     = x <++> y
nil        = [""]
line       = ["\n"]
text s     = [s]
nest i     = map (nestl i)
group x    = flatten x ++ x
flatten x  = [flattenl (head x)]
```

nestlはすでに定義したとおりであり，flattenlは以下のように定義する．

```
flattenl :: Layout -> Layout
flattenl [] = []
flattenl (c : cs)
  | c == '\n' = ' ' : flattenl (dropWhile (== ' ') cs)
  | otherwise = c : flattenl cs
```

さて，24の法則はこの実装でも成り立つだろうか，見ていこう．持ち上げた連結<++>は，[[]]を単位元として結合的である．したがって，最初の3つの法則は成り立つ．textに関する2つの法則は簡単に確認できる．layoutsの6つの法則も簡単にわかる．nestの2つの法則を除けば，どれも一本道である．2つというのは，以下のとおり．

```
nest i . nest j = nest (i + j)
nest i . group   = group . nest i
```

これを示すのは少し手間がかかる（練習問題 C および D を参照せよ）．残っているのは flatten に関する法則である．3 つはやさしい．

```
flatten . nest i = flatten
flatten . group  = flatten
```

この 2 つも少しの手間で示せる（練習問題 E および F を参照せよ）．つまずくのは以下の法則である．

```
flatten (x <> y) = flatten x <> flatten y
```

これは正しくない．x = line かつ y = text " hello"とすると，以下のようになる．

```
flatten (x <> y)         = [" hello"]
flatten x <> flatten y = ["  hello"]
```

この 2 つの結果は異なる．こうなってしまう理由は，flatten はドキュメントを入れ子にすることの効果を取り除くが，改行のあとに続くドキュメントが入れ子になっていない場合には，空白が取り除かれないことにある．他方，flattenl は改行のあとに続く空白をすべて取り除くので，任意のドキュメント x および y について

```
flatten (x <> y) = flatten x <> flatten y
```

が成り立つわけではない．

　この欠陥を修正することはせず，この不完全な実装を受け入れ，先に進もう．この実装でも 1 つのドキュメントのすべてのレイアウトを平らにして同じ文字列にできることが示せる（練習問題 E の解答を参照せよ）．浅い埋め込みにはもう 1 つ性質があって，それは pretty の定義に見られる．それが何かを知るために，レイアウトの形を返す shape という関数を考えよう．

```
shape :: Layout -> [Int]
shape = map length . lines
```

プレリュード関数 lines は改行文字ごとに文字列を分解し，改行文字を含まない文字列のリストを返す．したがって，レイアウトの形というのは，レイアウトを構成している行の長さのリストである．layouts の重要な性質は，1 つのドキュメントのレイアウトの形のリストは，辞書順で降順であるということである．たとえば，次の節で説明するドキュメントの 1 つは，13 のレイアウトがあり，その形は以下で与えられる．

```
[[94],[50,43],[50,28,19],[50,15,17,19],[10,39,43]
,[10,39,28,19],[10,39,15,17,19],[10,28,15,43]
,[10,28,15,28,19],[10,28,15,15,17,19],[10,13,19,15,43]
,[10,13,19,15,28,19],[10,13,19,15,15,17,19]]
```

このリストは辞書順で降順である．この性質が成り立つのは，layouts (group x) がドキュメント x のレイアウトリストの先頭に平らにしたレイアウトを追加し，平らにしたレイアウトは単一行だからである．これについては練習問題 G でより詳しく扱う．

8.4 例

最初の節では，条件式をレイアウト記述言語で扱った．ここでは条件式は CExpr 型の値で表現されているものとする．

```
data CExpr = Expr String | If String CExpr CExpr
```

以下はまえに説明したよいレイアウトを指定する関数 cexpr である．

```
cexpr :: CExpr -> Doc
cexpr (Expr p) = text p
cexpr (If p x y)
  = group (  group (   text "if " <> text p
                   <> line <> text "then "
                   <> nest 5 (cexpr x)
                   )
          <> line <> text "else "
          <> nest 5 (cexpr y)
          )
```

この定義は部分式の入れ子以外は，最初の節で group 関数を用いた版と同じである．

たとえば，ある具体的な式に対して 13 のレイアウトが可能で，そのうち 2 つは以下のようになる．

```
if wealthy
then if happy then lucky you else tough
else if in love then content else miserable

if wealthy
then if happy
     then lucky you
     else tough
else if in love
     then content
     else miserable
```

最後を見れば，なぜ 5 字分の字下げが選択されたかがわかる．この具体的な条件式に対して可能な 13 のレイアウトが持つ形は前節で示したとおりである．

2 つめの例として，一般の木，すなわち，任意の数の部分木を持つ木をレイアウトする方法を見よう．

```
data GenTree a = Node a [GenTree a]
```

以下は 2 通りの方法でレイアウトされた木の例である．

```
    Node 1
      [Node 2
         [Node 6 [],
          Node 7 []],
       Node 3
         [Node 8
            [Node 10 [],
             Node 11 []]],
       Node 4 [],
       Node 5
         [Node 9 []]]

    Node 1
      [Node 2 [Node 6 [], Node 7 []],
       Node 3 [Node 8 [Node 10 [], Node 11 []]],
       Node 4 [],
       Node 5 [Node 9 []]]
```

gtree は，これらの木を（CExpr の例と GenTree とでは，たまたま，どちらも 13 通り）生成する関数であり，その定義は以下のとおりである．

```
gtree :: Show a => GenTree a -> Doc
gtree (Node x []) = text ("Node " ++ show x ++ " []")
gtree (Node x ts) = text ("Node " ++ show x) <>
                    group (nest 2 (line <> bracket ts))
```

1 つめの節は，部分木のない木はいつでも単一行で表すということである．2 つめの節は，少なくとも部分木が 1 つあれば，単一行になるか，それぞれの部分木が字下げ 2 単位で新しい行に表されるかのどちらかということである．bracket 関数は以下のように定義する．

```
bracket :: Show a => [GenTree a] -> Doc
bracket ts = text "[" <> nest 1 (gtrees ts) <> text "]"

gtrees [t]      = gtree t
gtrees (t : ts) = gtree t <> text "," <> line <> grees ts
```

正直にいうと，上の定義を見つけるのには少々の時間と実験が必要であった（そのために layouts が必要であることはこれで証明できた）．さらに，上の定義が，木をレイアウトする唯一の方法というわけではない．最後に，テキストの 1 片（空白や改行も含む単一文字列であって，text で作ったドキュメントではないもの）を単一段落としてレイアウトする方法が以下である．

```
para :: String -> Doc
para = cvt . map text . words

cvt []       = nil
cvt (x : ys) = x <> foldr (<>) nil [group (line <> y) | y <- ys]
```

まず，これまでなんども見たプレリュード関数 words を使ってテキストを単語に分解する．それから，それぞれの単語を text を使ってドキュメントにする．最後に，先頭の単語を除くそれぞれの単語を同じ行にレイアウトするか，新しい行にレイアウトする．テキスト中に $n+1$ 個の単語があるとすると，n 個の単語間空白があることになり，上のコードでは 2^n 個のレイアウトが可能である．しかし，与えられた行幅の中に収まるレイアウトを探すのに，可能なすべてのレイアウトを確認したくはない．

8.5 最良のレイアウト

まえにも言及したように，最良のレイアウトというのは行幅の上限に依存する．これは単純な判断であるが，これが唯一ではない．一般に，入れ子になったドキュメントの整ったレイアウトは，ページをくねくねと縦断するテキストの帯で構成されている．その帯の幅が最良のレイアウトを決定するのに大きな役割をはたすべきかは議論の余地がある．つまり，無限幅のページがあれば最良のレイアウトはすべてを単一行に配置することだろうか．しかしながら，わかりやすくするために，最良のレイアウトについて細かく規定すべきもっともな理由には目をつぶり，行幅のみを判断基準とする．

判断のやり方としてはもう1つ方法がある．なんらかの基準で最良のレイアウトを選択したとしよう．そのレイアウトではすべての行が与えられた行幅に収まっている．そのようなレイアウトが少なくとも1つあればよいが，1つもなければどうなるか．選択肢は2つ．適切なエラーメッセージを出してフォーマットプロセスを放棄するか，できる限りの努力をして幅の超過を受け入れるかである．

心理的にも実用的にも2つめの案がよいようである．したがって，その先を見てみよう．2つのレイアウトの最初の行，l_1 と l_2 を比較しよう．以下のようになっていれば，l_1 を含むレイアウトが l_2 を含むレイアウトよりもよいと判断できる．(i) どちらも行幅 w に収まっていて，l_1 が l_2 より長い．(ii) l_1 が行幅 w に収まっていて，l_2 が収まっていない．(iii) どちらも行幅 w には収まっておらず，l_1 が l_2 より短い．この判断方法は**貪欲法**で実装できるはずなので，合理的といえる．その方法では，最初の行に行幅を超えない範囲で詰めこめるだけ詰めて，それが無理なら行幅を超えた瞬間に止めることになる．

上のように2つの行を比較しても長さが同じであったらどうするかは決められない．すべてのレイアウトは平らにすれば同じ文字列になり，最初の2行が同じ長さなら同じ行になるので当然である．したがって，最初の行を固定し，比較はそのあとの部分を比較するというのを繰り返すことになる．

降順の形に関する2つめの性質は，比較が少し単純化できるということである．レイアウトリスト内で，レイアウト lx がレイアウト ly よりもまえにあるなら，lx の最初の行は少なくとも ly の最初の行の長さはある．さらに，その2つの行が同じ長さであるなら，同じ主張が2つめの行についてもいえる．以下同様である．

これまでのようなドキュメントの浅い埋め込みによる実装では，最良のレイアウトを見つける関数 pretty は以下のように定義できる．

```
    pretty :: Int -> Doc -> Layout
    pretty w = fst . foldr1 choose . map augment
      where
        augment lx = (lx,shape lx)
        choose alx aly = if better (snd alx) (snd aly) then alx else aly
        better [] ks = True
        better js [] = False
        better (j : js) (k : ks) | j == k    = better js ks
                                 | otherwise = (j <= w)
```

それぞれのレイアウトに形の情報を追加してレイアウト選択のガイドとする．単純な探索によりレイアウトを決定するのに使う．better は前述の比較演算を実装したものである．最後に形の情報は捨てる．

この pretty の定義はとてつもなく効率が悪い．すべてのレイアウトを計算し，確認するからである．改行があるかないかの判断が n 箇所あるとすると，2^n 個のレイアウトを確認しなければならず，実際，かなり遅くなる．実行例を見てみよう．

```
ghci> putStrLn $ pretty 30 $ para pg
This is a fairly short
paragraph with just twenty-two
words. The problem is that
pretty-printing it take time,
in fact 40.83 seconds.
(40.83 secs, 37,322,716,696 bytes)
```

ああ．さらにひどいことに，これより長いパラグラフをプリティプリントしようとするとメモリが足りずGHCiがクラッシュしてしまう．時間計算量，空間計算量ともに指数オーダーになるようなアルゴリズムは受け入れがたい．

ここで必要なのは，1つめの行を w 文字以上先読みせずに決定できる pretty のアルゴリズムである．そのようなアルゴリズムは効率がよく，時間計算量はプリティプリントするドキュメントの大きさに対して線形になるはずである．理想的には計算時間が w とは独立であるべきだが，w に依存したかなり複雑なプログラムでも，指数オーダーより速くなるというなら許容できる．

8.6　項表現

ドキュメントを可能なレイアウトのリストと同一視することの問題は，有用な構造が失われるということである．すべての選択肢をトップレベルのリストとして実装するのではなく，できるだけ深いところに埋め込みたいのである．たとえば，1つのドキュメントを表す2つの式を考えよう．

```
A<0>B<0>D + A<0>B<1>D + A<1>C<0>E + A<1>C<1>E
A(<0>B(<0>D + <1>D) + <1>C(<0>E + <1>E))
```

まえと同様，<0>は1つの空白，<1>は1つの改行を表すものとする．5つの文字は5つの空ではないテキストを表す．4つの選択肢はどれも平らにすればすべて同じドキュメントになるはずだから，B<0>D = C<0>Eでなければならない．（基本的にレイアウトのリストによってドキュメントを表現している）1つめの式で

は4つのレイアウトを比較する．2つめの式ではショートカットできる比較がある．たとえば，共通する接頭辞 A が与えられた行幅に収まらないということがわかれば，最初の2つのレイアウトはその先の比較をするまでもなく破棄できる．さらによいことに，最も内側から最も外側へ向って選択肢を選んでいけば，レイアウトの最初の行だけを比較すればよいことになる．具体的には，まず C<0>E と C<1>E のよいほうを選ぶと，どちらを選んでも，そのあとの選択には影響しないということである．

ドキュメントの構造を保持する方法としてドキュメントを木として表現する．

```
data Doc = Nil
         | Line
         | Text String
         | Nest Int Doc
         | Group Doc
         | Doc :<>: Doc
```

最後の行で中置構成子が使われていることに注意してもらいたい．Haskell では構成子として中置演算子を使える．ただし，コロンで始まらなければならない．コロンで終わる必要はないが，そうしたほうが収まりはよい．この木を**抽象構文木**と呼ぶ．ライブラリ演算のそれぞれが構成子として表現されている．抽象構文木を使った実装は**深い埋め込み**という．

　データ型 Doc の詳細は利用者には公開せず，名前だけを公開する．なぜ詳細を公開しないかを説明するために，本筋からはずれるが Haskell のデータ型について簡単に説明する．Haskell では data 宣言は，値の構成方法を記述することで新しいデータ型を導入するという効果がある．データ型の構成子すなわち**項**のみから構成された式でそのデータ型の値を指定する．さらに，異なる項は異なる値を表し示す（正格性フラグが指定されていないと仮定する）．そのデータ型上の関数を定義するとき，その型の構成子上のパターン照合を使って定義できる．それゆえ，そのデータ型上にどのような演算があるかを主張する必要はなく，単に定義すればよいのである．その値は記述してあるが，演算は記述していない型を**具象**型という．

　抽象データ型では状況が正反対である．演算は指定してあるが，データの構成方法については指定されず，少なくとも公開されていない．たとえば，Float は抽象データ型である．プリミティブな算術演算や比較演算には名前がついており，浮動小数点数を表示する方法にも名前がついているが，そのような値が実際にはどのように表現されているかについては記述されていない．これらの数値上の関数をパターン照合を使って定義できず[*1]，与えられた演算を使うしかない．公開するべきは演算の意図する意味と代数的性質である．しかしながら，Haskell ではそのような意味記述は非形式的なコメントによるしかない．

　これまでのところでは，Doc は具象型である．しかし，この型について理解できていればわかるとおり，異なる項が異なる値を表示しているわけではない．たとえば，それぞれの構成子は対応する演算と置き換えられる．すなわち，

```
nil       = Nil
line      = Line
text s    = Text s
nest i x  = Nest i x
group x   = Group x
x <> y    = x :<>: y
```

[*1] 訳注：数値リテラルでのパターン照合は可能である．

である．これらの演算の代数的性質が保たれるようにしたい．すなわち，以下の等式が成り立たなければならない．

```
(x :<>: y) :<>: z = x :<>: (y :<>: z)
Nest i (Nest j x) = Nest (i + j) x
```

しかし，もちろん，これは成り立たない．解決するにはモジュール構造を使って，Doc の構成子を利用者から隠し，一連の法則が見かけの上で真になるようにする．具体的には，以下が成り立つようにする．

```
layouts ((x :<>: y) :<>: z) = layouts (x :<>: (y :<>: z))
```

ドキュメントを観察できるのは layouts を通じてのみである．利用者側の視点に立てば，2 つのドキュメントが同じレイアウトを生成するなら，その 2 つのドキュメントは本質的に同じドキュメントである．

さて，プログラミングに戻ろう．次に挙げるのは layouts の一定義である．すでに見た layouts の法則と同じであるが，今度は Haskell における正しい定義になっている．

```
layouts :: Doc -> [Layout]
layouts (x :<>: y)   = layouts x <++> layouts y
layouts Nil          = [""]
layouts Line         = ["\n"]
layouts (Text s)     = [s]
layouts (Nest i x)   = map (nestl i) (layouts x)
layouts (Group x)    = layouts (flatten x) ++ layouts x
```

関数 flatten も同様に以下のように定義する．

```
flatten :: Doc -> Doc
flatten (x :<>: y) = flatten x :<>: flatten y
flatten Nil        = Nil
flatten Line       = Text " "
flatten (Text s)   = Text s
flatten (Nest i x) = flatten x
flatten (Group x)  = flatten x
```

このように定義することにより，件の 24 の法則は，定義によって成り立つか，もしくは前述の layouts による観測のうえで成り立つかのいずれかとなる．

この layouts の定義は単純であるが，不必要に効率が悪い．効率が悪いのには 2 つ理由がある．1 つめは，以下のような関数 egotist を考えてみるとわかる．

```
egotist :: Int -> Doc
egotist n | n == 0    = nil
          | otherwise = egotist (n - 1) <> text "me"
```

egotist n は退屈なドキュメントで，唯一のレイアウトは me を n 回繰り返した文字列である．ところで，この定義は Nil と (:<>:) と Text を使って構成することもできた．しかし，先ほど述べたようにそれらの構成子は公開しない予定である．それでも現段階では，egotist はライブラリの利用者が定義できている．

189

閑話休題，要点は(<>)演算は左結合であり，egotistのレイアウトを計算するには$\Theta(n^2)$ステップかかるということである．これは，<>演算が左側に積まれていることが原因である．すなわち，foldlを使ってconcatを定義すると，++演算が左側に積まれるために，foldrを使って定義したconcatより著しく効率が悪くなるのと同じ状況である．

効率を悪くしている，2つめの原因は，入れ子にすることにある．たとえば，以下のように定義されたegoistという関数を考えよう．

```
egoist :: Int -> Doc
egoist n | n == 0    = nil
         | otherwise = nest 1 (text "me" <> egoist (n - 1))
```

目につくところには，どこにも改行がないので，egoist nはegotist nと同じ退屈なドキュメントである．しかし，連結が右結合しているにもかかわらず，レイアウトを構成するには2乗オーダーの手間がかかる．各入れ子演算ごとにドキュメント全体が走査されている．実際に実行してその様子を確かめてみよ．

1つめの問題を解決するには，連結演算を遅延することである．それには，連結で構成されたドキュメントを構成要素であるドキュメントのリストとして表す．2つめの問題を解決するには，入れ子演算を遅延することである．それには，必要になったときに適用する字下げとその適用対象のドキュメントを対にして入れ子になったドキュメントを表現する．この2つの解法をまとめてドキュメントを字下げ-ドキュメント対のリストで表す．具体的には以下の関数toDocを考える．

```
toDoc :: [(Int, Doc)] -> Doc
toDoc ids = foldr (:<>:) Nil [Nest i x | (i, x) <- ids]
```

これで以下のような関数layrの定義を運算し，layrをもとに新しい版のlayoutsを定義できる．

```
layr = layouts . toDoc
```

詳細は練習問題とすることにして，結果を示すと以下のとおり．

```
layouts x = layr [(0,x)]

layr []                      = [""]
layr ((i, x :<>: y) : ids)   = layr ((i, x) : (i, y) : ids)
layr ((i, Nil) : ids)        = layr ids
layr ((i, Line) : ids)       = ['\n' : replicate i ' ' ++ ls | ls <- layr ids]
layr ((i, Text s) : ids)     = [s ++ ls | ls <- layr ids]
layr ((i, Nest j x) : ids)   = layr ((i + j, x) : ids)
layr ((i, Group x) : ids)    = layr ((i, flatten x) : ids) ++ layr ((i, x) : ids)
```

この定義はそれぞれのレイアウトに対して線形時間である．同じ枠組みで，最良のレイアウトを1つだけ選択するprettyが定義できる．

```
pretty w x = best w [(0, x)]
  where
    best r []                  = ""
    best r ((i, x :<>: y) : ids) = best r ((i, x) : (i, y) : ids)
    best r ((i, Nil) : ids)    = best r ids
    best r ((i, Line) : ids)   = '\n' : replicate i ' ' ++ best (w - i) ids
    best r ((i, Text s) : ids) = s ++ best (r - length s) ids
    best r ((i, Nest j x) : ids) = best r ((i + j, x) : ids)
    best r ((i, Group x) : ids) = better r (best r ((i, flatten x) : ids))
                                         (best r ((i, x) : ids))
```

best の 1 つめの引数は現在の行で使える残りの文字数である．この関数が pretty の局所関数として定義されているのは，最大行幅を追加の引数として持ち回らなくてもよいようにである．

まだ better r lx ly をどう計算するかという問題が残っている．ここでは，lx の 1 つめの行は ly の 1 つめの行以上の長さがあるという事実が使える．したがって，lx の 1 つめの行の長さと r を比べれば，十分である．lx の 1 つめの行が r の幅に収まれば，lx を採用し，そうでなければ，ly を採用する．したがって定義は以下のようになる．

```
better r lx ly = if fits r lx then lx else ly
```

しかし，lx の 1 つめの行の全体の長さを計算するのはやりすぎなのでそうしたくない．もっと計算をケチってみよう．

```
fits r _  | r < 0 = False
fits r []         = True
fits r (c : cs)   = if c == '\n' then True
                   else fits (r - 1) cs
```

まったく同じ理由で better の 2 つめと 3 つめの引数も遅延評価する．すなわち，2 つのレイアウトはどちらがよいか決定するのに必要な分のみを計算し，それ以上は計算しない．

もう 1 度，件のパラグラフで試してみよう．

```
This is a fairly short
paragraph with just twenty-two
words. The problem is that
pretty-printing it take time,
in fact 40.83 seconds.
(0.02 secs, 592,336 bytes)
```

かなりの改善である．練習問題 L では pretty の実行時間について何がいえるかを議論する．

最後に，この小さなライブラリをモジュールにまとめよう．以下がモジュール宣言部である．

```
module Pretty
    ( Doc, Layout
    , nil, line, text
    , nest, (<>), group
    , layouts, pretty, layout) where
```

モジュール名は Pretty で，上の宣言とライブラリ関数の定義を含むソースファイル名は Pretty.hs[*2]としなければならない．

このモジュールは 11 個の実体をエクスポートする．最初にドキュメントに対応する抽象型名 Doc をエクスポートする．この型のデータ構成子はエクスポートされない．（ところで，すべてのデータ構成子をエクスポートしたいのなら，エクスポートリストには Doc (..) と書いてもよい．また，Nil と Line という 2 つのデータ構成子だけをエクスポートしたければ，Doc (Nil, Line) と書けばよい．）次に String の別名として Layout という名前がある．続いて，上で定義した定数と関数が 8 個ある．最後の関数 layout はレイアウトを表示するために使う．

```
layout :: Layout -> IO ()
layout = putStrLn
```

これで全部である．もちろん実際に役に立つライブラリにするには，ほかにもコンビネータを追加して提供すべきである．たとえば，以下のようなものを提供すべきであろう．

```
(<+>), (<|>) :: Doc -> Doc -> Doc
x <+> y = x <> text " " <> y
x <|> y = x <> line <> y

spread,stack :: [Doc] -> Doc
spread = foldr (<+>) nil
stack = foldr (<|>) nil
```

読者はほかにもたくさん提供するものを考えていることだろう．

8.7　練習問題

練習問題 A

あるドキュメントを以下の 3 つの方法だけでレイアウトしたいという好みのうるさいライブラリ利用者がいる．

```
A B C        A B          A
             C            B C
```

ライブラリで与えられた関数でこの利用者は望みをかなえられるか．

[*2] 訳注：文芸的 Haskell スクリプトの場合は Pretty.lhs

練習問題 B

1つのドキュメントのレイアウトは，複数存在することがあり，リストで表現する．すべてのレイアウトは異なるものになるか．すべてのレイアウトが異なるものであることを証明するか反例を示すかせよ．ところで，どのドキュメントも空ではないレイアウト集合を持つというのは法則から自明であるか．

練習問題 C

この問題も含め続く4題は8.3節の浅い埋め込みに関する問題である．等式論証により以下を証明せよ．

```
nest i . nest j = nest (i + j)
```

nestl に関する補助的な結果が必要になるが，それについては証明しなくてよい．

練習問題 D

前問の続きである．（ポイントワイズに）等式論証を使って以下を証明せよ．

```
nest i (group x) = group (nest i x)
```

ここでも補助的な結果が必要となる．

練習問題 E

前問に続き，

```
flatten . group = flatten
```

を証明せよ．補助的結果が必要になる．

練習問題 F

最後の法則，

```
flatten . nest i = flatten
```

を証明せよ．ここでもまた，補助的結果が必要になる．

練習問題 G

本文ではプレリュード関数 lines は文字列を改行文字のところで分割すると説明した．実は，lines は改行文字を終端子として扱っている．したがって，lines "hello" も lines "hello\n" も同じ結果になる．改行文字を区切り子として扱うこと，すなわち，行数は常に改行文字の数よりも1つ多いとすることがよい定義であるかどうかは議論の余地がある．このようなふるまいをする lines 関数を定義せよ．以下ではこちらの新しい定義が必要となる．

さて，map shape をドキュメントのレイアウトに適用すると辞書順で降順となる整数のリストの並びになることの証明は，次のような段階を踏めばよい．まず，以下を定義する．

```
msl   = map shape . layouts
shape = map length . lines
```

ここで，lines は上のように改訂したものである．証明すべきは，msl がすべてのドキュメント上で降順の並びを返すということである．この目標を達成するためには以下を満たす関数 nesty および groupy を定義すべきである．

  nesty i . msl = msl . nest i
  groupy . msl = msl . group

また，以下を満たす演算 <+> も定義する．

  msl x <+> msl y = msl (x <> y)

(改訂版の lines の定義を必要とするのはまさにこの等式である．) そうしておいて，xs および ys が降順であれば，nesty i xs も groupy xs も xs <+> ys も降順であることを示せば証明が完了する．しかし，ここでの問題は nesty, groupy, <+> の定義を構成せよということである．

練習問題 H

8.6 節で抽象構文木として表現した Doc の要素をどのようにレイアウトするかを示す関数 doc :: Doc -> Doc を書け．

練習問題 I

layouts で作ったリストから，すべての行が与えられた幅に収まる最初のレイアウト，そのような行がなければ最後のレイアウトを最良のものとして選択する関数 prettybad を考える．この prettybad は pretty と同じレイアウトを返すか．(ヒント：段落について考えよ．)

練習問題 J

Doc のデータ構成子の代数的性質を用いて，layouts の効率のよい版を運算で導け．

練習問題 K

本文では pretty w が最適になるように設計した．すなわち，行のはみ出す可能性があるところすべてで，それを回避するために改行を選択するということである．また同時に，pretty w には上限がある．すなわち，次の行をどのように選択するかに関しては，入力を次の w 文字以上見ることなく行うということである．だとすれば，以下を GHCi で評価すると何が表示されるか．

  layout $ pretty 5 $ para pg
  layout $ pretty 10 $ cexpr ce

ただし，

  pg = "Hello World!" ++ undefined
  ce = If "happy" (Expr "great") undefined

である．

練習問題 L

ドキュメントのサイズとは何であるかに言及せずに x のサイズと pretty w x の計算量を関連づけることはできない．以下は妥当なサイズの測り方である．

```
size :: Doc -> Int
size Nil          = 1
size Line         = 1
size (Text s)     = 1
size (Nest i x)   = 1 + size x
size (x :<>: y)   = 1 + size x + size y
size (Group x)    = 1 + size x
```

この定義のもとでは以下の 2 つのドキュメントのサイズはともに 4 である．

```
nest 20 (line <> text "!")
nest 40 (line <> text "!")
```

しかし，2 つめのレイアウトを生成するには 2 倍の時間がかかる．したがって，pretty の計算量はドキュメントのサイズに比例するとはいえない．

pretty に最終的なレイアウトの文字列を生成させる代わりに，レイアウト用のデータ型を以下のように定義してこれを生成するようにする．

```
data Layout = Empty
            | String String Layout
            | Break Int Layout
```

さらに，`layout :: Layout -> String` を以下のように定義する．

```
layout Empty          = ""
layout (String s x)   = s ++ layout x
layout (Break i x)    = '\n' : replicate i ' ' ++ layout x
```

新たな関数 prettyl は文字列ではなく Layout を生成するとすると，以下が成り立つものとする．

```
pretty w = layout . prettyl w
```

prettyl を定義せよ．

より公正な質問に変えよう．prettyl w x の時間計算量はドキュメント x のサイズに関して線形であるか．

8.8 練習問題の解答

練習問題 A の解答

かなえられない．A<0>B<1>C と A<1>B<0>C の両方を可能にするためには A<0>B<0>C と A<1>B<1>の両方が可能でなければならない[*3]．これら4つのレイアウトは以下の式で与えられる．

```
group (A <> line <> B) <> group (line <> C)
```

練習問題 B の解答

あるドキュメントのレイアウトは必ずしもすべてが異なるとはかぎらない．たとえば，

```
layouts (group (text "hello")) = ["hello","hello"]
```

である．ドキュメントがどれも空ではないレイアウト集合を持つことは自明である．`layouts` に関する法則を見てみよう．基本ドキュメントは空ではないレイアウトのリストを持つ．この性質は他の演算によっても保存される．

練習問題 C の解答

運算は以下のとおり．

```
    nest i . nest j
=     {nest の定義}
    map (nestl i) . map (nestl j)
=     {map のファンクタ則}
    map (nestl i . nestl j)
=     {主張}
    map (nestl (i + j))
=     {nest の定義}
    nest (i + j)
```

ここで使った主張は `nestl i . nestl j = nestl (i + j)` である．この主張は以下の性質から短い運算で導ける．

```
indent (i + j) = concat . map (indent i) . indent j
```

証明は省略する．

練習問題 D の解答

論証は以下のとおり．

[*3] 訳注：3つだけに限定できない．

```
           nest i (group x)
   =   {group の定義}
           nest i (flatten x ++ x)
   =   {nest i = map (nestl i) であるから}
           nest i (flatten x) ++ nest i x
   =   {主張}
           flatten (nest i x) ++ nest i x
   =   {group の定義}
           group (nest i x)
```

主張は以下による.

```
           nest i . flatten
   =   {flatten x には改行が含まれないから}
           flatten
   =   {flatten . nest i = flatten (練習問題 F) だから}
           flatten . nest i
```

練習問題 E の解答

one x = [x] とすれば, 論証は以下のとおり.

```
           flatten . group
   =   {flatten および group の定義}
           one . flattenl . flattenl . head
   =   {主張}
           one . flattenl . head
   =   {flatten の定義}
           flatten
```

主張は flattenl は冪等性を持つというものである.

```
   flattenl . flattenl = flattenl
```

これは flattonl が改行を含まないレイアウトを返すことから導ける.
　ところで, ドキュメントのレイアウトはすべて平らにすると同じ文字列になることを確実にしているのはこの flattenl の冪等性である. 複数のレイアウトを生成する関数は group だけである. その定義は,

```
   group x = flatten x ++ x
```

である. それゆえに, 示すべきは, このリストの 1 つめの要素を平らにすると 2 つめの要素を平らにしたときと同じ文字列がえられるということである. したがって, 以下を示す必要がある.

```
   flattenl . head . flatten = flattenl . head
```

練習問題 F の解答

以下のように論証する.

```
    flatten . nest i
=   {定義}
    one . flattenl . head . map (nestl i)
=   {head . map f = f . head であるから}
    one . flattenl . nestl i . head
=   {主張}
    one . flattenl . head
=   {flatten の定義}
    flatten
```

ここで使った主張は `flattenl . nestl i = flattenl` である.

練習問題 G の解答

新しい `lines` は以下のように定義できる.

```
lines xs = if null zs then [ys] else ys : lines (tail zs)
           where
               (ys, zs) = break (== '\n') xs
```

関数 `groupy` は以下のように定義する.

```
groupy :: [[Int]] -> [[Int]]
groupy (xs : xss) = [sum xs + length xs - 1] : xs : xss
```

関数 `nesty` は以下のとおり.

```
nesty :: Int -> [[Int]] -> [[Int]]
nesty i = map (add i)
          where
              add i (x : ys) = x : [i + y | y <- ys]
```

関数 `(<+>)` は以下のように定義する.

```
(<+>) :: [[Int]] -> [[Int]] -> [[Int]]
xss <+> yss = [glue xs ys | xs <- xss, ys <- yss]
              where
                  glue xs ys = init xs
                               ++ [last xs ++ head ys]
                               ++ tail ys
```

練習問題 H の解答

以下のように定義できる．これ以上改良はできない．
```
doc :: Doc -> Doc
doc Nil        = text "Nil"
doc Line       = text "Line"
doc (Text s)   = text ("Text " ++ show s)
doc (Nest i x) = text ("Nest " ++ show i) <>
                 group (nest 2 (line <> paren (doc x)))
doc (x :<>: y) = doc x <> text " :<>:" <>
                 group (line <> nest 3 (doc y))
doc (Group x)  = text "Group " <>
                 group (nest 2 (line <> paren (doc x)))

paren x        = text "(" <> nest 1 x <> text ")"
```

練習問題 I の解答

常に同じレイアウトを返すわけではない．段落中で最長の単語が行の幅よりも 1 文字分だけ長い場合を考えよう．このとき，prettybad はすべての単語を 1 行にレイアウトするが，pretty は収まる分だけ単語を行に詰め込む．たとえば，
```
ghci> putStrLn $ pretty 11 $ para pg
A lost and
lonely
hippopotamus
went into a
bar.
```
である．

練習問題 J の解答

まず，layouts x = layr [(0, x)] を示す．
```
   layr [(0, x)]
=    {layr の定義}
   layouts (toDoc [(0, x)])
=    {toDoc の定義}
   layouts (Nest 0 x :<>: Nil)
=    {Doc に関する法則}
   layouts x
```

残るは layr の再帰定義である．ここでは 2 つの節だけ示す．

```
    toDoc ((i, Nest j x) : ids)
=     {toDoc の定義}
    Nest i (Nest j x) :<>: toDoc ids
=     {法則}
    Nest (i + j) x :<>: toDoc ids
=     {toDoc の定義}
    toDoc ((i + j, x) : ids)
```

であるから，layr ((i, Nest j x) : ids) = layr ((i + j, x) : ids) である．次に，

```
    toDoc ((i, x :<>: y) : ids)
=     {toDoc の定義}
    Nest i (x :<>: y) :<>: toDoc ids
=     {法則}
    Nest i x :<>: Nest i y :<>: toDoc ids
=     {toDoc の定義}
    toDoc ((i, x) : (i, y) : ids)
```

である．したがって，layr ((i, x :<>: y) : ids) = layr ((i, x) : (i, y) : ids) である．

練習問題 K の解答

```
ghci> layout $ pretty 5 $ para pg
Hello
World!*** Exception: Prelude.undefined
ghci> layout $ pretty 10 $ cexpr ce
if happy
then great
else *** Exception: Prelude.undefined
```

練習問題 L の解答

定義は以下のとおり.

```
prettyl :: Int -> Doc -> Layout
prettyl w x = best w [(0, x)]
  where
    best r []                    = Empty
    best r ((i, Nil) : ids)      = best r ids
    best r ((i, Line) : ids)     = Break i (best (w - i) ids)
    best r ((i, Text s) : ids)   = String s (best (r - length s) ids)
    best r ((i, Nest j x) : ids) = best r ((i + j, x) : ids)
    best r ((i, x :<>: y) : ids) = best r ((i, x) : (i, y) : ids)
    best r ((i, Group x) : ids)  = better r (best r ((i, flatten x) : ids))
                                            (best r ((i, x) : ids))
```

ここで better は以下のように変更してある.

```
better r lx ly = if fits r (layout lx) then lx else ly
```

better r を計算するのに必要なステップ数は r に比例し, たかだか w である. これで best が線形時間であれば prettyl も線形時間である. best の 2 つめの引数は字下げ-ドキュメント対のリストである. このリストのサイズは以下のように定義できる.

```
isize ids = sum [size x | (i, x) <- ids]
```

内部定義されている best のうち 5 つの節のそれぞれでサイズが 1 増加している. たとえば,

```
isize ((i, x :<>: y) : ids) = size (x :<>: y) + isize ids
                            = 1 + size x + size y + isize ids
                            = 1 + isize ((i, x) : (i, y) : ids)
```

したがって, $T(s)$ をサイズ s の入力に対して best r の計算時間を表すとすれば, best 定義の最初の節について $T(0) = \Theta(1)$, そのあとの 5 つの節について $T(s+1) = \Theta(1) + T(s)$, かつ最後の節について, better w の計算は w に比例することから,

$$T(s+1) = \Theta(w) + maximum[T(k) + T(s-k) \mid k \leftarrow [1..s-1]]$$

が成り立つ. これにより $T(s) = \Theta(ws)$ が導かれる. 結果, ここに示した pretty のアルゴリズムは線形時間であるが, w と独立ではないということになる.

8.9 章末ノート

本章ではプリティプリンタはライブラリであるが，同時に埋め込み特定領域言語（EDSL：embedded domain specific language）ともいえる．ホスト言語 Haskell に埋め込まれたドキュメントを整形印字するための言語というわけである．Haskell が次々と成功を収めている理由は特別なはからいをしなくてもさまざまな EDSL をホストできる能力のおかげだと多くの人々が信じている．

本章で扱った題材の細部は Philip Wadler の仕事に密接に準拠している．これについては，A prettier printer (*Cornerstones of Computing Series, The Fun of Programming*, Palgrave MacMillan, 2003)[*4]を参照してもらいたい．主な相違点は，Wadler のものは Doc の項表現で選択演算子を陽に用いている点である（ただし，利用者からは隠蔽されている）．本章のものは代わりにデータ構成子 `Group` を用いている．Jeremy Gibbons が後者の方法のほうが深い埋め込みという考えかたにあっていると指摘してくれた．

早い時期の関数的プリティプリンタライブラリには本章のものとは異なるコンビネータ集合を用いたものがあり，John Hughes が The design of a pretty-printer library (Johan Jeuring and Erik Meijer, editors *Advanced Functional Programming* volume 925 of *LNCS*, Springer, 1995) で説明している．この Hughes のライブラリをのちに Simon Peyton Jones が Haskell の `Text.PrettyPrint.HughesPJ` モジュールとして再構成した．関数スタイルではなく命令スタイルのプリティプリントライブラリとしては，35 年ほどまえに Derek Oppen が作成したものがある (Pretty-printing, *ACM Transactions on Programming Languages and Systems* 2(4), pp.465-483, 1980)．このライブラリは多くの言語でプリティプリント機能の基本として使われている．より最近のもので関数スタイルの効率のよいプリティプリントのアルゴリズムについては，Olaf Chitil が Pretty printing with lazy dequeues (*ACM Transactions on Programming Languages and Systems* 27(1), pp.163-184, 2005) で説明している．また，Olaf Chitil と Doaitse Swierstra による Linear, bounded, functional pretty-printing (*Journal of Functional Programming* 19(1), pp.1-16, 2009) がある．これらのアルゴリズムは本章のものに比べるとはるかに複雑である．

[*4] 邦訳：『関数プログラミングの楽しみ』(2010 年，オーム社) 第 11 章「もっと整ったプリティプリンタ」

第9章
無限リスト

無限リストについては4章ですでに出てきている．さらに無限リスト上の論証における帰納法の原理については6章で説明した．しかし，無限リストを使って何ができるのかということについてはほんとうに理解したわけではない．この章では無限リストとは何かについてより詳しく説明し，**循環構造**を用いて表現する方法について説明する．さらに，無限リストに関する論証をするための別の方法について説明し，無限リストや循環リストを使って効率をよくする興味深い例をいくつも議論しよう．

9.1 復習

[m..]がm以降のすべての整数の無限リストであることを思い出してもらいたい．

```
ghci> [1..]
[1,2,3,4,5,6,7 Interrupted.
ghci> zip [1..] "hallo"
[(1,'h'),(2,'a'),(3,'l'),(4,'l'),(5,'o')]
```

[1..]の表示はいつまでたっても終わらないので，1つめの計算は中断した．2つめの例は単純であるが，有限の計算で無限リストを扱う典型的な例である．

Haskellでは算術式[m..]はenumFrom mに変換される．enumFromはEnumクラスのメソッドで，ここでは以下のように定義されているとしてよい．

```
enumFrom :: Integer -> [Integer]
enumFrom m = m : enumFrom (m + 1)
```

したがって，[m..]は再帰的に定義された関数の具体例として定義されている．(:)は2つめの引数に対して非正格なので，計算は少しずつ進む．

大事なことは，計算機上の無限リストは数学での無限集合と同じ性質ではないことを心にとめておくことである．たとえば，集合論では

$$\{x \mid x \in \{1, 2, 3, ...\}, x^2 < 10\}$$

は集合$\{1, 2, 3\}$を表すが，Haskellの無限リストでは

```
ghci> [x | x <- [1..], x * x < 10]
[1,2,3
```

のように，最初の 3 要素を表示したあとは，次の 2 乗が 10 未満の数を求めて無限ループに陥る．上の式の値は擬リスト 1:2:3:undefined である．

無限リストの無限リストというのも可能である．たとえば，

```
multiples = [map (n *) [1..] | n <- [2..]]
```

は最初の 3 つの要素が以下のようになる数値の無限リストの無限リストを定義したものである．

```
[2,4,6,8,...] [3,6,9,12,...] [4,8,12,16,...]
```

上のリストのリストをマージして単一リスト [2..] に戻せるかを考えてみよう．2 つの無限リストを以下のようにマージする．

```
merge :: Ord a => [a] -> [a] -> [a]
merge (x : xs) (y : ys) | x <  y = x : merge xs (y : ys)
                       | x == y = x : merge xs ys
                       | x >  y = y : merge (x : xs) ys
```

この版の merge は重複を取り除く．2 つの引数がともに厳密増加順になっていれば，結果も厳密増加順になる．merge が空リストに対応する節がないことに留意してもらいたい．これで，

```
mergeAll = foldr1 merge
```

と定義すれば，mergeAll multiples は無限リスト [2..] を返してくれそうな気がする．しかし，そうはならない．何が起こるかといえば，計算機は 1 つめの要素を計算しようとして無限ループに陥って黙ってしまう．すなわち，

```
minimum (map head multiples)
```

を計算しようとしているのである．無限リストの最小要素を計算するのは不可能ということである．mergeAll をこのように定義するのではなく，map head multiples が厳密増加順になっていることを利用して，以下のように定義しなければならない．

```
mergeAll = foldr1 xmerge
xmerge (x : xs) ys = x : merge xs ys
```

この定義を使えば，mergeAll multiples は，確かに [2..] を返す．

最後に，6 章で説明した無限リストに関する事実を証明するための帰納法の原理を思い出しておこう．P が連鎖完備の表明であるとすると，任意の無限リスト xs について $P(\text{xs})$ が成り立つことを証明するには以下の 2 つを示せばよい．(i) $P(\text{undefined})$ が成り立つ．(ii) 任意の x, xs について $P(\text{xs})$ が成り立てば，$P(\text{x:xs})$ が成り立つ．この原理を使って，6 章では，任意の無限リスト xs について xs ++ ys = xs であることを証明した．しかし，帰納法をどのように使って証明を行うかは必ずしも自明ではない．たとえば，

```
map fact [0..] = scanl (*) 1 [1..]
```

を考える．任意の n について，

```
map fact [0..n] = scanl (*) 1 [1..n]
```

は自明な証明であるが，これから 1 つめの恒等式が成り立つとはいえないだろう．

9.2　循環リスト

データ構造は，関数と同じように再帰的に定義できる．たとえば，

```
ones :: [Int]
ones = 1 : ones
```

これは再帰定義された**循環**リストの例である．対照的なのは

```
repeat x = x : repeat x
```

としたとき，ones = repeat 1 とした場合である．この ones の定義は循環リストではなく無限リストを生成する．

```
repeat x = xs where xs = x : xs
```

と定義することもできた．この repeat の定義は循環リストを使っている．2 つめの定義（これを repeat2 とする）は 1 つめの定義（これを repeat1 とする）よりオーバーヘッドが少なく計算は速い．

```
ghci> last $ take 10000000 $ repeat1 1
1
(1.53 secs, 1,200,106,936 bytes)
ghci> last $ take 10000000 $ repeat2 1
1
(0.11 secs, 560,107,248 bytes)
```

別の例を挙げてみよう．標準プレリュード関数 iterate を以下の 3 つの方法で定義してみる．

```
iterate1 f x = x : iterate1 f (f x)
iterate2 f x = xs where xs = x : map f xs
iterate3 f x = x : map f (iterate3 f x)
```

どれも型は (a -> a) -> a -> [a] で f を x に繰り返し適用した無限リストを生成する．この 3 つの関数は等しいが，先ほどの帰納法の原理を適用すべき自明な引数がないので，その表明を証明するのには使えないように思える．この点については後述することにする．1 つめの定義は標準プレリュードの定義であるが，これは循環リストを生成しない．2 つめの定義は循環リストを生成する．3 つめの定義は 2 つめの定義から where 節を除去してえたものである．f x が定数時間で計算できるものと仮定すると，1 つめの定義では最初の n 項を計算するのに $\Theta(n)$ ステップかかるが，3 つめの定義では $\Theta(n^2)$ ステップかかる．

```
　 iterate3 (2 *) 1
= 1 : map (2 *) (iterate3 (2 *) 1)
= 1 : 2 : map (2 *) (map (2 *) (iterate3 (2 *) 1))
= 1 : 2 : 4 : map (2 *) (map (2 *) (map (2 *) (iterate3 (2 *) 1)))
```

n 番目の要素を計算するのに n 回 (2*) を適用している．したがって，最初の n 個の要素を計算するのに

$\Theta(n^2)$ かかる.

2つめの定義だとどうだろうか. 線形時間か2乗時間か. iterate2 (2*) 1 の計算は以下のように続く.

```
    xs where xs = 1 : map (2 *) xs
  = 1 : ys where ys = map (2 *) (1 : ys)
  = 1 : 2 : zs where zs = map (2 *) (2 : zs)
  = 1 : 2 : 4 : ts where ts = map (2 *) (4 : ts)
```

各要素は定数時間で計算される. したがって, iterate2 (2 *) 1 は n 個の要素を生成するのに $\Theta(n)$ ステップかかる.

ここですべての素数を含む無限リストを生成する循環リストを開発してみよう. まず以下の定義から始める.

```
primes = [2..] \\ composites

composites = mergeAll multiples

multiples = [map (n *) [n..] | n <- [2..]]
```

ここで (\\) は1つの厳密増加リストを別の厳密増加リストから引く演算で以下のように定義する.

```
(x : xs) \\ (y : ys) | x <  y = x : (xs \\ (y : ys))
                    | x == y = xs \\ ys
                    | x >  y = (x : xs) \\ ys
```

ここで multiples は4以上の2の倍数すべて, 9以上の3の倍数すべて, 16以上の4の倍数すべて, 以下同様に含む. このリストをマージするとすべての合成数を含む無限リストになる. mergeAll の定義は前節でみたものである.

ここまではうまくいっている. しかし, マージする合成数の数が多すぎることを鑑みれば, このアルゴリズムは何倍も速くできる可能性がある. たとえば, 2の倍数としては4の倍数, 6の倍数などを生成する必要はないなどである. やりたいことは, 素数の倍数を構成することである. これは「再帰の結び目をつくる」というアイデアにつながる.

```
primes = [2..] \\ composites
  where
    composites = mergeAll [map (p *) [p..] | p <- primes]
```

できたのは primes の循環定義である. よくできているように見えるが, 正しく動くだろうか. 残念ながら, うまくいかない. primes が生成するのは未定義リストである. primes の最初の要素を決定するためには composites の最初の要素が必要で, これは primes の最初の要素を必要とする. したがって, 計算は無限ループに陥る. この問題を解決するには計算の呼び水 (pump-prime) が必要である. すなわち, 最初の素数は明示的に与えるのである. 定義を以下のように書き換える.

```
primes = 2 : ([3..] \\ composites)
  where
    composites = mergeAll [map (p *) [p..] | p <- primes]
```

しかし，これでもまだ素数がでてこない．その理由は，微妙で気付きにくいものである．以下の定義を見なければならない．

```
mergeAll = foldr1 xmerge
```

犯人は`foldr1`関数である．この関数の定義が以下であったことを思い出してもらいたい．

```
foldr1 :: (a -> a -> a) -> [a] -> a
foldr1 f [x]      = x
foldr1 f (x : xs) = f x (foldr1 f xs)
```

2つの定義等式の順序は重要である．リストの引数は最初に`x:[]`と照合しようとするから，その結果は未定義になる．

```
foldr1 f (x : undefined) = undefined
```

である．すなわち，

```
mergeAll [map (p *) [p..] | p <- 2 : undefined] = undefined
```

である．しかし，

```
mergeAll [map (p *) [p..] | p <- 2 : undefined] = 4 : undefined
```

となって欲しい．このように振る舞うようするには，`mergeAll`の定義を以下のようにしなければならない．

```
mergeAll (xs:xss) = xmerge xs (mergeAll xss)
```

こうすれば以下が成り立つ．

```
  mergeAll [map (p *) [p..] | p <- 2 : undefined]
= xmerge (map (2 *) [2..]) undefined
= xmerge (4 : map (2 *) [3..]) undefined
= 4 : merge (map (2 *) [3..]) undefined
= 4 : undefined
```

この版の`mergeAll`は有限リストに対して，まえの版と異なる振る舞いをする．なぜか．

　この最後の変更があれば，`primes`はギアが入り，素数を生成するようになる．しかし，この主張をどうやって証明すればいいのだろうか．この疑問に答えるには，Haskellにおける再帰的に定義された関数や値の意味について知らなければならないことがある．また，無限リストを部分近似の極限として定義する方法についても知らなければならない．

9.3 極限としての無限リスト

数学ではある種の値をより単純な値での無限近似列の極限として定義する．たとえば，無理数

$$\pi = 3.14159265358979323846\cdots$$

は以下のような無限有理数近似列の極限として定義できる．

$$3, 3.1, 3.14, 3.141, 3.1415, \ldots$$

この近似列の最初の要素 3 はかなり大雑把な π の近似値である．次の要素 3.1 は少し改善され，3.14 はさらに改善されている．以下同様に続く．

同様に無限リストは近似列の極限とみなせる．たとえば，無限リスト [1..] は以下の擬リストの無限列の極限である．

$$\bot, 1:\bot, 1:2:\bot, 1:2:3:\bot, \ldots$$

ここでもまた，近似列は極限に向かうにつれどんどんよくなる．最初の項 $\bot$ は未定義の値であり，つまりは最も大雑把な近似で，極限についてなにも語ってはいない．次の項，$1:\bot$ はほんの少しよい近似，最低でも極限の最初の要素は 1 であることを示しているが，それよりあとのリストについてはなにも語っていない．さらにその次の項 $1:2:\bot$ はさらに少しよくなっている．以下同様．各項は $\bot$ がより詳しく定義された値（すなわち極限についてより多くの情報を持つ値）に置き換わるたびによい近似になっていく．

以下は同じく極限 [1..] を持つ近似列である．

$$\bot, 1:2:\bot, 1:2:3:4:\bot, 1:2:3:4:5:6:\bot, \ldots$$

この近似列は先に挙げたものの部分列であるが同じ極限に収束する．

以下は 1 つの極限には収束しない近似列である．

$$\bot, 1:\bot, 2:1:\bot, 3:2:1:\bot, \ldots$$

この近似列の問題は情報が衝突していることである．2 つめの項は極限が 1 で始まるといっている．ところが，3 つめの項は極限が 2 で始まるといっている．以下同様である．どの近似も向かうべき極限についてなにも語っていない．この列は収束しないのである．

リストの列の極限は必ずしも無限になるわけではない．たとえば，

$$\bot, 1:\bot, 1:[\,], 1:[\,], \ldots$$

という列は最初の 2 項よりあとはすべて [1] である．この列は極限が [1] の完全に正しい列である．同様に，

$$\bot, 1:\bot, 1:2:\bot, 1:2:\bot, \ldots$$

は極限 $1:2:\bot$ の列である．有限リストおよび擬リストは，有限個の相異なる要素しか持たない列の極限である．

擬リストの無限列がある極限に収束するという性質を形式化するには，それぞれの型の要素上に**近似順序**（approximation ordering）という概念 $\sqsubseteq$ を導入する．$x \sqsubseteq y$ という表明は x は y の近似であるという意味である．順序 $\sqsubseteq$ は反射的（$x \sqsubseteq x$），推移的（$x \sqsubseteq y$ かつ $y \sqsubseteq z$ ならば $x \sqsubseteq z$），反対称的（$x \sqsubseteq y$ かつ

$y \sqsubseteq x$ ならば $x = y$) である．しかしながら，すべての要素対が $\sqsubseteq$ で比較可能というわけではない．すなわち，$\sqsubseteq$ は半順序（partial ordering）である．ここで注意してもらいたいのは，$\sqsubseteq$ は＝のような数学の演算子であって，Haskell の演算子のように結果として論理値を返すものではないということである．

数値，論理値，文字およびその他の列挙型上の近似順序は以下のように定義する．

$$x \sqsubseteq y \equiv (x = \bot) \lor (x = y)$$

1 つめの節は $\bot$ はあらゆるものの近似であるということである．すなわち，$\bot$ はこの順序の**底**（bottom）要素であるということである．そういうわけで，$\bot$ をボトムと呼ぶ．$\bot$ は，すべての型において $\sqsubseteq$ に関する底要素である．上に述べた順序のことを**平坦**（flat）な順序という．平坦な順序においては，値に関してわかるはずのことはすべてわかっているか，なにもわからないかのどちらかである．

型 (a, b) 上の近似順序は，以下の 2 つの条件で定義される．

$$\bot \sqsubseteq \text{(x, y)}$$
$$\text{(x, y)} \sqsubseteq \text{(x}', \text{y}') \equiv (\text{x} \sqsubseteq \text{x}') \land (\text{y} \sqsubseteq \text{y}')$$

右辺の $\sqsubseteq$ はそれぞれ型 a と型 b 上の順序を表している．それぞれの構成要素上の $\sqsubseteq$ が平坦であっても，(a, b) 上の順序 $\sqsubseteq$ は平坦ではない．たとえば，(Bool,Bool) では以下のような要素が互いに異なる連鎖がある．

$$\bot \sqsubseteq (\bot, \bot) \sqsubseteq (\bot, \text{False}) \sqsubseteq (\text{True}, \text{False})$$

Haskell では対 $(\bot, \bot)$ と $\bot$ とは区別されることに注意してもらいたい．

```
ghci> let f (a,b) = 1
ghci> f (undefined, undefined)
1
ghci> f undefined
*** Exception: Prelude.undefined
```

[a] 上の順序 $\sqsubseteq$ は，以下の 3 つの条件で定義される．

$$\bot \sqsubseteq \text{xs} \quad \text{かつ} \quad (\text{x:xs}) \not\sqsubseteq [\ ]$$
$$[\ ] \sqsubseteq \text{xs} \equiv \text{xs} = [\ ]$$
$$(\text{x} : \text{xs}) \sqsubseteq (\text{y} : \text{ys}) \equiv (\text{x} \sqsubseteq \text{y}) \land (\text{xs} \sqsubseteq \text{ys})$$

これらの等式は数学の表明の帰納的定義として読むべきで，Haskell の定義ではない．2 つめの条件は，[] は自分自身の近似にしかならないということである．3 つめの条件は，(x : xs) が (y : ys) の近似になるのは，x が y の近似であり，かつ xs が ys の近似である場合に限るということである．右辺での 1 つめの $\sqsubseteq$ の出現は型 a 上の近似順序を表している．

例を挙げると，$[1, \bot, 3] \sqsubseteq [1, 2, 3]$ および $1 : 2 : \bot \sqsubseteq [1, 2, 3]$ が成り立つ．しかしながら，$1 : 2 : \bot$ と $[1, \bot, 3]$ とには $\sqsubseteq$ による関係はない．

型 T の近似順序では上で説明した性質以外にもう 1 つ性質を仮定する．$x_0 \sqsubseteq x_1 \sqsubseteq \ldots$ という近似**連鎖**はどれも極限を持ち，その極限も T の要素である．この極限を $\lim_{n \to \infty} x_n$ と書き，以下の 2 つの条件で定義する．

1. 任意の n について $x_n \sqsubseteq \lim_{n\to\infty} x_n$. この条件はこの極限が近似列の上界であるという主張である．
2. 任意の n について $x_n \sqsubseteq y$ ならば $\lim_{n\to\infty} x_n \sqsubseteq y$ である．この条件はこの極限が最小上界であることを主張している．

近似列の極限の定義はすべての型に適用される．この性質を持つ半順序を**完備**（complete）な半順序という．Haskell の型はすべて完備半順序（短く CPO という）である．特に 6 章で導入した数学的表明 P が連鎖完備になるという性質は以下のように形式化できる．

$$(\forall n : P(x_n)) \Rightarrow P(\lim_{n\to\infty} x_n)$$

すなわち，極限をもつ近似列のすべての近似について P が成り立てば，その極限においても P が成り立つ．

リストに関しては与えられたリストの近似を生成する Haskell の関数 approx を以下のように定義すれば便利である．

```
approx :: Integer -> [a] -> [a]
approx n []                 = []
approx n (x : xs) | n > 0 = x : approx (n - 1) xs
```

この approx の定義は take の定義とそっくりであるが，場合の枯渇により任意の xs について approx 0 xs = undefined となる．たとえば，

```
approx 0 [1] = undefined
approx 1 [1] = 1 : undefined
approx 2 [1] = 1 : []
```

である．approx の重要な性質は，有限リスト，無限リスト，擬リストを含む任意のリスト xs について，

$$\lim_{n\to\infty} \text{approx n xs} = \text{xs}$$

が成り立つことである．xs 上の帰納法を用いてこれを証明するのは練習問題としておく．

この性質により，任意の自然数 n について，approx n xs = approx n ys ならば xs = ys である．したがって，

```
iterate f x = x : map f (iterate f x)
```

を証明するには，任意の自然数 n に関して

```
approx n (iterate f x) = approx n (x : map f (iterate f x))
```

であることを示せばよい．もちろんこれは自然数上の帰納法を使って証明すればよい．

もう 1 つ例を挙げよう．前節で定義した primes の値について考える．以下を定義したとしよう．

```
prs n = approx n primes
```

p_j が j 番目の素数としたとき，prs n = $p_1 : p_2 : \cdots : p_n : \bot$ であることを示したい．以下を主張する．

```
prs n = approx n (2 : ([3..] \\ crs n))
crs n = mergeAll [map (p *) [p..] | p <- prs n]
```

これが成り立てば，c_j を j 番目の合成数（したがって，$c_1 = 4$）とし，$m = p_n^2$ として，crs n $= c_1 : c_2 : \cdots : c_m : \bot$ を示せば十分である．したがって，数論では非自明な結果である $p_{n+1} < p_n^2$ という事実を使えば証明が完成する．詳細は練習問題にある．

計算可能関数と再帰定義

数学ではあまたの関数が記述できるが，そのうち計算可能なものは一部である．関数のうち計算可能関数にしかない性質が 2 つある．1 つめは，計算可能関数 f は近似順序に関して**単調**であるというものである．記号で書けば，任意の x, y について

$$x \sqsubseteq y \Rightarrow f(x) \sqsubseteq f(y)$$

である．大雑把にいえば，単調性とは，引数に関する情報が詳しければ詳しいほど，えられる結果も詳しくなるという主張である．2 つめは，計算可能関数 f は連続であるということである．連続の意味は，任意の近似列 $x_0 \sqsubseteq x_1 \sqsubseteq \ldots$ について，

$$f(\lim_{n \to \infty} x_n) = \lim_{n \to \infty} f(x_n)$$

が成り立つということである．大雑把にいえば，連続性とは，極限を関数に渡しても予想外のことが起こらないということである．

連続性は連鎖完備性と同じに見えるが 2 つの点でこの 2 つは違う．1 つは，P の連鎖完備性からは，任意の近似について P が偽ならば極限についても偽であるという収束性を導けない．すなわち，$\neg P$ が連鎖完備であることを示せないということである．もう 1 つは，P は数学的表明であって，論理値を返す Haskell の関数ではないということである．

ここでは証明はしないが，すべての単調連続関数は**最小不動点**を持つ．関数 f の不動点とは，$f(x) = x$ を満たす値 x のことである．x が f の最小不動点であるとは，別のどの不動点 y に対しても $x \sqsubseteq y$ が成り立つということである．単調連続関数の最小不動点は，$x_0 = \bot$ および $x_{n+1} = f(x_n)$ として，$\lim_{n \to \infty} x_n$ で定義する．関数プログラミングにおいては，再帰定義は最小不動点として解釈する．

3 つ例を挙げよう．1 つめ．`ones = 1 : ones` という定義を考える．この定義は，`ones` は関数 `(1 :)` の不動点であるといっているのである．Haskell はこれを最小不動点と解釈する．したがって，$\mathrm{ones}_0 = \bot$ および $\mathrm{ones}_{n+1} = 1 : \mathrm{ones}_n$ とすると $\mathrm{ones} = \lim_{n \to \infty} \mathrm{ones}_n$ である．ones_n が n 個の 1 を含む擬リストであり，その極限が確かに 1 の無限リストであることを理解するのはやさしい．

2 つめ．以下の階乗関数を考えよう．

```
fact n = if n == 0 then 1 else n * fact (n - 1)
```

これは以下のような形式に書き換えられる．

```
fact = (\ f n -> if n == 0 then 1 else n * f (n - 1)) fact
```

この定義もまた `fact` がある関数の不動点であることを表明している．

$$\begin{aligned}
\mathrm{fact}_0 \ n &= \bot \\
\mathrm{fact}_1 \ n &= \text{if } n == 0 \text{ then } 1 \text{ else } \bot \\
\mathrm{fact}_2 \ n &= \text{if } n <= 1 \text{ then } 1 \text{ else } \bot
\end{aligned}$$

などが成り立つ．fact_k n の値は n が k よりも小さいとき n の階乗であり，それ以外の場合は $\bot$ である．

3つめ．primes というリストを再考しよう．

$$\text{primes}_0 = \bot$$
$$\text{primes}_{n+1} = 2 : ([3..] \setminus\setminus \text{mergeAll} [\text{map} (p *) [p..] \mid p <- \text{primes}_n])$$

が成り立つ．しかし，$\text{primes}_n = \text{approx n primes}$ は成り立たない．実際は，

$$\text{primes}_1 = 2 : \bot$$
$$\text{primes}_2 = 2 : 3 : \bot$$
$$\text{primes}_3 = 2 : 3 : 5 : 7 : \bot$$
$$\text{primes}_4 = 2 : 3 : 5 : 7 : \cdots : 47 : \bot$$

である．擬リスト primes_2 は 4 未満の素数をすべて生成し，primes_3 は 9 未満の素数をすべて生成し，primes_4 は 49 未満の素数をすべて生成する．以下同様である．

9.4　じゃんけん

次の無限リストの例は楽しくてためになる．この例は，無限リストになる可能性のあるリストを使ってプロセス間の対話の列をモデル化しようという考え方を紹介するものになる．それだけではなく，形式的な分析が必要であることのもう1つの具体的な説明にもなる．

地方によって名前はちがっているが，じゃんけんは子供にはおなじみの遊びである．2人が向きあって遊ぶ．背中側で，石（グー），鋏（チョキ），紙（パー）のどれかの手をつくる．タイミングを合せて隠していた手をまえに出す．勝者は「紙は石を包み，石は鋏を砕き，鋏は紙を切る」というルールによって決まる．すなわち，一方がグーで他方がチョキなら，石は鋏を砕くので，グーを出したほうの勝ちというわけである．同じ手の場合はあいこ（引き分け）で勝者なしである．これをあらかじめ決めておいた回数だけ繰り返す．

この節ではこの遊びを行い得点を付けるプログラムを書く．まず型を決めていこう．

```
data Move  = Guu | Choki | Paa
type Round = (Move, Move)
```

1回の勝負の得点を付ける関数は以下のように定義する．

```
score :: Round -> (Int, Int)
score (x, y) | x `beats` y = (1, 0)
             | y `beats` x = (0, 1)
             | otherwise   = (0, 0)
```

ここで，

```
Guu   `beats` Choki = True
Choki `beats` Paa   = True
Paa   `beats` Guu   = True
_     `beats` _     = False
```

である．じゃんけんをする二人をそれぞれ1つの戦略によって表現する．たとえば，最初の1戦のあとからは常に相手が直前に出した手を出すという単純な戦略がある．この戦略を copy と呼ぼう．もう1つ別の戦略では，相手が出した手の種類をそれぞれ数えて，それにもとづいて確率的にいちばんよい手を自分の手とする．これを smart 戦略と呼ぶことにする．

9.4 じゃんけん

特定の戦略の詳細について，それをどのように表現できるかを考えるのはあと回しにする．ここでは，戦略の型 Strategy があらかじめ与えられているとする．関数 rounds の型を以下とする．

```
rounds :: (Strategy, Strategy) -> [Round]
```

この関数は戦略の対を取り，対戦者がそれぞれの戦略に従って出す手による対戦の無限リストを返す．関数 match を以下のように定義する．

```
match :: Int -> (Strategy, Strategy) -> (Int, Int)
match n = total . map score . take n . rounds
          where
            total rs = (sum (map fst rs), sum (map snd rs))
```

この関数は与えられた回数分の対戦結果を決定する．

この遊びの教育的側面とは戦略の表現方法にある．2つの方法を考える．1つは Strategy1，もう1つは Strategy2 である．自明な考え方として以下を考えよう．

```
type Strategy1 = [Move] -> Move
```

ここでは戦略は関数で表す．これは対戦相手がこれまでに出した手の（有限）リストを取り，次の対戦の適切な一手を返す関数である．効率よくリストを扱うために手のリストは最新の手が最初にくるよう逆順になっているものとする．

たとえば copy1 戦略を以下のように実装する．

```
copy1 :: Strategy1
copy1 ms = if null ms then Guu else head ms
```

最初の手としてはグーを選んでいるがこれは好きな手でよい．2つめの戦略 smart1 は以下のように実装する．

```
smart1 :: Strategy1
smart1 ms = if null ms then Guu else pick (foldr count (0, 0, 0) ms)

count :: Move -> (Int, Int, Int) -> (Int, Int, Int)
count Guu  (g, c, p) = (g + 1, c, p)
count Choki (g, c, p) = (g, c + 1, p)
count Paa  (g, c, p) = (g, c, p + 1)

pick :: (Int, Int, Int) -> Move
pick (g, c, p)
  | m < g     = Paa
  | m < g + c = Guu
  | otherwise = Choki
  where
    m = rand (g + c + p)
```

この戦略はそれまで相手が出した手を種類ごとに数え，その結果を使って次の手を選ぶ．rand を n に適用すると $0 \leq m < n$ の範囲にあるなにがしかの整数 m になる．(rand は同じ整数に適用されることはないということに注意してもらいたい．) したがって，手は m が以下の3つの範囲のどこにあるかで決まる．

$$0 \leq m < g \text{ または } g \leq m < g+c \text{ または } g+c \leq m < g+c+p$$

たとえば，g が大きいと（紙は石を包んで勝てるので）Paa が選ばれる確率が大きくなる．c が大きいと（石は鋏を砕いて勝てるので）Guu が選ばれる確率が大きくなる．他も同様である．rand は System.Random ライブラリにある2つの関数を使って定義できる．

```
rand :: Int -> Int
rand n = fst $ randomR (0, n - 1) (mkStdGen n)
```

mkStdGen 関数は整数を1つ取り，乱数生成器を返す．与える整数が異なれば乱数生成器も異なることが多い．mkStdGen への引数は任意でよく，ここで単に n としている．関数 randomR は範囲 (a, b) と乱数生成器を取り，$a \leq r \leq b$ の範囲にある疑似乱数整数 r と新しい乱数生成器を返す．

これで，rounds1 を以下のように定義する．

```
rounds1 :: (Strategy1, Strategy1) -> [Round]
rounds1 (p1, p2) = map head $ tail $ iterate (extend (p1, p2)) []

extend (p1, p2) rs = (p1 (map snd rs), p2 (map fst rs)) : rs
```

関数 extend は新しい手の対を既存の対戦リストの先頭に追加する．rounds1 は最初は空のリストに繰り返し extend を適用して対戦の無限リストを生成する．リストの先頭に追加するほうが末尾に追加するよりもずっと効率がよいというのが，手のリストを逆順にしている理由である．

しかし，やはり rounds1 は効率が悪い．戦略が次の計算をするのに入力の長さに比例する時間がかかるとしよう．そうすると n 回の対戦に新しい手の対を追加更新するのに $\Theta(n)$ ステップかかる．それゆえに，N 回の対戦を計算するのに $\Theta(N^2)$ ステップかかる．

比較のために戦略を表す別の合理的な方法を考えよう．今度は以下のようにする．

```
type Strategy2 = [Move] -> [Move]
```

新しい表現では，戦略は対戦相手のこれまでの手のリスト（無限リストになる可能性がある）を取り，応じ手のリスト（無限リストになる可能性がある）を返す関数である．たとえば，おうむがえし（copy）の戦略は今度は以下のように実装する．

```
copy2 :: Strategy2
copy2 ms = Guu:ms
```

この戦略では最初はグーであり，それ以降は対戦相手が前回の対戦で出した手である．こしゃくな（smart）戦略は以下のように再プログラムする．

```
smart2 :: Strategy2
smart2 ms = Guu:map pick (stats ms)
  where
    stats = tail . scanl (flip count) (0, 0, 0)
```

関数 stats は 3 つの手のそれぞれがどれだけ出たかを数える．この戦略は，copy2 と同様に次の手が効率よく定数時間の遅延で生成される．

この新しい戦略のモデルを使って，rounds 関数を再定義する．

```
rounds2 :: (Strategy2, Strategy2) -> [Round]
rounds2 (p1, p2) = zip xs ys
  where
    xs = p1 ys
    ys = p2 xs
```

ここで，xs は 1 人めのプレイヤがリスト ys に対する応じ手を計算した手のリストであり，ys は 2 人めのプレイヤがリスト xs に対する応じ手を計算した手のリストである．したがって，rounds2 は 2 つの循環リストで定義され，これが正しく定義された無限リストを生成することを示さなければならない．詳細は後述する．2 人のプレイヤが公正な戦略をとっているなら，rounds2 は対戦の最初の n 手を計算するのに $\Theta(n)$ ステップかかる．これは 2 人のプレイヤがともに次の一手を計算するのに定数時間遅延であると仮定している．したがって，2 つめの戦略表現の方法のほうがまえのものより効率がよい．

残念なことに，2 つめの戦略表現の方法には重大な欠陥がある．「あとだし」に対する防御策がとられていない．以下のような戦略を考えてみよう．

```
cheat ms = map trump ms
trump Guu   = Paa
trump Choki = Guu
trump Paa   = Choki
```

cheat の最初の手は対戦相手の最初の手に絶対に勝てる手である．そのあとの手も同様になる．cheat が対戦をだめにしてしまうのを防ぐ手立てがないことは，copy2 との試合を考えて，xs = cheat ys，ys = copy2 xs としてみればよい．xs および ys は，$xs_0 = \bot$，$xs_{n+1} = $ cheat ys_n，$ys_0 = \bot$，$ys_{n+1} = $ copy2 xs_n，としたときの連鎖 $\{xs_n \mid 0 \leq n\}$ および $\{ys_n \mid 0 \leq n\}$ の極限である．したがって，以下が成り立つ．

$$
\begin{array}{rcll}
xs_1 & = & \text{cheat } \bot & = \bot \\
ys_1 & = & \text{copy2 } \bot & = \text{Guu} : \bot \\
xs_2 & = & \text{cheat (Guu} : \bot) & = \text{Paa} : \bot \\
ys_2 & = & \text{copy2 } \bot & = \text{Guu} : \bot \\
xs_3 & = & \text{cheat (Guu} : \bot) & = \text{Paa} : \bot \\
ys_3 & = & \text{copy2 (Paa} : \bot) & = \text{Guu} : \text{Paa} : \bot
\end{array}
$$

これを続けていくと，これらの近似列の極限が正しく定義された手の無限リストになっていることがわかる．さらに，cheat はいつでも圧勝である．もう 1 つ以下のように定義された「あとだし」戦略がある．

```
devious :: Int -> Strategy2
devious n ms = take n (copy2 ms) ++ cheat (drop n ms)
```

これは最初の n 手を「オウム返し」にし，そのあとは「あとだし」を始めるという戦略である．

「あとだし」を防ぐ戦略はあるのだろうか．この問に答えるには，公正な戦略とは何であるかを吟味しなくてはならない．非形式的にいえば，最初の手を相手の最初の手の情報なしに計算し，2 番目の手を相手の

第9章　無限リスト

手の2番目の手の情報なしに計算し，以降も同じように計算するなら，その戦略は公正な戦略である．さらに，対応する相手の手がきちんと定義されているなら，こちらの手もきちんと定義されなければならない．より正確には，$wdf(n, ms)$ が，手の（擬リストの可能性もある）リストの最初の n 個の要素がきちんと定義されているという表明であるとする．戦略 f が**公正**であるとは，任意の n および ms に対して，

$$wdf(n, ms) \Rightarrow wdf(n+1, f(ms))$$

が成り立つということである．copy2 が公正であることは簡単に示せる．また，cheat が公正ではないことは，$wdf(0, \bot)$ は真であっても，$wdf(1, \text{cheat } \bot)$ は偽であることから示せる．この定義にしたがえば，以下のように定義した dozy も不公正な戦略である．

```
dozy ms = repeat undefined
```

しかし，この戦略は「あとだし」ではない．

インチキや怠慢な振舞いの根源を識別できるようになったが，この遊びで公正な戦略のみを許すようにできるだろうか．答は条件付きで「できる」である．「あとだし」かどうかを評価器が機械的に識別することはできない（これは $\bot$ を識別したり，戦略がきちんと定義された手を返していないことを識別したりできないのと同様である）．しかし，p が公正なプレイヤで ms がきちんと定義された手の無限列であるなら police p ms = p ms であるような関数 police を定義することはできる．他方，p がある時点で公正でない戦略であれば，その時点で全体は $\bot$ となる．操作的には，police は p に入力の最初の要素を与えるまえに，p にきちんと定義された最初の要素を返させるということである．その他の要素についても同様である．police の定義は以下のようになる．

```
police p ms = ms'
              where
                ms' = p (synch ms ms')

synch (x : xs) (y : ys) = (y `seq` x) : synch xs ys
```

7章で x `seq` y は y の値を返すまえに x を評価すると説明したことを思い出してもらいたい．この実装が仕様を満たしていることを証明するのはかなり複雑なので，詳細には立ち入らないことにする．上述の解析により「あとだし」を防止するには rounds2 の定義を以下のように書き換えなければならない．

```
rounds2 (p1, p2) = zip xs ys
                   where
                     xs = police p1 ys
                     ys = police p2 xs
```

9.5　ストリームを基本とする対話

じゃんけん遊びでは対話を関数を用いてモデル化した．この関数は手の無限リストを取り，同様の無限リストを返すというものである．この考え方を使って I/O による対話の単純なモデルを与えられる．これを**ストリームを基本とする対話**という．無限リストはストリームということもあるからだ．Haskell には世界と対話するために以下のような関数が備わっている．

9.5 ストリームを基本とする対話

```
interact :: ([Char] -> [Char]) -> IO ()
```

interact の引数は関数である．引数に渡される関数は，無限になる可能性のある標準入力チャンネルからの文字のリストを引数に取り，無限になる可能性のある標準出力チャンネルに書き出す文字のリストを返す関数である．

実行例を示そう．

```
ghci> import Data.Char
ghci> interact (map toUpper)
hello world!
HELLO WORLD!
Goodbye, cruel world!
GOODBYE, CRUEL WORLD!
Interrupted.
```

Data.Char ライブラリをインポートするのは toUpper を使って文字を大文字にする対話を作成するためである．1 行（エコーバック表示される）が入力されるたびに，この対話は文字を大文字にした行を生成する[*1]．このプロセスは割り込みをかけるまで続く．

停止する対話を設計することもできる．たとえば，

```
interact (map toUpper . takeWhile (/= '.'))
```

という対話は上のものと同じであるが，こちらはピリオドを含む行がタイプされるとすぐに停止する．

```
ghci> interact (map toUpper . takeWhile (/= '.'))
Goodbye. Forever
GOODBYE
```

最後に挙げておくスタンドアローンプログラムは文芸 Haskell のファイルを入力として取り，>で始まらない空ではない行をすべて取り除いたファイルを返すものである．残った行は先頭の>文字を取り除く加工をする．したがって，結果は適正な.hs ファイル（文芸スタイルを使わない Haskell のスクリプト）である．

```
main     = interact replace
replace = unlines . map cleanup . filter code . lines
code xs = null xs || head xs == '>'
cleanup xs = if null xs then [] else tail xs
```

プログラムは識別子 main に対応する計算である．プログラムをコンパイルしたいときは，必ずこの識別子 main をプログラムに結びつけなければならない．関数 lines はテキストを複数行に分割し，unlines は複数行を行間に改行 1 つ置いてテキストに集約する．このプログラムを lhs2hs.hs に保存して，コンパイルして，以下のように走らせる．

[*1] 訳注：これは標準入力のバッファリングの設定が LineBuffering になっている場合の挙動である．以下のようにすると LineBuffering に設定できる．
```
ghci> import System.IO
ghci> hSetBuffering stdin LineBuffering
```

```
$ ghc lhs2hs.hs
$ ./lhs2hs < myscript.lhs > myscript.hs
```

2行目では入力を myscript.lhs からにし，出力を myscript.hs に向けている．

　ストリームを基本とする対話は，初期の Haskell で外界と対話する方法として使われていた．しかしながら，上述のモデルでは単純すぎて実用には適さない．まともな応用プログラムではキーボード文字を読んだりスクリーンに印字する以外のこともやりたい．たとえば，ファイルのオープン，ファイルの読み込み，ファイルへの書き出し，ファイルの削除などである．一般に，関数プログラミング言語の範囲外にある利用可能なあらゆる機構と対話したいのである．対話はいつ起こるのかわからず，イベントが起こる順序はプログラマが正しく管理しなければならない．ストリームを基本とする方法では，このイベントの順序はリストの要素の順序として表現する．すなわち，イベントの順序をデータで表現するのであって，プログラムを合成する方法を主として反映するわけではない．次章で対話を扱うもう1つの方法を考察する．イベントの順序どおりに制御しなければならないプログラムを書くための一般的な方法である．この方法によれば，順序はプログラムの合成のしかたとしてはっきりと現れる．

9.6　2重連結リスト

　もう1つ循環リストの応用でしめくくることにする．ページの空ではないリストで構成されている本を読んでいるところを想像してもらいたい．本の中をいったりきたりするには，次のページに行ったり，まえのページに戻ったりする方法が必要になる．他の案内もあれば便利であるが，この2つにこだわることにする．以下に示すのは，おそろしく退屈な3ページ構成の本 book を使ってのセッションである．

```
ghci> start book
"Page 1"
ghci> next it
"Page 2"
ghci> prev it
"Page 1"
ghci> next it
"Page 2"
ghci> next it
"Page 3"
```

GHCi ではプロンプトに対して最後に入力した式に変数 it が束縛される．本を読み始めたときに表示されるのは最初のページであった．次のページをめくり，それから直前のページに戻った．ここで興味深いのは，最後のページが表示されたあとで，次のページをめくると何が起きるべきかである．案内はエラーを報告すべきか．最後のページをまた表示すべきか．あるいは最初のページに行くべきか．ここでは最後の選択肢を採用することにする．すなわち，最後のページの次のページは最初のページであり，最初のページのまえのページは最後のページであることにする．いいかえると，ここで扱う本は**循環2重連結リスト**の具体例ということだ．

　データ型宣言は以下のとおりである．

9.6 2重連結リスト

```
data DList a = Cons a (DList a) (DList a)

elem :: DList a -> a
elem (Cons a p n) = a

prev, next :: DList a -> DList a
prev (Cons a p n) = p
next (Cons a p n) = n
```

2重連結リストの印字は現在のエントリーを表示することとする．

```
instance Show a => Show (DList a) where
  show d = show (elem d)
```

したがって，ここで扱う本は3ページの [p1,p2,p3] というリストである．

```
p1 = Cons "Page 1" p3 p2
p2 = Cons "Page 2" p1 p3
p3 = Cons "Page 3" p2 p1
```

この例から，関数 `mkCDList :: [a] -> DList a`，すなわち，空ではないリスト as を2重連結リストに変換する関数は，2重連結リストの有限リスト xs の以下の3つの性質を持つ最初の要素で規定できる．

```
map elem xs = as
map prev xs = rotr xs
map next xs = rotl xs
```

ここで，rotr および rotl は以下のように定義される．

```
rotr xs = [last xs] ++ init xs
rotl xs = tail xs ++ [head xs]
```

ここで，任意の2重連結リストのリスト xs について，以下が成り立つことを調べよう．

```
xs = zipWith3 Cons (map elem xs) (map prev xs) (map next xs)
```

ただし，zipWith3 は zipWith と同じであるがリストを2つではなく3つ取るところが違う関数である．標準プレリュードでの定義は以下のとおりである．

```
zipWith3 f (x : xs) (y : ys) (z : zs)
  = f x y z : zipWith3 f xs ys zs
zipWith3 _ _ _ _ = []
```

あとで別の定義を示す．上述の主張は帰納法で証明できる．これが未定義あるいは空リストについても成り立つことは明らかである．帰納部は以下のように論証する．

```
       x : xs
 =   {x は 2 重連結リストであるから}
     Cons (elem x) (prev x) (next x) : xs
 =   {帰納法の仮定}
     Cons (elem x) (prev x) (next x) :
     (zipWith3 Cons (map elem xs) (map prev xs) (map next xs))
 =   {zipWith3 および map の定義}
     zipWith3 Cons (map elem (x : xs)) (map prev (x : xs)) (map next (x : xs))
```

この結果と 2 重連結リストの仕様を合わせると以下にたどりつく．

```
    mkCDList as = head xs
      where
        xs = zipWith3 Cons as (rotr xs) (rotl xs)
```

この定義には循環リスト xs が含まれる．動くだろうか．答は「動かない」である．上に示した zipWith3 の定義が性急すぎるのである．2 番目以降の 2 つのリストの値についてはほんとうに必要とされるまで要求を遅延する必要がある．

```
    zipWith3 f (x : xs) ys zs
     = f x (head ys) (head zs) : zipWith3 f xs (tail ys) (tail zs)
    zipWith3 _ _ _ _ = []
```

これと同等の定義方法は Haskell の**不可反駁パターン**を使う．

```
    zipWith3 f (x : xs) ~(y : ys) ~(z : zs)
     = f x y z : zipWith3 f xs ys zs
    zipWith3 _ _ _ _ = []
```

不可反駁パターンはチルダを使って示す．~(x:xs) パターンは照合が遅延される．すなわち，x または xs が必要とされるまでは照合が行われない．修正版の zipWith3 を使って定義した mkCDList の計算が正しく進むことを確認するために，$xs_0 = \bot$ および

$$xs_{n+1} = \text{zipWith3 Cons "A" (rotr } xs_n\text{) (rotl } xs_n\text{)}$$

とする．そうすると，xs_1 は以下で与えられる．

```
     zipWith3 Cons "A" ⊥ ⊥
   = [Cons 'A' ⊥ ⊥]
```

また，xs_2 は以下で与えられる．

```
     zipWith3 Cons "A" [Cons 'A' ⊥ ⊥] [Cons 'A' ⊥ ⊥]
   = [Cons 'A' (Cons 'A' ⊥ ⊥) (Cons 'A' ⊥ ⊥)]
```

以下同様である．

9.7 練習問題

練習問題 A

厳密増加のリストが xs，ys，zs の 3 つ与えられたとき，以下が成り立つ．
  merge (merge xs ys) zs = merge xs (merge ys zs)

すなわち，merge は結合的である．加えて，xs，ys，zs の最初の要素はこの順で厳密増加になっていると仮定すると，

  xmerge (xmerge xs ys) zs = xmerge xs (xmerge ys zs)

が成り立つ．このことから，式 foldr1 xmerge multiples の foldr1 を foldl1 に置き換えられるか[*2]．

練習問題 B

標準プレリュードの関数 cycle :: [a] -> [a] はリスト xs を取り，xs の要素を無限回繰り返したリストを返す．xs が空リストなら cycle [] はエラーになりそのメッセージを表示する．
  cycle "hallo" = "hallohallohallo...

循環リストを使って cycle を定義せよ．その定義が空リスト，有限リスト，無限リストに関して正しく動作することを確かめよ．

練習問題 C

フィボナッチ関数は以下のように定義できる．
  fib 0 = 0
  fib 1 = 1
  fib n = fib (n - 2) + fib (n - 1)

フィボナッチ数の無限リストを生成するリスト fibs の定義を 1 行で書け．

練習問題 D

数学者 R. W. Hamming による有名な問題のプログラムを書け．このプログラムは以下の性質を満たす数の無限リストである．(i) リストの要素は厳密増加順に並ぶ．(ii) リストは 1 から始まる．(iii) 数 x がリストに含まれているなら，数 $2x$，$3x$，$5x$ もリストに含まれている．(iv) それ以外の数は含まれていない．このようなリストの先頭部分は以下のとおりである．

  [1,2,3,4,5,6,8,9,10,12,15,16,...

このようなリストを生成する hamming の定義を書け．

[*2] 訳注：foldl1 は，(右から畳み込む) foldr1 に対応する左畳み込み版である．以下のように定義されているものとする．
  foldl1 f [x]   = x
  foldl1 f (x : xs) = foldl f x xs

第 9 章 無限リスト

練習問題 E

任意の n について，approx n xs ⊑ xs であることを証明せよ．次に任意の n について，approx n xs ⊑ ys であるなら，xs ⊑ ys であることを証明せよ．これで

$$\lim_{n \to \infty} \text{approx n xs} = \text{xs}$$

を示したことになる．

練習問題 F

任意の n について xs !! n = ys !! n ならば xs = ys である，という主張の反例を与えよ．

練習問題 G

iterate f x = x : map f (iterate f x) であることを証明せよ[*3]．

練習問題 H

primes を循環リストとした定義において，本文の定義とは別の定義として，

    mergeAll = foldr xmerge []

のように定義できるか．

練習問題 I

以下のような定義を思い出してもらいたい．

    prs n = approx n (2 : ([3..] \\ crs n))
    crs n = mergeAll [map (p *) [p..] | p <- prs n]

p_j を j 番目の素数として，prs n = $p_1 : p_2 : \cdots : p_n : \bot$ ならば，c_j を j 番目の合成数（したがって，$c_1 = 4$）として，crs m = $c_1 : c_2 : \cdots : c_m : \bot$ であることを示す道筋を述べよ．さらに，primes が素数の無限リストを生成することを示せ．本文では primes の n 番目の近似 primes_n が approx n primes と等しいわけではないと述べた．実は，$c_m = p_n^2$ であり，

$$\text{primes}_4 = 2 : 3 : 5 : 7 : \cdots : 47 : \bot$$

である．primes_5 の生成するリストはどのようなものになるか．

練習問題 J

素数を生成する方法には *Sundaram* の篩という別の方法がある．その名は 1934 年に発見した S. P. Sundaram にちなむ．

[*3] 訳注：9.2 節の iterate1 の定義を用いよ．

```
primes = 2 : [2 * n + 1 | n <- [1..] \\ sundaram]
sundaram = mergeAll [[i + j + 2 * i * j | j <- [i..]] | i <- [1..]]
```

primes の定義にあるリスト内包表記が奇数の素数をすべて生成することを示すには，2*n+1 の項が合成数ではないことを証明すればよい．そのためには 2*n+1 が i, j を正の整数としたとき (2*i+1)*(2*j+1) に分解されないことを示せばよい．なぜ，そのように分解されないといえるのか．

練習問題 K

$f(\bot) = 0$ かつ $x \neq \bot$ について $f(x) = 1$ と定義される関数は計算可能か．任意の有限リストまたは擬リストについては $\bot$ を返し，無限リストについては 1 を返す関数についてはどうか．

練習問題 L

明らかにトーラスは縦横循環縦横 2 重連結リストである．すなわち，横方向に循環 2 重連結リストで，縦方向にも循環 2 重連結リストである．すべてのリストが長さ n で，そのリストの長さ m のリストを使って表現された行列があるとして，以下の mkTorus の定義を構成せよ．

```
mkTorus :: Matrix a -> Torus a
```

ただし，以下のような定義があるとせよ．

```
data Torus a = Cell a (Torus a) (Torus a)
                      (Torus a) (Torus a)

elem  (Cell a u d l r) = a
up    (Cell a u d l r) = u
down  (Cell a u d l r) = d
left  (Cell a u d l r) = l
right (Cell a u d l r) = r
```

複雑に思えるかもしれないが，答はつぶやく程度のものである．

9.8 練習問題の解答

練習問題 A の解答

置き換えられない．任意の無限リスト xs について foldl1 f xs = undefined だからである．

練習問題 B の解答

定義は以下のとおり．
```
cycle [] = error "empty list"
cycle xs = ys where ys = xs ++ ys
```

xs が無限リストならば xs ++ ys = xs であるから cycle は無限リストに対しては恒等関数であることに

留意してもらいたい．

練習問題 C の解答

1 行定義は以下のとおり．
```
fibs :: [Integer]
fibs = 0 : 1 : zipWith (+) fibs (tail fibs)
```

練習問題 D の解答

```
hamming :: [Integer]
hamming = 1 : merge (map (2 *) hamming)
                   (merge (map (3 *) hamming)
                          (map (5 *) hamming))
```

練習問題 E の解答

approx n xs ⊑ xs の証明は n 上の帰納法による．基底部はやさしいが，帰納部はさらに xs 上で 2 つめの帰納法が必要になる．2 つめの帰納法の基底部（空リストと未定義リスト）はやさしい．その帰納部は

$$
\begin{aligned}
&\quad\text{approx } (n + 1) \ (x :\ xs) \\
&= \quad \{\ \text{定義}\ \} \\
&\quad x :\ \text{approx n xs} \\
&\sqsubseteq \quad \{\ \text{帰納法の仮定および } (x :) \text{ の単調性}\ \} \\
&\quad x :\ xs
\end{aligned}
$$

となる．以下の

$$(\forall n : \text{approx n xs} \sqsubseteq ys) \Rightarrow xs \sqsubseteq ys$$

の証明は xs 上の帰納法を使う．この主張は基底部（未定義リストおよび空リスト）については直ちに導ける．それ以外の帰納部は approx の定義およびリストの近似順序の定義より

$$
\begin{aligned}
&\quad (\forall n : \text{approx n } (x:xs) \sqsubseteq ys) \\
&\Rightarrow\ x \sqsubseteq \text{head ys} \wedge (\forall n : \text{approx n xs} \sqsubseteq \text{tail ys})
\end{aligned}
$$

が成り立つ．したがって，帰納法により

$$x:xs \sqsubseteq \text{head ys}:\text{tail ys} = ys$$

である．したがって，極限の定義より．

$$\lim_{n\to\infty} \text{approx n xs} = xs$$

である．

練習問題 F の解答

2つのリスト repeat undefined および undefined は等しくないが，任意の n について，

 (repeat undefined) !! n = undefined !! n

である．両辺はともに ⊥ だからである．

練習問題 G の解答

任意の自然数 n について，

 approx n (iterate f x) = approx n (x : map f (iterate f x))

であることを示さなければならない．この主張は，以下の主張から導ける．

 approx n (iterate f (f x)) = approx n (map f (iterate f x))

これを n 上の帰納法で証明する．帰納部については両辺を単純化する．左辺は，

```
    approx (n + 1) (iterate f (f x))
=     {iterate の定義}
    approx (n + 1) (f x : iterate f (f (f x)))
=     {approx の定義}
    f x : approx n (iterate f (f (f x)))
=     {帰納法の仮定}
    f x : approx n (map f (iterate f (f x)))
```

右辺は，

```
    approx (n + 1) (map f (iterate f x))
=     {iterate および map の定義}
    approx (n + 1) (f x : map f (iterate f (f x)))
=     {approx の定義}
    f x : approx n (map f (iterate f (f x)))
```

である．

練習問題 H の解答

できる．

 foldr xmerge [] (xs : undefined) = xmerge xs undefined

であり，右辺は xs の最初の要素で始まるリストだからである．

第 9 章 無限リスト

練習問題 I の解答

証明は帰納法による．まず，crs (n + 1) が，$c_m = p_n^2$ としたときの $c_1 : c_2 : \cdots : c_m : \bot$ と p_{n+1} の倍数の無限リスト $[p_{n+1}p_{n+1}, p_{n+1}(p_{n+1}+1), \ldots]$ をマージしたものになることを示さなければならない．これは p_{n+1}^2 までのすべての合成数からなる擬リストである．最後に必要となるのは $p_{n+2} < p_{n+1}^2$ である．擬リスト primes_5 は $2209 = 47 \times 47$ 未満のすべての素数を生成する．

練習問題 J の解答

n が $i + j + 2ij$ という形をしている場合，$2n + 1$ の形をしている奇数は最終リストから除外される．これは，

$$2(i + j + 2ij) + 1 = (2i+1)(2j+1)$$

であり，$2n + 1$ が合成数となるからである．

練習問題 K の解答

f は計算不可能である．$\bot \sqsubseteq 1$ であるが $f(\bot) \not\sqsubseteq f(1)$ であるから f は単調ではない．2 つめの関数については，これを g と呼ぶことにすると，$xs \sqsubseteq ys$ ならば $g(xs) \sqsubseteq g(ys)$ である．したがって，g は単調である．しかし，g は連続ではないので，計算可能ではない．

練習問題 L の解答

定義は以下のとおり．

```
mkTorus ass = head (head xss)
  where
    xss = zipWith5 (zipWith5 Cell)
            ass (rotr xss) (rotl xss) (map rotr xss) (map rotl xss)
```

rotr および rotl は行列の行を転回し，map rotr および map rotl は列を転回する．zipWith5 の定義はうしろ 4 つの引数について非正格にしておかなければならない．

9.9 章末ノート

Melissa O'Neil が素数を生成する篩法について書いたすばらしい解説 The genuine sieve of Eratosthenes (*Journal of Functional Programming* 19(1), 95-106, 2006) を参照されたい．Ben Sijtsma の論文 *Verification and derivation of infinite-list programs* (University of Groningen, the Netherlands, 1988) は無限リストプログラムのさまざまな側面を研究したものであり，無限リストプログラムに関する論証技法を数多く与えたものである．1つの章まるまるがじゃんけん遊びの公正さの証明にあてられている．

筆者の論文 On building cyclic and shared data structures in Haskell (*Formal Aspects of Computing* 24(4-6), 609-621, July 2012) には無限リストや循環リストの利用例をより多く扱っている．また，http://wiki.haskell.org/Tying_the_Knot にある Tying the knot という記事も参照してもらいたい．Hamming 問題は関数プログラミングの黎明期より循環プログラムの説明に使われている．

第10章
命令的関数プログラミング

振り返ると 2 章では関数 putStrLn を Haskell の**コマンド**と説明した．また，IO a は外界と対話し，型 a の値を配る入出力**計算**と説明した．また，do **記法**と呼ばれるコマンドを直列に並べる構文についても説明した．この章では，これらの言葉が持つほんとうの意味を探る．さらに，**モナディックプログラミング**という新しいプログラミングスタイルについて紹介する．モナディックプログラムは外界との対話を記述するには単純で魅力的な方法である．しかし，実際にははるかに大きい能力がある．ある領域の問題を解くための単純な直列化機構を提供するのである．例外処理，配列の破壊的更新，構文解析，状態を基本とする計算などを提供する．現実の問題としてみれば，モナディックスタイルでは Python や C といった言語によるある種の命令プログラムを模倣する関数プログラムが書ける．

10.1 IO モナド

型 IO a は 8 章で述べた意味では抽象型なので，その値がいくつであるかを知ることはできない．この値のことを**アクション**あるいは**コマンド**という．しかし，この型は

```
type IO a = World -> (a,World)
```

であるかのようにみなしてよい．すなわち，アクションは，世界を取り，a 型の値と新しい世界をもたらす関数である．新しい世界はその次のアクションへの入力として使う．入出力アクションで世界を変更するともとの世界へは戻せない．世界を複製することはできず，その構成要素を精査することもできない．できることはプリミティブなアクションを使って世界について操作することと，そのような操作を一列に並べることだけである．

プリミティブアクションの 1 つは文字を印字するアクションである．

```
putChar :: Char -> IO ()
```

実行するとこのアクションは標準出力チャンネル（通常コンピュータのスクリーン）に 1 文字印字する．たとえば，

```
ghci> putChar 'x'
xghci>
```

である．文字 x が印字されるだけで他にはなにも印字されないので，次の GHCi のプロンプトが空白や改行なしに，そのあとに続いている．このアクションを実行しても興味をひく値を生成することはないので，

返り値はヌルタプル[*1]()である．
　done :: IO () は別のプリミティブアクションで，なにもしないアクションである．世界を変更することなく，ヌルタプル()を返す．
　アクションを並べる単純な演算は (>>) で表し，その型は

　　(>>) :: IO () -> IO () -> IO ()

である．アクション p, q が与えられたとき，p >> q はアクションで，まずアクション p を実行し，それからアクション q を実行する．例を挙げよう．

　　ghci> putChar 'x' >> putChar '\n'
　　x
　　ghci>

今度は改行が印字された．(>>) を使うと putStrLn 関数が定義できる．

　　putStrLn :: String -> IO ()
　　putStrLn xs = foldr (>>) done (map putChar xs) >> putChar '\n'

このアクションは文字列中のすべての文字を印字し，改行でしめくくる．map putChar xs はアクションのリストになることに注意してもらいたい．これでも関数プログラミングの宇宙にとどまっている．map や foldr を含む高度な表現力はすべて利用可能である．
　別のプリミティブアクションを紹介しよう．

　　getChar :: IO Char

この演算は実行されると標準入力チャンネルから1文字読む．このチャンネルには利用者がキーボードでタイプしたものが供給される．したがって，getChar は利用者が最初にタイプした文字を返す．たとえば，

　　ghci> getChar
　　x
　　'x'

getChar とタイプしてリターンキーを押すと，GHCi は利用者が1文字入力するのを待つ．ここでは文字 x をタイプした（タイプしたものがエコーバックされている）．それが読み込まれて印字されている．
　done を一般化したアクションは，なにもせずに与えられた値を返すアクションである．

　　return :: a -> IO a

特に，done = return () である．(>>) を一般化したアクションの型は

　　(>>) :: IO a -> IO b -> IO b

アクション p, q が与えられると，p >> q は，まず p を行って，返り値を捨て，それから q を行う．たとえば，

[*1] 訳注：null tuple

```
ghci> return 1 >> return 2
2
```

このアクションが有用なのは，左のアクションの返す値に右のアクションが依存する方法がないので，左のアクションが返す値には興味がないというときに限られる．よりのぞましい一般化は (>>=) という演算子で，その型は

```
(>>=) :: IO a -> (a -> IO b) -> IO b
```

である．p >>= f はアクションで，実行されると，まず a 型の値（仮に x とする）を返すアクション p を行ってから，最終的に b 型の値を返すアクション f x を行う．(>>=) を使って (>>) を定義するのはやさしい．これは練習問題にしておく．演算子 (>>=) はバインド（bind）ということが多いが，then apply と読むこともできる．

(>>=) を使って，入力を 1 行読む関数 getLine が定義できる．入力の 1 行とは，より正確にいうと文字のリストで最初の改行文字が現れる直前までをいう．

```
getLine :: IO String
getLine = getChar >>= f
          where
            f x = if x == '\n' then return []
                  else getLine >>= g
                  where
                    g xs = return (x : xs)
```

この定義は簡単明瞭である．最初の文字 x をえて，x が改行文字なら空リストを返し，そうでなければ，行の残りの部分をえてこれの先頭に x を追加する．読み込みは素直であるが，where 節が入れ子になっていて定義としては少々わかりずらい．コードをよりすっきりするには where 節の代わりに無名関数を使う．

```
getLine = getChar >>= \ x ->
          if x == '\n'
          then return []
          else getLine >>= \ xs ->
             return (x : xs)
```

議論の余地はあるが，do 記法を使うほうがずっと読みやすい．

```
getLine = do x <- getChar
             if x == '\n'
             then return []
             else do xs <- getLine
                     return (x:xs)
```

右辺は Haskell のレイアウトルールを使っている．特に条件式のインデントに注意してもらいたい．さらに，return のインデントがこれが内側の do の一部であることを示していることに注意してもらいたい．筆者としてはブレースとセミコロンを使ってレイアウトを明示的に制御するのがよいと思う．

第10章 命令的関数プログラミング

```
getLine = do { x <- getChar
             ; if x == '\n'
               then return []
               else do { xs <- getLine
                       ; return (x : xs)
                       }
             }
```

do 記法については後述する．

Haskell の System.IO ライブラリは putChar, getChar だけではなく，ファイルのオープンや読み込み，書き出し，ファイルのクローズ，出力のいろいろなバッファリングなどを含む多くのアクションを提供している．それらの詳細については本書では立ち入らない．しかし，以下の2点については言及しておく必要がある．1点めは，IO a -> a という型を持つ関数はないということである[*2]．入出力アクションを実行する部屋にいったん入ったら，そこにとどまる以外はなく，外には出られない．その理由の1つは，runIO という関数があるとして以下のような場合を考えてみれば理解できる．

```
int :: Int
int = x - y
     where
         x = runIO readInt
         y = runIO readInt
readInt = do { xs <- getLine
             ; return (read xs :: Int)
             }
```

アクション readInt は入力を1行読み，その行は数字のみで構成されていたとしてそれを整数として解釈する．さて，ここで int の値はいくつであるか．答は，まず，x, y がいくつに評価されたかに依存する．Haskell では式 x - y において，x が y よりも先に評価されるかどうかはわからない．すなわち，入出力アクションは決定性のある方法で一直線に並べなければならない．同時に Haskell は遅延評価を行う言語であって，ものごとが起こる順序を特定するのは困難である．もちろん，x - y のような式の例はごく単純な（かつ，命令言語でも同じ好ましくない現象が起こる）例であるが，この runIO のようなものがあるとするとその結果として起こるあらゆる種類の混乱を想像することは可能である．

2点めは，以下のような式はどう評価されるかを遅延評価の観点から見ている読者に対しての注意である．

```
undefined >> return 0 :: IO Int
```

このコードはエラーになるかゼロを返すか．答はエラーである．IO は，そのあとのアクションが結果を必要としていない場合でも，順にすべて実行されるという意味で**正格**である．

もとのテーマに戻ってまとめると，IO 型は抽象型で少なくとも以下の演算が可能である．

[*2] 実際は存在する．その関数は unsafePerformIO という．その名のとおり，まったくもって安全ではない関数である．

```
return :: a -> IO a
(>>=)  :: IO a -> (a -> IO b) -> IO b

putChar :: Char -> IO ()
getChar :: IO Char
```

下の2つの関数は入出力に特化したものであるが，上の2つは入出力には限らない．実際，上の2つはモナドという型クラスを特徴づける一般的な逐次化演算である．

```
class Monad m where
  return :: a -> m a
  (>>=)  :: m a -> (a -> m b) -> m b
```

この2つのモナド演算はいくつかの法則を満たすことが要請されている．これについてはいずれ説明する．「モナド」という名前の由来は哲学，特にライプニッツから盗ったものである．ライプニッツ自身もこれをギリシャ哲学から拝借している．この名前に意味を求めてはいけない．

10.2 その他のモナド

これがモナドのすべてだとすると，多くのものがモナドになるというのだろうか．答は「もちろん，そのとおり」である．実際，つつましいリスト型もモナドである．

```
instance Monad [] where
  return x = []
  xs >>= f = concat (map f xs)
```

もちろん，今はまだどのような法則がモナドを支配しているかは知らないので，このインスタンスは正しくないかもしれない（実際には正しい）．しかし，少なくとも演算の型は正しい．do 記法は任意のモナドに使えるので，たとえば，デカルト積の関数 cp :: [[a]] -> [[a]]（7.3 節参照）は以下のように定義できる．

```
cp []         = return []
cp (xs : xss) = do { x <- xs; ys <- cp xss; return (x : ys) }
```

2つめの節の右辺とリスト内包表記

```
[x : ys | x <- xs, ys <- cp xss]
```

を比較すると，2つの記法がよく似ていることがわかる．違いは do 記法では結果が最初ではなく最後に現れているところである．モナドと do 記法が先に Haskell に導入されていたとしたら，リスト内包表記は必要なかったはずである．

もう1つモナドの例を挙げよう．Maybe 型もモナドである．

```
instance Monad Maybe where
  return x       = Just x
  Nothing >>= f  = Nothing
  Just x  >>= f  = f x
```

このモナドがもたらすものは何かを知るためにHaskellのライブラリ関数lookupを考察しよう.

```
lookup :: Eq a => a -> [(a, b)] -> Maybe b
```

lookup x alistの値はalist中の対で1つめの要素がxである最初の対が(x,y)であったとき, Just yであり, そのような対がなければ, Nothingである. xをalistの中から探し出し, その結果のyを2つめのリストblistの中から探し出し, さらにその結果のzを3つめのリストclistから探し出すという場面を想像してもらいたい. これらのうちのどれかがNothingを返したら, 最終結果はNothingである. このような関数を定義するには以下のような定義式を書くことになりそうである.

```
case lookup x alist of
  Nothing -> Nothing
  Just y  -> case lookup y blist of
               Nothing -> Nothing
               Just z  -> lookup z clist
```

モナドを使えば以下のように書ける.

```
do { y <- lookup x alist
   ; z <- lookup y blist
   ; lookup z clist
   }
```

それぞれがNothingを返す可能性のある計算の連鎖を明示的に書く必要はない. また, 計算を止めるのにNothingを明示的に受け渡す必要はなく, Nothingをモナド頭巾に包まれた中で暗黙で扱う単純なモナド式を書けばよい.

do 記法

リスト内包表記がmapやconcatを含む式に翻訳できるのと同じように, do式はreturnや>>=を含む式に翻訳できる. 以下の3つがその翻訳ルールの主なものである.

```
do { p }              = p
do { p; stmts }       = p >> do { stmts }
do { x <- p; stmts }  = p >>= \ x -> do { stmts }
```

これらのルールにおいてpはアクションを表す. したがって, 1つめのルールは単一のアクションを囲むdoは取り除いてよいということである. 2つめと3つめのルールにおいてstmtsは文の空ではない並びである. それぞれの文は, アクションであるか, x <- pという形式の文である. 後者はアクションではない. したがって,

```
do { x <- getChar }
```

という式は構文として正しくない. また, 空のdo式, すなわち, do { }も構文として正しくない. do式の最後の文はアクションでなければならない.

他方, 以下の2つはどちらも正しい.

```
do { putStrLn "hello "; name <- getLine; putStrLn name }
do { putStrLn "hello "; getLine; putStrLn "there" }
```

1 つめの例は挨拶を印字し，名前を読み込み，挨拶を完了する．2 つめの例は挨拶を印字し，名前を読むがその場で忘れてしまうので，しかたなく「あなた（there）」でごまかす．世間ではよくあることである．

最後に上のルールから証明できる 2 つのルールを示す．

```
do { do { stmts } } = do { stmts }
do { stmts1; do { stmts2 } } = do { stmts1; stmts2 }
```

注意しなければならないこともある．

```
do { stmts1
   ; if p
      then do { stmts2 }
      else do { stmts3 }
   }
```

このように，stmts2 と stmts3 が複数のアクションを含むときには，入れ子の do にしなければならない．

モナド則

モナド則は return および (>>=) が期待どおりの方法で単純化できるという以上にはたいしたことをいっていない．モナド則には 3 つあるが，3 種類の表現方法で説明しよう．1 つめの法則は return は (>>=) に対する右単位元であるというものである．

```
(p >>= return) = p
```

これを do 記法で表現すると，

```
do { x <- p; return x } = do { p }
```

である．2 つめの法則は return がある種の左単位元であるというものである．

```
(return e >>= f) = f e
```

これを do 記法で表現すると，

```
do { x <- return e; f x } = do { f e }
```

である．3 つめの法則は (>>=) がある種の結合的演算であるというものである．

```
((p >>= f) >>= g) = p >>= (\ x -> (f x >>= g))
```

これを do 記法で表現すると，

```
    do { y <- do { x <- p; f x }; g y }
  = do { x <- p; do { y <- f x; g y } }
  = do { x <- p; y <- f x; g y }
```

最後の行は do 記法では do の入れ子をほどくことができるという性質を利用している．

モナド則を主張する 3 つめの方法は，以下のように定義された演算子 (>=>) を考える．

```
(>=>) :: Monad m => (a -> m b) -> (b -> m c) -> (a -> m c)
(f >=> g) x = f x >>= g
```

この演算子は関数合成と以下の 2 点を除いて同じである．構成要素である関数の型が，適切な a, b に対して a -> m b であること．合成の順が右から左ではなく左から右であること．この演算子を (左から右への) *Kleisli* 合成といい，Haskell の Control.Monad ライブラリで定義されている．双対版，(右から左への) *Kleisli* 合成もある．

```
(<=<) :: Monad m = (b -> m c) -> (a -> m b) -> (a -> m c)
```

これの定義はやさしい．練習問題にしておく．

ここで要点は (>>=) は (>=>) で定義できるということである．

```
(p >>= f) = (id >=> f) p
```

より短くは (>>=) = flip (id >=>) である．次のリープフロッグ（*leapfrog*）則も成り立つ．

```
(f >=> g) . h = (f . h) >=> g
```

証明は練習問題にしておく．

(>=>) を使えば 3 つのモナド則は単純にいえて，(>=>) は結合的演算で，単位元は return である．結合的 2 項演算子が定義され，その演算に対する単位元が存在する任意の集合を**モノイド**という．モノイドのもじりになっていることもモナドという言葉が採用された理由であろう．また，この方法がモナド則を最も短く表す方法だろうと思われる．

モナド則を記述するもう 1 つのわかりやすい方法については練習問題で考えることにする．

10.3 State モナド

入出力アクションを正しく順序づけるという問題に役立たなかったら，モナドが Haskell で使われることはなかっただろう．しかし，モナドが入出力アクションを扱うのに役に立つということが理解されたとたんに，モナドの他の使い方もあっというまに広まった．Maybe モナドで後方に情報を渡していく計算の連鎖をモナド記法によって簡単に書く方法を見た．

モナドの使い方でもう 1 つ主要なものは配列のような**可変**（mutable）データ構造を扱うものである．可変構造は，保持する値の更新，もとの構造の破壊をプロセスの中で行うためのものである．

可変構造は次節で考察する状態スレッドモナド ST s を通じて導入する．このモナド固有の性質を見るまえに，明示的に状態 s を扱う State s というより単純なモナドについて考察する．型 State s a は次のような型だと考えられる．

```
type State s a = s -> (a, s)
```

State s a 型のアクションは初期状態を取り，型 a の値と新しい状態を返す．IO a は State World a のシノニムだと考えがちであるが，これは間違いである．State s a と書いた場合，状態 s はむき出しで，直接扱うことが可能であるが，IO a では，世界 World をむき出しにもできなければ，直接扱うこともできない．

この状態モナドに関していうと，2 つのモナド演算 return，(>>=) 以外に以下の 5 つの関数が提供され

10.3 State モナド

ている.

```
put      :: s -> State s ()
get      :: State s s
state    :: (s -> (a, s)) -> State s a
runState :: State s a -> (s -> (a, s))
evalState :: Stae s a -> s -> a
```

関数 put は指定した状態を設定し，関数 get は現在の状態を返す．この 2 つの演算はそれぞれ state を使って定義できる．

```
put s = state (\ _ -> ((), s))
get   = state (\ s -> (s, s))
```

また逆に state は put と get を使って定義できる．

```
state f = do { s <- get
             ; let (a, s') = f s
             ; put s'
             ; return a
             }
```

Haskell では do 式（リスト内包表記も同様）の内側では let 式の省略形を書くことを許している．すなわち以下が成り立つ．

$$\text{do } \{ \text{ let } \textit{decls}; \textit{stmts} \} = \text{let } \textit{decls} \text{ in do } \{ \textit{stmts} \}$$

関数 runState は state の逆関数である．アクションと初期状態の両方を取りアクションを実行したあとの最終の値と最終の状態を返す（これは IO モナドではできない）．evalState は以下のように定義される．

```
evalState m s = fst (runState m s)
```

これは状態のある計算の結果の値だけを返す．

以下は State を用いた例である．7.6 節で，空ではない値リストから二分木を構成するプログラムを作った．

```
build :: [a] -> BinTree a
build xs = fst (build2 (length xs) xs)
build2 1 xs = (Leaf (head xs), tail xs)
build2 n xs = (Fork u v, xs'')
              where
                (u, xs')  = build2 m xs
                (v, xs'') = build2 (n - m) xs'
                m         = n `div` 2
```

このコードの要点は，build2 は型 [a] の状態を処理し，結果として BinTree a を返す関数ということである．これは次のように書ける．

```
build xs = evalState (build2 (length xs)) xs
build2 :: Int -> State [a] (BinTree a)
build2 1 = do { x : xs <- get
              ; put xs
              ; return (Leaf x)
              }
build2 n = do { u <- build2 m
              ; v <- build2 (n - m)
              ; return (Fork u v)
              }
           where
             m = n 'div' 2
```

状態を明示的に操作するのは葉を構成するときだけである．状態にアクセスし最初の要素を選んでこれを Leaf のラベルにする．それから残りのリストを新しい状態に設定する．1つめの版では build2 n は状態を明示的に繋いだが，2つめの版ではその機構をモナド頭巾で隠している．

build2 の1行目にある文 x:xs <- get の左辺は単なる変数ではなくパターンを使っていることに注目してもらいたい．現在の状態が空リストであったら，このアクションはエラーメッセージを出力し失敗する．その例は以下に示す．

```
ghci> runState (do { x : xs <- get; return x }) ""
*** Exception: Pattern match failure in do expression ...
```

もちろん，build2 1 ではこのようなことは起こらない．定義では単一要素リストにしか適用されないからである．build [] では何が起こるかについては練習問題としておく．

もう1つ別の例を挙げよう．指定した区間の疑似乱数整数を生成する問題を考えよう．以下の関数があるとする．

```
random :: (Int, Int) -> Seed -> (Int, Seed)
```

この関数は区間を指定する整数の対とシードを取り，乱数と新しいシードを計算する．新しいシードは次の乱数を計算するのに使う．シードが何であるかを明示するのではなく，与えられた整数からシードを生成する関数を考える．

```
mkSeed :: Int -> Seed
```

さて，ここで2つのサイコロを振ることを考えると，以下のように書けるだろう．

```
diceRoll :: Int -> (Int, Int)
diceRoll n = (x, y)
           where
             (x, s1) = random (1, 6) (mkSeed n)
             (y, s2) = random (1, 6) s1
```

しかし，以下のようにも書ける．

```
diceRoll n = evalState
              ( do { x <- randomS (1, 6)
                   ; y <- randomS (1, 6)
                   ; return (x, y) }
              ) (mkSeed n)
              where
                randomS = state . random
```

関数 randomS :: (Int,Int) -> State Seed Int は区間を取りアクションを返す．2 つめの版の diceRoll は 1 つめの版よりも少し長いが，間違いなく書きやすい．サイコロが 2 つではなく 5 つで，イカサマサイだったりすることを想像してもらいたい．1 つめの方法では where 節で 5 つの値と 5 つのシードを結びつけているが，これはタイプミスを起こしやすい．しかし，2 つめの方法では拡張が容易で間違いも起こしにくい．

最後にもう 1 つ要点を説明しよう．

```
evalState (do { undefined; return 0 }) 1
```

これは例外が発生するだろうか，それともゼロが返るだろうか．State モナドは IO モナドと同様に正格なのだろうか，それとも遅延するのだろうか．答はどちらでもありえる．状態モナドには 2 つの別版があって，1 つは遅延し，もう 1 つは正格である．この違いは演算 (>>=) の実装に依存する．Haskell はデフォルトでは遅延版を提供しており，これは Control.Monad.State.Lazy モジュールにある．しかし，正格版が欲しければ Control.Monad.State.Strict をインポートすればよい．

10.4 ST モナド

状態スレッドモナドは Control.Monad.ST にあり，状態モナドとはまったく違うものである．しかし，見た目は似ている．State s a と同様，このモナドは以下の型と同じと考えてよい．

```
type ST s a = s -> (a, s)
```

しかし，大きな違いは型変数 s は Seed や [Int] などの特定の状態に具体化できないということである．状態の仮名にすぎない．s は特定の状態スレッドを識別するためのラベルであると考えられる．可変型はどれもこのスレッドタグが付いているので，アクションの効果はそのスレッド内で可変値に現れるだけである．

可変値には**プログラム変数** (program variable) という種類がある．Haskell や数学における変数とは違い，命令言語におけるプログラム変数はその値が可変である．プログラム変数は他の値への**参照**と考えてよい．Haskell においてはプログラム変数は STRef s a 型になる．この s の意味は，ここでの参照はこの状態スレッド s にだけ局所的なものであり，a はそこで参照される値の型である，ということである．Data.STRef には参照の生成，参照からの読み出し，参照への書き込みという演算が用意されている．

```
newSTRef   :: a -> ST s (STRef s a)
readSTRef  :: STRef s a -> ST s a
writeSTRef :: STRef s a -> a -> ST s ()
```

次に例を挙げよう．7.6 節でフィボナッチ関数の定義として以下を示した．

第10章 命令的関数プログラミング

```
fib :: Int -> Integer
fib n = fst (fib2 n)
fib2 0 = (0, 1)
fib2 n = (b, a + b)
         where
            (a, b) = fib2 (n - 1)
```

fib の評価にかかる時間は線形であるが，空間は（任意長の整数が定数空間に格納できるわけではないという事実を無視したとしても）定数というわけではない．再帰呼び出しのたびに新しい変数 a, b が生成される．それとは対照的なのが命令言語 Python で書いた以下の fib の定義である．

```
def fib (n):
    a, b = 0, 1
    for i in range (0, n):
        a, b = b, a + b
    return a
```

この定義では 2 つのプログラム変数 a, b を操って，（少なくとも小さい整数値に関しては）定数空間で走る．この Python のコードはほぼそのまま Haskell に翻訳できる．

```
fibST :: Int -> ST s Integer
fibST n = do { a <- newSTRef 0
             ; b <- newSTRef 1
             ; repeatFor n
                 (do { x <- readSTRef a
                     ; y <- readSTRef b
                     ; writeSTRef a y
                     ; writeSTRef b $! (x + y)
                     })
             ; readSTRef a
             }
```

正格適用演算子 ($!) を使って，和の計算を強制していることに注意してもらいたい．repeatFor は与えられたアクションを指定された回数繰り返す[*3]．

```
repeatFor :: Monad m => Int -> m a -> m ()
repeatFor n = foldr (>>) done . replicate n
```

これで，ほぼできあがりであるが，整数値が欲しいのなら ST s Integer をなんとかしなければならない．どうすればモナドから抜けて Haskell の値の世界にもどってこられるか．

答は状態モナドの runState と同じような以下の型を持つ関数を用意することである．

```
runST :: (forall s. ST s a) -> a
```

[*3] 訳注：標準ライブラリ Control.Monad にある replicateM_ と同じものである．

この型はこれまでの Haskell の型とは違っている．今までの多相型はランク 1 であったが，これは「ランク 2 多相型」と呼ばれるものである．すなわち，runST の引数は s において全称的でなければならない．つまり，runST は s に関する情報には，s という名前以外は一切依存できない．具体的には，アクションの中で宣言された STRef はどれも，同じスレッド s を保持しなければならない．

ランク 2 型を詳しく知るには，以下の 2 つのリストの違いを考察すればよい．

```
list1 :: forall a. [a -> a]
list2 :: [forall a. a -> a]
```

list1 の型は，これまで [a -> a] と書いてきたものと同じである．通常のランク 1 型においては，最も外側のレベルで全称限定されているものとみなされるからである．たとえば，[sin,cos,tan] は a を Float で具体化したとき，list1 の型と同じ型の値の 1 つとなる．しかし，list2 型のリストの要素となれる関数は恒等関数 id，未定義関数 undefined および const undefined の 3 つしかない．というのも，forall a. a -> a という型の関数はこの 3 つしかないからである．なんの情報もわからない型 a の値 x をもらって，同じ型 a の値を返さなければならないとすれば，できることは，もらった値 x をそのまま返すか，⊥ を返すかのどちらかである．

なぜ，runST の型はランク 2 になっているのか．それは以下のような定義を防ぐためである．

```
let v = runST (newSTRef True) in runST (readSTRef v)
```

このコードは正しく型付けできない．

```
newSTRef True :: ST s (STRef s Bool)
```

であり，式 runST (newSTRef True) においては，Haskell の型チェッカは STRef s a と runST の結果の型として期待される型 a とを照合できない．STRef s a 型の値は ST s からエクスポートできないが，s に依存しない型の値はエクスポートできる．このコードが可能になっていると 1 つめの runST 内でアロケートされた参照が 2 つめの runST 内で使えてしまう．すなわち，1 つのスレッドで読んだものが別のスレッドで使えるということであり，そうなるとスレッド実行のために使った評価の順序に結果が依存することになり，これが崩壊と混乱の原因になる．これは，IO モナドでも起こるのを避けたかった，まさに同じ問題である．

しかし，以下の定義は安全である．

```
fib :: Int -> Integer
fib n = runST (fibST n)
```

この版の fib は定数空間で動作する．

ST モナドの主な使い途は可変配列の処理である．配列に関する疑問については 1 節をまるまる使って説明する価値がある．

10.5 可変配列

はじめて関数プログラミングに触れた命令プログラマは，配列ではなくリストが基本的データ構造として強調されていることに驚く．そうなっている理由は，効率のよい配列の更新（配列を使うのはすべてではないにしろこの理由による）は破壊的なものであるからだ．特定のインデックスにおける配列の値を変更する

と，古い配列はなくなってしまう．しかし，関数プログラミングでは，データ構造は**永続的**であり，名前のついたデータ構造はずっと存在し続ける．例を挙げよう．`insert x t` は新しい要素 x を木 t に挿入するとしても，t はずっともとの木を参照し続ける．したがって，上書きしないほうがよい．

Haskell では可変配列は `STArray s i e` 型の値である．s は状態スレッドの名前，i はインデックスの型，e は要素の型である．どんな型でもインデックスになれるというわけではなく，Ix クラスのインスタンスでなければならない．Ix クラスのインスタンスとしては，`Int` や `Char` など，連続した整数の範囲に写像できるものである．

`STRef` と同じように配列を生成し，配列を読み，配列に書く操作がある．さっそく，例を見ながら説明を続けよう．7.7 節のクイックソートを思い出してもらいたい．

```
qsort :: (Ord a) => [a] -> [a]
qsort []       = []
qsort (x : xs) = qsort [ y | y <- xs, y < x  ] ++  [x]
                 ++ qsort [ y | y <- xs, x <= y ]
```

そのときの説明では，クイックソートを実装する場合，配列を使えば，余分な空間を使わずに同じ空間で分割段階を実装できるといった．まさにこのようなアルゴリズムを実装するための道具を手にしている．以下のコードから出発しよう．

```
qsort :: (Ord a) => [a] -> [a]
qsort xs = runST $
           do { xa <- newListArray (0, n - 1) xs
              ; qsortST xa (0, n)
              ; getElems xa
              }
           where
              n = length xs
```

最初に範囲 `(0, n - 1)` の可変配列を生成し，xs の要素を埋める．その配列をソートするアクションは `qsortST xa (0, n)` である．最後にソート済み配列の要素で構成されるリストが返る．上のコードで，`newListArray` というアクションの型は

```
Ix i => (i, i) -> [e] -> ST s (STArray s i e)
```

であり，`getElems` の型は

```
Ix i => STArray s i e -> ST s [e]
```

である．1 つめは要素のリストから可変配列を構成し，2 つめは可変配列の要素からなるリストを構成する．

`qsortST xa (a, b)` は区間 `(a, b)` にある xa の部分配列をソートする．この区間は定義から下限を含み，上限は含まない．すなわち，`[a .. b - 1]` ということである．配列を処理するときには常に，左を閉じ，右を開いた区間にしておくというのがよい方針である．以下は `qsortST` の定義である．

```
qsortST :: Ord a => STArray s Int a -> (Int, Int) -> ST s ()
qsortST xa (a, b)
  | a == b    = return ()
  | otherwise =  do { m <- partition xa (a, b)
                    ; qsortST xa (a, m)
                    ; qsortST xa (m + 1, b)
                    }
```

a == b なら区間は空でなにもしない．そうでなければ，配列にある適切な要素 x に関して，区間 (a, m) にあるすべての要素が x 未満で，区間 (m + 1, b) にあるすべての要素が x 以上であるように，並べ換えを行う．要素 x そのものは位置 m に配置する．2 つの部分区間でのソートができれば，全体のソートは完成である．

残りは partition の定義である．適切な定義を見つける唯一の方法は，事前条件，事後条件，それにループ不変条件を用いて形式的に開発する方法である．しかし，本書は関数プログラミングに関する本であって，命令プログラミングの形式的開発に関する本ではないので，詳細は勘弁してもらうとして，1 つだけ実装を示すだけにする．

```
partition xa (a, b)
  = do { x <- readArray xa a
       ; let loop (j, k)
               = if j == k
                   then do { swap xa a (k - 1)
                           ; return (k - 1)
                           }
                   else do { y <- readArray xa j
                           ; if y < x then loop (j + 1, k)
                             else do { swap xa j (k - 1)
                                     ; loop (j, k - 1)
                                     }
                           }
         in loop (a + 1, b)
       }
```

ここで swap アクションは以下のように定義される．

```
swap :: STArray s Int a -> Int -> Int -> ST s ()
swap xa i j = do { v <- readArray xa i
                 ; w <- readArray xa j
                 ; writeArray xa i w
                 ; writeArray xa j v
                 }
```

ここでは正確ではないが手短に partition がどのように動作するかを説明する．まず，区間 (a, b) に含

まれる最初の要素 x をピボットとする．それから，残りの区間 (a + 1, b) で処理するループに入り，区間が空になるまで続ける．x より小さい要素はそのままで，区間を左側から縮める．x より小さくない y に出会ったら，これを区間内いちばん右の位置にある要素と交換し，区間を右側から縮める．区間が空になったらピボットを最終的な位置に置き，その位置を結果として返す．

loop はモナド内で局所的な手続きとして定義されていることに注意してもらいたい．これを大域的な定義にすることもできたはずであるが，そうするには，配列 xa，ピボット x，開始位置 a の 3 つを余分に引数として与えなければならない．

ハッシュテーブル

純粋関数版のクイックソートの漸近的時間計算量は，可変配列版と同じであるが，可変配列版のほうが速くなるアルゴリズムもある．すなわち，可変配列であることが効く場合で，集合の表現にハッシュテーブルを用いる場合がその例である．

ここではより適切な例題でハッシュテーブルの使い方を見よう．2 つの有限集合を使ってあるパズルを表現する．**位置**の集合と**手**の集合である．以下の関数が与えられているものとする．

```
moves  :: Position -> [Move]
move   :: Position -> Move -> Position
solved :: Position -> Bool
```

関数 moves は与えられた位置で可能な手の集合を表し，move は手を打つ関数であり，solved は位置が当該パズルの解になっているかどうかを判断する．このパズルを解くということは，与えられた開始位置から解の位置までのなんらかの手の並び（できれば最短のもの）を求めることである．

```
solve :: Position -> Maybe [Move]
```

開始位置 p から解の位置までとどく手の並びがなければ，solved p の値は Nothing となる．解にとどく手の並びがあれば Just ms がその値となる．ただし，

```
solved (foldl move p ms)
```

は真である．

幅優先探索を実行する solve の実装を考えよう．どうするかといえば，開始位置から 1 手で移動できるすべての位置について解であるかを確かめ，次に 2 手で移動できるすべての位置について確かめるということを続けるのである．この探索ではもし解があれば，最短の解が 1 つ見つけられる．この探索を実装するには以下の型が必要になる．

```
type Path     = ([Move], Position)
type Frontier = [Path]
```

Path は開始位置からの手の並び（逆順）と手を実行したあとの結果位置を含む．Frontier はさらに先へ伸ばす予定の Path のリストである．こうすると，幅優先探索は以下のように実装できる．

```
    solve p = bfs [] [([], p)]

    bfs :: [Position] -> Frontier -> Maybe [Move]
    bfs ps [] = Nothing
    bfs ps ((ms, p) : mps)
      | solved p    = Just (reverse ms)
      | p `elem` ps = bfs ps mps
      | otherwise   = bfs (p : ps) (mps ++ succs (ms, p))

    succs :: Path -> [Path]
    succs (ms, p) = [(m : ms, move p m) | m <- moves p]
```

bfsの引数psはすでにたどった位置の集合を表している．2つめの引数は前線（frontier）を表しており，これをキューのように使って，パスの長さが同じものを処理してから，次のステップへ進むように調整する．パスの検査は位置が解になっていればそれを受け付け，位置がすでに探索済みならそれは捨てる．どちらでもなければ，続きのパスを次の探索候補として現在のFrontierのリストの最後に追加する．成功したパスに含まれる手の並びは逆順にしてから，bfsの結果として返す．このような操作になっているのは，単に効率のために，succsは新しい手をリストの末端ではなく，先頭に追加するからである．

　bfsの効率が悪い原因は主に2つある．1つは，(++)を使っていることであり，もう1つは，elemを使っていることによる．1つめの原因については，前線の大きさは指数的に増大するので，次の候補をFrontierの最後に連結するのが遅いということである．改善するにはbfsの定義を以下のように変更することである．

```
    bfs :: [Position] -> Frontier -> Frontier -> Maybe [Move]
    bfs ps [] []   = Nothing
    bfs ps [] mqs  = bfs ps mqs []
    bfs ps ((ms, p) : mps) mqs
      | solved p    = Just (reverse ms)
      | p `elem` ps = bfs ps mps mqs
      | otherwise   = bfs (p : ps) mps (succs (ms, p) ++ mqs)
```

追加した引数は，一時的に次の候補を格納するFrontierである．1つめのFrontierが全部消費されたら，一時的なFrontierが新しいFrontierとして設定される．次の候補を一時Frontierの先頭に追加するのはFrontierの大きさではなく，候補の数に比例した時間がかかる．そういうわけで，ずっと速いアルゴリズムになる．その一方で，新しいbfsは古いものとは異なるものになっている．あとに続くFrontierをたどる順序が，左から右と右から左との違いがある．それでも，解があるとすれば最短のものが見つかることに変わりはない．

　遅い原因の2つめは，指定した要素が集合に属しているかどうかを検査する部分にある．直前までに探索した位置をリストに格納すると，現時点での位置がその中にあるかどうかを確認するには，リストに含まれる要素の数に比例した時間がかかることになり遅くなる．位置が，ある n に対して $[0 .. n - 1]$ に含まれる整数であれば，$(0, n - 1)$ という範囲の論理値配列を使って，その場所にチェックを付ければよい．そうすれば所属検査は1回の配列探索だけで済む．

第10章 命令的関数プログラミング

位置を整数に符号化する方法は考えやすいが，あらかじめ設定した有限範囲内で符号化するにはどうすればよいだろう．たとえば，数独（5章参照）における位置は81桁の整数として表現ができる．そこで，位置を整数で符号化する関数 encode があるとしよう．

```
encode :: Position -> Integer
```

範囲を狭くするために，ある適当な n :: Int に対して以下のような関数 hash を定義する．

```
hash :: Position -> Int
hash p = fromInteger (encode p) 'mod' n
```

こうすると hash の結果の整数は，[0 .. n - 1] に含まれる．

この方法には，2つの異なる位置が同じ整数に符号化されるという，大きな障害が1つある．この問題を解決するには論理値配列を使うのは諦めて位置リスト配列を使う．配列中でインデックスが k の場所に格納されている位置のハッシュ値はどれも k である．最悪の場合は，この方法で効率が改善できるという保証はなにもない．しかし，n を合理的な大きさにできれば，このハッシュ関数は位置をどのインデックスにもほぼ均等に配分できる．そうなれば，所属検査の計算量は n 分の1になる．

このハッシュ方式を採用した改訂版の solve は以下のとおりである．

```
solve :: Position -> Maybe [Move]
solve start = runST
            $ do { pa <- newArray (0, n - 1) []
                 ; bfs pa [([], start)] []
                 }

bfs :: STArray s Int [Position] -> Frontier
    -> Frontier -> ST s (Maybe [Move])
bfs pa [] []  = return Nothing
bfs pa [] msq = bfs pa msq []
bfs pa ((ms, p) : mps) mqs
  = if solved p then return (Just (reverse ms))
    else do { ps <- readArray pa k
            ; if p 'elem' ps then bfs pa mps mqs
              else do { writeArray pa k (p : ps)
                      ; bfs pa mps (succs (ms, p) ++ mqs)
                      }
            }
  where
    k = hash p
```

10.6 不可変配列

不可変配列上の純粋に関数的な演算を提供するライブラリモジュール Data.Array についても言及しなけ

10.6 不可変配列

ればならない．これらの演算は可変配列を用いて実装されてはいるが，API は純粋に関数的なものである．

型 Array i e は型 i のインデックスを持ち，型 e の要素を持つ配列を表す抽象型である．配列を構成する基本演算には以下のものがある．

```
array :: Ix i => (i, i) -> [(i, e)] -> Array i e
```

この関数は引数として，境界の対つまりインデックスの最小値と最大値と，配列のエントリーを指定するインデックスと要素の対のリストを取る．結果は，与えられた範囲とエントリーを持つ配列になる．連想リストにないエントリーは未定義エントリーと考えられる．同じインデックスを持つエントリーが 2 つあるとき，あるいは，インデックスが範囲外のエントリーがある場合には未定義の配列が返る．このような検査があるおかげで，配列の構成はインデックスについて正格である．ただし，要素に関しては評価は遅延される．配列の構築にはエントリー数に比例した時間がかかる．

array の単純な変形版に listArray がある．

```
listArray :: Ix i => (i, i) -> [e] -> Array i e
listArray (l, r) xs = array (l, r) (zip [l..r] xs)
```

この関数は要素の単なるリストを取る．

もう 1 つ accumArray という配列を構築する方法がある．その型は少しわかりにくい．

```
Ix i => (e -> v -> e) -> e -> (i, i) -> [(i, v)] -> Array i e
```

1 つめの引数は「蓄積」関数で，配列のエントリーと値とを新しいエントリーに変換する．2 つめの引数は各インデックスの最初のエントリーである．3 つめの引数は範囲の下限と上限の対であり，4 つめ（最後）の引数はインデックス-値対の連想リストである．連想リストを左から右に処理し，蓄積関数を使ってエントリーと値を合成して新しいエントリーを構成して，結果の配列を構築する．蓄積関数が定数時間計算量だとすると，この処理の計算量は連想リストの長さに比例する．

ここまでは accumArray をことばで説明したものである．記号で書けば，

```
elems (accumArray f e (l, r) ivs)
  = [foldl f e [v | (i, v) <- ivs, i == j] | j <- [l..r]]
```

となる．ここで elems は配列の要素をインデックス順に並べたリストを返す関数である．上の等式は少し不正確である．ivs に関して制限を追加しておかなければならない．その制限というのは，すべてのインデックスが指定された範囲内にあるというものである．この条件を満たさないと，左辺はエラーになり，右辺はエラーにならないということが起こる．

accumArray は複雑に見えるものであるが，ある種の問題を解くにはとても便利なツールである．例を 2 つ挙げよう．1 つめは，有向グラフを表現するという問題を考える．数学では有向グラフは**頂点**の集合と**辺**の集合を使って表現するのが普通である．辺は頂点対 (j, k) で表現する．この辺は頂点 j から頂点 k へ向かう辺である．このとき，頂点 k は頂点 j に**隣接**するという．以降，頂点はある n について 1 から n の範囲の整数で表すものとする．

```
type Vertex = Int
type Edge   = (Vertex, Vertex)
type Graph  = ([Vertex], [Edge])

vertices g = fst g
edges g    = snd g
```

計算機で扱うときには，有向グラフを隣接リストで表現することも多い．

```
adjs :: Graph -> Vertex -> [Vertex]
adjs g v = [k | (j, k) <- edges g, j == v]
```

adjsをこのように定義することの問題点は，特定の頂点に対する隣接リストを計算するのに辺の数に比例した時間がかかるということである．adjsのよりよい実装は以下のように配列を使う．

```
adjArray :: Graph -> Array Vertex [Vertex]
```

そうすると，adjsは以下のように定義できる．

```
adjs g v = adjArray g ! v
```

ここで，(!)は配列要素のインデックスによる参照演算である．配列が合理的な大きさであれば，この演算は定数時間である．

adjArrayの仕様は以下のとおりである．

```
elems (adjArray g) = [[k | (j, k) <- edges g, j == v] | v <- vertices g]
```

この仕様を使った運算でadjArrayの直接定義を導ける．行を短くするために，edges gをesと，vertices gをvsと表現すると，

```
elems (adjArray g) = [[k | (j, k) <- es, j == v] | v <- vs]
```

となる．まず，右辺をfoldr (:) [] = id という法則を使って書き換えると，

```
[foldr (:) [] [k | (j, k) <- es, j == v] | v <- vs]
```

という式がえられる．

次に任意の有限リスト xs について foldr f e xs = foldl (flip f) e (reverse xs) という法則を使う．filp (:) を (@) と略記することにすると，

```
[foldl (@) [] (reverse [k | (j, k) <- es, j == v]) | v <- vs]
```

がえられる．reverseを分配すると，

```
[foldl (@) [] [k | (j,k) <- reverse es, j == v] | v <- vs]
```

がえられる．次に swap (j, k) = (k, j) を使うと

```
[foldl (@) [] [j | (k, j) <- es', j == v] | v <- vs]
```

がえられる．ここで es' = map swap (reverse es) である．最後に n = length vs と accumArray の仕様を用いると，

```
elems (adjArray g) = elems (accumArray (flip (:)) [] (1, n) es')
```

がえられる．これは，以下のように定義できることを示している．

```
adjArray g = accumArray (flip (:)) [] (1, n) es
             where
               n  = length (vertices g)
               es = map swap (reverse (edges g))
```

adjArray g をこのように定義すると，すべての隣接リストを辺の数に比例した時間で計算できる．

accumArray を使うと便利な 2 つめの例を挙げよう．n 個の整数のリストがあるとしよう．それらの整数はすべて，ある m に対して $(0, m)$ の範囲にあるとする．それぞれの整数が出現する回数を数えることで，このリストを $\Theta(m+n)$ ステップでソートできる．

```
count :: [Int] -> Array Int Int
count xs = accumArray (+) 0 (0, m) (zip xs (repeat 1))
```

repeat 1 の値は 1 の無限リストである．出現数を数えるのには $\Theta(n)$ ステップかかる．要素を数え終えたら，これを以下のようにソートできる．

```
sort xs = concat [replicate c x | (x, c) <- assocs (count xs)]
```

関数 assocs も配列ライブラリの関数で配列のインデックス-要素対をインデックス順のリストにして返す．このソートは $\Theta(m)$ ステップでできる．

ほかにも Data.Array に含まれている配列演算を紹介しよう．更新演算 (//) は以下の型を持つ．

```
(//) :: Ix i => Array i e -> [(i, e)] -> Array i e
```

たとえば，xa を $n \times n$ の行列とすると，

```
xa // [((i, i), 0) | i <- [1..n]]
```

は対角要素が 0 になっている以外は xa と同じ行列になると期待される．(//) の欠点は，更新するのがたった 1 つの要素であっても，計算には配列の要素数に比例する時間がかかるということである．古い xa はずっと存在し続けるので，まったく新しい配列を作る必要があるからである．

この章は，純粋関数プログラミングの世界に戻ったところで終わる．純粋関数プログラミングの世界では等式論証を使って，定義の運算による導出と定義の最適化の両方が可能である．モナドスタイルは日常的に命令プログラミングを行うプログラマにとっては魅力的であるが，モナドを使ったプログラムに関してどのように論証するかという問題は依然として残っている．等式論証が特定の条件付で可能であるというのは正しい（たとえば，練習問題 F を参照せよ）．しかし，純粋関数の世界と同様に広く適用できるわけではない（クイックソートの分割フェーズの正しさを考えてみよ）．命令プログラミングを行うプログラマは同じ問題を抱えていて，これをわざわざ，述語論理，事前条件，事後条件，ループ不変条件を用いて解決している．モナドを用いたコードを直接論証する方法は，今でも研究途上の課題である．

アドバイスをするなら，モナドスタイルは控えめに，ほんとうに便利なときだけにしておくのがよい．そ

うしないと，関数プログラミングの最も重要な性質，すなわち，その構成について数学的に論証できるという性質を失うことになる．

10.7 練習問題

練習問題 A

```
putStr = foldr (>>) done . map putChar
```

であったことを思い出してもらいたい．

```
foldl (>>) done . map putChar
```

は何をしているのか．(>>) を (>>=) で表し，モナド則を用いて説明せよ．

練習問題 B

パターン照合スタイルで以下の関数を定義せよ．

```
add3 :: Maybe Int -> Maybe Int -> Maybe Int -> Maybe Int
```

この関数は 3 つの数がすべてそろっていれば，それらを加えるものである．次に Maybe モナドを使って，add3 を定義せよ．

練習問題 C

10.2 節でモナドを使って定義した cp は効率が悪い．以下のように書きたい．

```
cp (xs : xss) = do { ys <- cp xss
                   ; x <- xs
                   ; return (x : ys)
                   }
```

定義より**可換** (commutative) モナドは以下の等式が成り立つモナドである．

```
  do { x <- p; y <- q; f x y }
= do { y <- q; x <- p; f x y }
```

IO モナドは間違いなく可換ではないが，可換であるモナドもある．Maybe モナドは可換か．

練習問題 D

すべてのモナドはファンクタである．以下の定義を完成させることを考えよう．

```
instance Monad m => Functor m where
  fmap :: (a -> b) -> m a -> m b
  fmap f = ...
```

現時点の Haskell 2010 では Monad クラスが Functor クラスのサブクラスであることを強制していない（しかし、将来はこれが変更される予定になっている[*4]）。代わりに、モナドに対する fmap 相当の liftM 関数が提供されている。liftM（あるいは fmap）を return と >>= を用いて定義せよ。

join :: m (m a) -> m a は 2 層になったモナド構造を 1 層に平坦化する関数である。join を >>= を用いて表せ。リストモナドに対する join と liftM とモナドは、よく知られたリスト関数のどれになるか。

join と liftM を用いて、(>>=) を定義せよ。それができれば、return と >>= とでモナドを定義する代わりに、return, join, liftM でモナドを定義できる。

練習問題 E

あまたの有用なモナド関数が Control.Monad モジュールで提供されている。たとえば，

```
sequence_ :: Monad m => [m a] -> m ()
sequence_ = foldr (>>) done
```

などはその 1 つである[*5]。（Haskell でよく見る名前の最後にアンダースコアを付ける慣習は、アクションの結果がヌルタプルであることを表している。）これに関連して以下の関数を定義せよ。

```
sequence :: Monad m => [m a] -> m [a]
```

次に sequence と sequence_ を使って以下の 2 つの関数を定義せよ。

```
mapM_ :: Monad m => (a -> m b) -> [a] -> m ()
mapM  :: Monad m => (a -> m b) -> [a] -> m [b]
```

さらに以下の関数も定義せよ。

```
foldM :: Monad m => (b -> a -> m b) -> b -> [a] -> m b
```

本文ではアクションを n 回繰り返すのに repeatFor n を使ったが、これを一般化した以下の関数を定義せよ。

```
forM_ :: Monad m => [a] -> (a -> m b) -> m ()
```

練習問題 F

モナドを使った等式の論証を練習しよう。以下の関数を考える。

```
add :: Int -> State Int ()
add n = do { m <- get; put (m + n) }
```

[*4] 訳注：GHC 7.10.1 より，GHC では Monad クラスは Applicative クラスのサブクラスであり，Applicative クラスは Functor クラスのサブクラスであることが要請されるようになった。

[*5] 訳注：GHC 7.10.1 以降 sequence_ は sequenceA_ のモナド専用版である。Data.Foldable モジュールで定義されている。型シグネチャは，
```
sequence_ :: (Foldable t, Monad m) => t (m a) -> m ()
```
である。

行うべきことは，以下を証明することである．

```
sequence_ . map add = add . sum
```

ただし，`sequence_`は前問で定義したものであり，`sum`は整数リストの総和である．これを解くには，`foldr`に関する融合則，`put`と`get`に関する単純な法則，それに以下のようなモナド則が必要になる．

$$\text{do } \{ \textit{stmts}_1 \} \gg \text{do } \{ \textit{stmts}_2 \} = \text{do } \{ \textit{stmts}_1;\ \textit{stmts}_2 \}$$

このモナド則は $\textit{stmts}_1$ が含む変数集合と $\textit{stmts}_2$ が含む変数集合が互いに素であるこが前提である．

練習問題 G

以下のリープフログ則を証明せよ．

```
(f >=> g) . h = (f . h) >=> g
```

この法則を用いて

```
(return . h) >=> g = g . h
```

であることを証明せよ．

練習問題 H

以下の等式を証明せよ．

```
liftM f = id >=> (return . f)
join    = id >=> id
```

モナド則を表現する第4の方法は，練習問題Dで定義した`liftM`と`join`を使う方法である．この2つの関数を支配している法則は7つあり，どれも見たことのありそうなものである．

```
liftM id      = id
liftM (f . g) = liftM f . liftM g
liftM f . return = return . f
liftM f . join   = join . liftM (liftM f)

join . return       = id
join . liftM return = id
join . liftM join   = join . join
```

4つめの法則を証明せよ．

練習問題 I

`build []` は何をしているのか（10.3 節参照）．

練習問題 J

ハングマンを遊ぶ対話プログラムを書け．以下はセッション例である．

```
ghci> hangman
I am thinking of a word:
-----
Try and guess it.
guess: break
-a---
guess: parties
Wrong number of letters!
guess: party
-appy
guess: happy
Your got it!
Play again? (yes or no)
no
Bye!
```

秘密にする単語は Words という名前のファイルに保存されているものとせよ．したがって，xs <- readFile "Words" というアクションはそのファイルの内容を1つの文字列として読み込む．ちなみに，readFile は遅延入力関数でその内容を要求されるのに応じて読み込む．

練習問題 K

STRef を1つしか使わない fibST を使って fib を書け．

練習問題 L

2つの正整数の最大公約数（gcd）を定義する方法の1つは以下である．

```
gcd (x, y) | x == y = x
           | x < y  = gcd (x, y - x)
           | x > y  = gcd (x - y, y)
```

これを State モナドを使ったプログラムに翻訳せよ．また，ST モナドを使ったプログラムにも翻訳せよ．

練習問題 M

幅優先探索を用いて解ける具体的なパズルを考えよう．Sam Loyd の有名な 15 パズルの縮小版，8 パズルを考える．1から8までの数字が書かれた駒と駒のない空白スペースからなる 3×3 の配列があるものとする．駒を隣接する空白スペースへすべらせられる．駒が上下左右のどこに動かせるかは空白スペースの位

置による．開始時に空白スペースが左上の角にあり，そのあと 1 から 8 の駒が順にならんでいる．終了時には空白スペースが右下の角にあり，1 から 8 の駒は最初と同じ順にならんでいる．

ミッションは，位置と手の表現を設定し，関数 moves, move, solved, encode を定義することである．

10.8 練習問題の解答

練習問題 A の解答

(>>) ::IO () -> IO () -> IO () は単位元 done について結合性がある．すなわち，任意の有限文字列 xs について，

```
putStr xs = foldl (>>) done (map putChar xs)
```

である．

結合性を証明することに集中しよう．まず，IO () に関して，

```
p >> q = p >>= const q
```

である．ただし，const x y = x である．これで，以下のように論証できる．

```
  (p >> q) >> r
=   {(>>) の定義}
  (p >>= const q) >>= const r
=   {第 3 のモナド則}
  p >>= const (q >>= const r)
=   {(>>) の定義}
  p >>= const (q >> r)
=   {(>>) の定義}
  p >> (q >> r)
```

練習問題 B の解答

ワイルドカードパターンを使った直接定義例は以下のとおり．

```
add3 Nothing _ _            = Nothing
add3 (Just x) Nothing _     = Nothing
add3 (Just x) (Just y) Nothing = Nothing
add3 (Just x) (Just y) (Just z) = Just (x + y + z)
```

この定義では，add3 Nothing undefined undefined = Nothing であることなどが保証される．

モナドを利用した定義は以下のとおり．

```
add3 mx my mz = do { x <- mx
                   ; y <- my
                   ; z <- mz
                   ; return (x + y + z)
                   }
```

練習問題 C の解答

Maybe モナドは可換である．可換則の主張は以下のとおりである．

```
  p >>= \ x -> q >>= \ y -> f x y
= q >>= \ y -> p >>= \ x -> f x y
```

である．Maybe モナドでは 4 通りの場合を確認する必要がある．たとえば，p = Nothing, q = Just y のとき両辺とも Nothing になる．他の場合も同様に可換則が成り立つことが示せる．

練習問題 D の解答

以下が成り立つ．

```
liftM f p = p >>= (return . f)
join p    = p >>= id
```

リストモナドについては liftM = map, join = concat である．(>>=) は liftM と join を使って以下のように定義できる．

```
p >>= f = join (liftM f p)
```

練習問題 E の解答

関数 sequence は以下のように定義する．

```
sequence :: Monad m => [m a] -> m [a]
sequence = foldr k (return [])
  where
    k p q = do { x <- p
               ; xs <- q
               ; return (x : xs)
               }
```

2 種類の写像関数は以下のように定義する．

```
mapM_ f = sequence_ . map f
mapM f  = sequence  . map f
```

第 10 章 命令的関数プログラミング

foldM は以下のように定義する．

```
foldM :: Monad m => (b -> a -> m b)
     -> b -> [a] -> m b
foldM f e []       = return e
foldM f e (x : xs) = do { y <- f e x
                        ; foldM f y xs
                        }
```

foldM は foldl に似て，左から右へ処理が進むことに注意してもらいたい．最後に forM_ は以下のように定義する．

```
forM_ = flip mapM_
```

練習問題 F の解答

まず，6.3 節にある foldr と map に関する融合則を用いて以下を示す．

```
  sequence_ . map add
= foldr (>>) done . map add
= foldr ((>>) . add) done
```

さらに，

```
((>>) . add) n p = add n >> p
```

である．sum = foldr (+) 0 なので，以下を証明すればよい．

```
foldr (\ n p -> add n >> p) done = add . foldr (+) 0
```

これは foldr の融合則の具体例に見える．したがって，add が正格であることと，以下を示せばよい．

```
add 0       = done
add (n + n') = add n >> add n'
```

n = 0 の場合，

```
  add 0
=   {定義により}
  do { m <- get; put (m + 0) }
=   {算術演算により}
  do { m <- get; put m }
=   {put と get の簡単な法則により}
  done
```

これで 1 つめの条件がかたづいた．2 つめの条件はより複雑な側から論証を始める．

```
        add n >> add n'
    =   {定義より}
        do { l <- get; put (l + n) } >> do { m <- get; put (m + n') }
    =   {モナド則により}
        do { l <- get; put (l + n); m <- get; put (m + n') }
    =   {put と get の簡単な法則により}
        do { l <- get; put ((l + n) + n')}
    =   {(+) の結合性と add の定義より}
        add (n + n')
```

練習問題 G の解答

リープフロッグ則の論証は以下のように行えばよい．

```
        (f >=> g) (h x)
    =   {(>=>) の定義より}
        f (h x) >>= g
    =   {(>=>) の定義より}
        (f . h >=> g) x
```

2 つめについては以下のように論証する．

```
        (return . h) >=> g
    =   {リープフロッグ則}
        (return >=> g) . h
    =   {モナド則}
        g . h
```

練習問題 H の解答

4 つめの法則は両辺を単純化する．左辺は以下のように論証する．

```
        liftM f . join
    =   {定義により}
        (id >=> (return .f)) . (id >=> id)
    =   {リープフロッグ則および id . f = f により}
        (id >=> id) >=> (return . f)
```

右辺は，以下のとおり．

第 10 章 命令的関数プログラミング

```
      join . liftM (liftM f)
  =   {定義により}
      (id >=> id) . (id >=> return . (id >=> (return . f)))
  =   {リープフロッグ則と (>=>) の結合性により}
      id >=> (return . (id >=> (return . f))) >=> id
  =   {(return . h) >=> g = g . h}
      id >=> id >=> (return . f)
```

(>=>) は結合性があるので両辺は等しい.

練習問題 I の解答

build [] は無限ループになる. したがって, その値は ⊥ である.

練習問題 J の解答

メインの関数は以下のように定義できる.

```
hangman :: IO ()
hangman = do { xs <- readFile "Words"
             ; play (words xs)
             }
```

play 関数は単語を変えつつ何回も（ファイルには十分な単語を用意済みであることを仮定して）遊べるようにする.

```
play (w : ws) = do { putStrLn "I am thinking of a word:"
                   ; putStrLn  (replicate (length w) '-')
                   ; putStrLn "Try and guess it."
                   ; guess w ws
                   }
```

関数 guess は 1 回分の推定を扱うが, そのあとに続く回に備えて残りの単語集を保持する.

```
guess w ws = do { putStr "guess: "
                ; w' <- getLine
                ; if length w' /= length w then do
                    { putStrLn "Wrong number of letters!"
                    ; guess w ws
                    }
                  else if w' == w then do
                      { putStrLn "You got it!"
                      ; putStrLn "Play again? (yes or no)"
                      ; ans <- getLine
                      ; if ans == "yes" then play ws
                        else putStrLn "Bye!"
                      }
                  else do
                    { putStrLn (match w' w)
                    ; guess w ws
                    }
                }
```

最後に match をプログラムすればよい.

```
match w' w = map check w
             where
                 check x = if x `elem` w' then x else '_'
```

練習問題 K の解答

以下のプログラムは正しく動作するが，空間計算量は定数ではない．

```
fib n = fst $ runST (fibST n)

fibST :: Int -> ST s (Integer,Integer)
fibST n = do { ab <- newSTRef (0, 1)
             ; repeatFor n
               $ do { (a, b) <- readSTRef ab
                    ; writeSTRef ab $! (b, a + b)
                    }
             ; readSTRef ab
             }
```

定数にならない理由は，(b, a + b) はすでに頭部正規形なので，正格適用の効果はない．下から 4 行目は以下のように書き換える必要がある．

```
        b `seq` (a + b) `seq` writeSTRef ab (a, a + b)
```
これにより対の構成要素が強制的に評価される.

練習問題 L の解答

State モナド版は以下のとおり.

```
gcd (x, y) = fst $ runState loop (x, y)

loop :: State (Int, Int) Int
loop = do { (x, y) <- get
          ; if x == y then return x
            else if x < y then do { put (x, y - x)
                                  ; loop
                                  }
                     else do { put (x - y, y)
                             ; loop
                             }
          }
```

ST モナド版は以下のとおり.

```
gcd (x, y) = runST
           $ do { a <- newSTRef x
                ; b <- newSTRef y
                ; loop a b
                }

loop :: STRef s Int -> STRef s Int -> ST s Int
loop a b = do { x <- readSTRef a
              ; y <- readSTRef b
              ; if x == y then return x
                else if x < y then do { writeSTRef b (y - x)
                                      ; loop a b
                                      }
                         else do { writeSTRef a (x - y)
                                 ; loop a b
                                 }
              }
```

練習問題 M の解答

答は当然いろいろありうる．筆者が用意したものは，駒の配列は 9 個の数のリスト $[0..8]$ で表現する．ゼロは空白スペースを表すものとする．再計算を回避するために，位置は (j, ks) という対で表現し，j はゼロの ks 内での位置であり，ks は $[0..8]$ の並び換えのどれかである．

```
type Position = (Int, [Int])
data Move     = Up | Down | Left | Right

encode :: Position -> Integer
encode (j, ks) = foldl op 0 ks
                 where
                     op x d = 10 * x + fromIntegral d

start :: Position
start = (0, [0 .. 8])
```

関数 moves は以下のように定義できる．

```
moves :: Position -> [Move]
moves (j, ks)
   =  [Up    | j `notElem` [6, 7, 8]]
   ++ [Down  | j `notElem` [0, 1, 2]]
   ++ [Left  | j `notElem` [2, 5, 8]]
   ++ [Right | j `notElem` [0, 3, 6]]
```

上への移動は空白スペースが最下行にあるとき以外で可能であり，下への移動は空白スペースが最上行にあるとき以外で可能であり，左への移動は空白スペースが最右列にあるとき以外で可能であり，右への移動は空白スペースが最左列にあるとき以外で可能である．

move の定義は以下のように定義できる．

```
move :: Position -> Move -> Position
move (j, ks) Up    = (j + 3, swap (j, j + 3) ks)
move (j, ks) Down  = (j - 3, swap (j - 3, j) ks)
move (j, ks) Left  = (j + 1, swap (j, j + 1) ks)
move (j, ks) Right = (j - 1, swap (j - 1, j) ks)

swap (j, k) ks = ks1 ++ y:ks3 ++ x:ks4
                 where
                     (ks1, x : ks2) = splitAt j ks
                     (ks3, y : ks4) = splitAt (k - j - 1) ks2
```

最後に solved の定義を示す．

```
solved :: Position -> Bool
solved p = p == (8, [1, 2, 3, 4, 5, 6, 7, 8, 0])
```

筆者の計算機で走らせた結果は以下のとおり．

```
ghci> solve start
Just [Left,Up,Right,Up,Left,Left,Down
    ,Right,Right,Up,Left,Down,Down,Left
    ,Up,Up,Right,Right,Down,Left,Left,Up]
(2.67 secs, 1,103,809,800 bytes)
```

10.9　章末ノート

モナドがどのような経緯で Haskell の一部として統合されたか，なぜこのアイデアが現実的プログラミングで Haskell が採用される機会を増やすことに貢献したのかを知りたければ，*A History of Haskell* を読むといい．GHC は Haskell で書かれており，モナドを使って構造化されている．このコンパイラの各フェーズはそれぞれモナドを使って情報を管理している．たとえば型検査器は（現在の置換を保持するための）状態，（変数の）新しい名前を供給するための仕組み，例外を複合させて使っている．John Launchbury が (>>=) よりも do 記法を使うことを推奨したのは 1993 年のことであり，Mark Jones が Gofer で最初に実装した（1993 年）．

モナドに関するチュートリアルはどんどん増えている．その一覧は，

http://wiki.haskell.org/Monad_tutorials_timeline

を参照してもらいたい．

モナドを含む等式論証の例は Jeremy Gibbons の論文 Unifying Theories of Programming with Monads (UTP Symposium, August 2012) にある．モナドを伴なう等式論証を行うことに関するさらなる教材については Jeremy Gibbons と Ralf Hinze による論文 Just do it: Simple monadic equational reasoning (Proceedings of the 2011 International Conference of Functional Programming) にある．どちらの論文も以下に置かれている．

http://www.cs.ox.ac.uk/people/jeremy.gibbons/publications/

第11章
構文解析

構文解析器はテキストの断片を解析し，その論理的構造を決定するプログラムである．テキストは何らかの関心がある値，たとえば，算術式，ポエム，表計算の帳票などを表現する文字列である．構文解析器の出力は関心がある値の表現，たとえば，算術式用のある種のツリー，ポエムの行のリストで，表計算帳票の表現はずっと複雑なものになる．プログラミングには通常，入力をなんらかの形でデコードする仕事が含まれている．そういうわけで，構文解析は計算機プログラムではどこにでも現れる．この章ではさまざまな種類の式に対するモナドを用いた単純な構文解析について説明する．出力を文字列としてエンコードするという逆の処理についても少しだけ触れることにする．すなわち，型クラス Show について追加で説明する．この題材は最終章で使うことになる．

11.1 モナドとしての構文解析器

構文解析器はさまざまな興味の値を返すものであるから，まずは，構文解析器を文字列を入力とし値を返す関数として考えることができる．

```
type Parser a = String -> a
```

この型は，標準プレリュード関数 read の型と基本的に同じである．

```
read :: Read a => String -> a
```

実際，read は構文解析器であるが，あまり柔軟性のあるものではない．その理由の1つは，入力をすべて消費しなければならないことにある．すなわち，

```
ghci> read "123" :: Int
123
ghci> read "123+51" :: Int
*** Exception: Prelude.read: no parse
```

のように，read では2つ以上の構成部品を続けて読む簡単な方法がないのである．たとえば，算術式の構文解析器では，入力ストリームから数詞，演算子，数詞を順に見つけたい．1つめの数詞用の構文解析器が入力の先頭から少し消費し，2つめの演算子用の構文解析器が残りの入力を先頭から少し消費する．そして3つめの数詞用の構文解析器がさらに入力を消費する．よりうまい考え方は，構文解析器を入力の先頭を消費し，興味の値とともに消費しなかった入力の残りを返す関数として定義することである．

```
type Parser a = String -> (a, String)
```

これでもまだ足りない．構文解析器が失敗するような入力がくることもありえる．失敗するかもしれない構文解析器を構成するのは誤りではない．たとえば，算術式の構文解析器では数詞か開き括弧かのどちらか一方を期待することがある．それぞれに対応する補助構文解析器のどちらか一方は失敗することになる．この失敗は構文解析処理全体を停止するたぐいのエラーであると考えるわけにはいかない．選択肢の中から1つを選択する演算に対する単位元として振る舞うものと考えられる．より一般的にいえば，構文解析器というものは，入力文字列の先頭からある部分を構造化する方法をいくつも探し出す可能性がある．したがって，構文解析の失敗とは，構文解析結果がないという特殊な場合に対応する．これらのさまざまな可能性を扱うために，構文解析器を以下のように再定義する．

```
type Parser a = String -> [(a, String)]
```

標準プレリュードではまさにこの型の型シノニムが提供されている．ただし，名前は `Parser` ではなく，`ReadS` である．さらに

```
reads :: Read a => ReadS a
```

という `Read` クラスの補助メソッドとしての関数が提供されている．動作例は以下のとおり．

```
ghci> reads "-123+51" :: [(Int, String)]
[(-123,"+51")]
ghci> reads "+51" :: [(Int, String)]
[]
```

`read` を使うときと同様，`reads` を使うときも，期待する型を教える必要がある．Haskell では整数に負符号を付けることはできるが，正符号は付けられないので，2つめの例は構文解析の結果が空になる．これは失敗解析の例である．定義により，構文解析器が常に空または1つだけ解析結果を含むリストを返す場合，その構文解析器は**決定性がある**（deterministic）という．

この `Parser` 型の定義にもう1つ変更を加える必要がある．この型を `Monad` クラスのインスタンスとしたいのだが，このままではできない．その理由は `Parser` が型シノニムとして定義されているからである．型シノニムはもとの型が宣言されているインスタンスをすべて継承するだけで，独自に型クラスのインスタンスにできない．型シノニムは型宣言をわかりやすくするためだけの仕組みであり，新しい型が生まれるわけではなく，本質的に同じ型を，別の型クラスインスタンスにはできない．

新しい型を構成するには `data` 宣言を使うのが1つの方法である．

```
data Parser a = Parser (String -> [(a, String)])
```

この宣言の右辺にある識別子 `Parser` はデータ構成子であり，左辺の識別子 `Parser` は型構成子で新しい型の名前である．たいていのプログラマにとっては型構成子とデータ構成子が同じになっているほうがよいのであるが，データ構成子のほうを `MkParser` あるいは単に `P` とするプログラムもいる．

`Parser` についていえば，`newtype` 宣言を使って新しい型を構成するほうがよい．

```
newtype Parser a = Parser (String -> [(a, String)])
```

今の時点では `newtype` である必要はないのであるが，ここで横道にそれて `newtype` について説明しよう．

11.1 モナドとしての構文解析器

Parser を data 宣言した場合の代償は，構文解析器を試す操作をする場合に，いちいち構成子 Parser を剥したり付け直したりしなければならず，余計な計算時間がかかることである．さらに，Parser undefined という望ましくない値が存在する．要するに，Parser a と String -> [(a, String)] とは同型の（isomorphic）型ではないということである．これを同型にするように，Haskell では単一の引数を取る単一のデータ構成子からなる型を newtype 宣言で構成できるようになっている．newtype 宣言で構成した型は，型シノニムによるものとは違い，完全に新しい型であり，その値を表現するには Parser で包む必要がある．しかし，Parser で包む処理は，プログラムテキスト上では必要であるが，コンパイラが除去するので，評価実行時には必要なくなる．新しい型の値はシステム上ではもとになった型の値に置き換えられる．したがって，型 Parser a と型 String -> [(a, String)] は同型であり，値 Parser undefined と値 undefined は同型の値で同じ表現を共有する．新しい型は型シノニムとは違い，もとの型とは別の方法で型クラスのインスタンスにすることが可能である．

いずれの方法で宣言するにしても，構文解析関数を入力に適用する方法を提供しなければならない．ここでは以下のように定義する．

```
apply :: Parser a -> String -> [(a, String)]
apply (Parser p) s = p s
```

この関数 apply と Parser は互いに逆の関係であり，これが先ほどの同型の証拠である．

また以下の関数を定義しておく．

```
parse :: Parser a -> String -> a
parse p = fst . head . apply p
```

関数 parse p は最初の構文解析結果の 1 つめの構成要素を返す関数で，構文解析器 p が失敗するとエラーになる．ここがエラーが起こる唯一の場所である．

さてこれで以下の定義が可能になる[1]．

```
instance Monad Parser where
  return x = Parser (\ s -> [(x, s)])
  p >>= q = Parser (\ s -> [ (y, s'')
                           | (x, s') <- apply p s
                           , (y, s'') <- apply (q x) s'])
```

p >>= q を定義する中で，まず構文解析器 p を入力に適用し，可能な構文解析結果とそのときの未消費文字列との対のリストを生成する．そのあと，構文解析器 q をそれぞれの構文解析結果に適用し，結果のリストを生成して連結したものが，最終結果になる．さて，これが 3 つのモナド則を満たしているかを示すべきだが，それは練習問題としておこう．

---

[1] GHC では 7.10 以降 Monad のインスタンスになるには Applicative のインスタンスになる必要がある．
```
instance Applicative Parser where
  pure x = Parser (\ s -> pure (x,s))
  Parser f <*> Parser x = Parser (\ s -> [ (f' x', s'')
                                         | (f',s') <- f s
                                         , (x',s'') <- x s'])
```

11.2　基本構文解析器

最も単純な解析器は以下のようになる．

```
getc :: Parser Char
getc = Parser f
    where
      f []       = []
      f (c : cs) = [(c, cs)]
```

この構文解析器は入力文字列の最初の文字を返す．この構文解析器は前章の入出力モナド `getChar` と同じ役割を果す．

次に与えられた条件を満たす文字を認識する構文解析器を考える．

```
sat :: (Char -> Bool) -> Parser Char
sat p = do { c <- getc; if p c then return c else fail }
```

ここで `fail` は以下のように定義する．

```
fail = Parser (\s -> [])
```

構文解析器 `fail` は解析結果がない（空の解析結果を返す）基本構文解析器である．構文解析器 `sat p` は 1 文字読み，その文字が `p` を満たせば，その文字を解析結果として返す．`sat` の定義は `guard` と呼ぶ小さなコンビネータを使ってより短く以下のように書ける．

```
sat p = do { c <- getc; guard (p c); return c }

guard :: Bool -> Parser ()
guard True  = return ()
guard False = fail
```

ここに挙げた 2 つの `sat` の定義が同じであることは，`p c` が `False` の場合は以下であることを見れば理解できる．

```
guard (p c) >> return c = fail >> return c = fail
```

ここでは `fail >> p = fail` という法則を使っていることに注意してもらいたい．証明は練習問題としておく．`p c` が `True` の場合は，以下のようになる．

```
  guard (p c) >> return c
= return () >> return c
= return c
```

`sat` を使えばいろいろな構文解析器を定義できる．以下に例を挙げる．

```
char :: Char -> Parser ()
char x = do { c <- sat (== x); return () }

string :: String -> Parser ()
string []       = return ()
string (x : xs) = do { char x; string xs; return () }

lower :: Parser Char
lower = sat isLower

digit :: Parser Int
digit =  do { d <- sat isDigit; return (cvt d) }
         where
             cvt d = fromEnum d - fromEnum '0'
```

構文解析器 `char x` は入力文字列の次の項として文字 `x` を探し，`string xs` は指定した文字列 `xs` を探す．どちらも構文解析が成功すれば `()` を返す．実行例は以下のとおり．

```
ghci> apply (string "hell") "hello"
[((),"o")]
```

構文解析器 `digit` は数字 1 文字を探し，解析が成功すれば，数字に対応する整数を返す．構文解析器 `lower` は小文字を探し，見つかればその文字を返す．

11.3 選択と反復

さらに洗練された構文解析器を定義するためには，複数の構文解析器の選択肢からどれかを選択する演算および構文解析器を反復適用する演算が必要である．このような選択演算子として (<|>) がある．その定義は，

```
(<|>) :: Parser a -> Parser a -> Parser a
p <|> q = Parser f
          where
            f s = let ps = apply p s in
                  if null ps then apply q s
                  else ps
```

となる．この定義によれば，構文解析器 `p <|> q` は p が失敗しなければ p と同じである．p が失敗すれば，q の解析結果が返る．p および q がともに決定性を持つなら，`p <|> q` も決定性を持つ．選択演算子の別の定義については練習問題を参照せよ．また，<|> は結合性のある演算で，`fail` は単位元であるが，この証明についても練習問題としておこう．

以下は小文字だけからなる文字列を認識する構文解析器である．

```
lowers :: Parser String
lowers = do { c <- lower; cs <- lowers; return (c : cs) }
         <|> return ""
```

この構文解析器の動きを理解するために，入力文字列が"Upper"であったとしよう．このとき<|>の左側にある構文解析器は，入力の最初の文字'U'が小文字ではないので失敗する．しかし，右側にある構文解析器は成功するので，

```
ghci> apply lowers "Upper"
[("","Upper")]
```

となる．入力文字列が"isUpper"であれば，左側の構文解析器が成功するので，

```
ghci> apply lowers "isUpper"
[("is","Upper")]
```

となる．

　選択演算子<|>を使うときには注意しなければならない．たとえば，数字1文字の式，または，数字1文字，プラス記号，数字1文字の3つが連なる算術式を読む場合を考えてみよう．以下のような構文解析器になりそうである．

```
wrong :: Parser Int
wrong = digit <|> addition

addition :: Parser Int
addition = do { m <- digit; char '+'; n <- digit
              ; return (m + n) }
```

実行してみると

```
ghci> apply wrong "1+2"
[(1,"+2")]
```

構文解析器 digit が成功するので addition は起動しない．しかし，できる限り入力を消費して，結果は [(3,"")] になって欲しかった．wrong を修正する方法としては以下のようにすることが考えられる．

```
better = addition <|> digit
```

この構文解析器なら 1+2 の入力のときで成功する．better のよくないところは効率が悪いところである．この構文解析器を 1 に適用すると，数字の解析に成功し，プラス記号を探しにいって addition が失敗する．その結果 digit が起動して入力を最初から読み直す．数字1文字だけなら大して問題にならないが，桁数の多い数詞を読もうとして繰り返し適用するとコストがかかる．

　最善の方法は，数字の構文解析部分をくくり出すことである．

```
best = digit >>= rest
rest m = do { char '+'; n <- digit; return (m + n) }
         <|> return m
```

`rest` の引数は蓄積引数である．この解法はプリティプリンタの章でみた例と本質的には同じである．構文解析器をくくり出して共通接頭辞部分を取り出すというのは効率を改善するのによい考えである．

`lowers` の定義を一般化して，構文解析器を 0 回以上繰り返す構文解析器コンビネータを以下のように定義できる．

```
many :: Parser a -> Parser [a]
many p = do { x <- p; xs <- many p; return (x : xs) }
     <|> none
```

```
none = return []
```

`none` と `fail` とは異なる（なぜだと思うか）．これで `lowers` は以下のように定義できる．

```
lowers = many lower
```

多くの応用でいわゆる空白（スペース，改行，タブ文字の並び）をトークン（識別子，数，開き括弧，閉じ括弧など）の間に配置して読みやすくする．構文解析器 `space` は空白を識別する．

```
space :: Parser ()
space = many (sat isSpace) >> return ()
```

関数 `isSpace` はライブラリモジュール `Data.Char` で定義されている．以下の関数は，先行する空白を読み飛ばしてから与えられた文字列を識別する．

```
symbol :: String -> Parser ()
symbol xs = space >> string xs
```

これをさらに一般化すると，先行する空白を読み飛ばしてから構文解析器を起動する関数を定義できる．

```
token :: Parser a -> Parser a
token p = space >> p
```

ここで，

```
token p <|> token q = token (p <|> q)
```

が成り立つのであるが，右辺の構文解析器のほうが最初の構文解析器が失敗したときに空白を 2 度探そうとはしない分効率がよいことに注意してもらいたい．

ある構文解析器の 0 回以上の反復ではなく，1 回以上の反復にしたいことがある．これは `some`（構文解析器ライブラリによっては `many1`）という構文解析器コンビネータを使って実現できる．

```
some :: Parser a -> Parser [a]
some p = do { x <- p; xs <- many p; return (x : xs) }
```

この定義では，構文解析器 p を `many` の定義で反復することになる．実は `many` を `some` を使って再定義することもできる．

第 11 章 構文解析

```
many :: Parser a -> Parser [a]
many p = optional (some p)

optional :: Parser [a] -> Parser [a]
optional p = p <|> none
```

これで many と some を相互再帰定義したことになる．

以下に示す構文解析器は自然数を認識するもので，数のまえに空白があってもよい．

```
natural :: Parser Int
natural = token nat

nat = do { ds <- some digit
         ; return (foldl1 shiftl ds)
         }
    where
      shiftl m n = 10 * m + n
```

補助構文解析器 nat は数のまえに空白があると失敗する．

ここで，**整数を表す数詞の構文解析器**をどのように定義すればよいかを考えよう．整数を表す数詞は空ではない数字列で，先頭に負符号がくることもある．以下のような構文解析器を思いつくかもしれない．

```
int :: Parser Int
int = do { symbol "-"; n <- natural; return (-n) }
      <|> natural
```

これでもよいのだが，効率が悪く（練習問題 H 参照），意図したものではない可能性もある．

```
ghci> apply int " -34"
[(-34,"")]
ghci> apply int " - 34"
[(-34,"")]
```

数詞のまえにある空白はかまわないのだが，負符号と，あとに続く数字の間には空白は入ってほしくない．そのような場合には上の構文解析器は失敗して欲しいのである．この点については int の定義を以下のようにすればよいので簡単である．

```
int :: Parser Int
int = do { symbol "-"; n <- nat; return (-n) }
      <|> natural
```

しかし，この構文解析器は相変わらず効率が悪いので以下のように定義したほうがよい．

```
int :: Parser Int
int = do { space; f <- minus; n <- nat; return (f n) }
      where
        minus = (char '-' >> return negate) <|> return id
```

構文解析器 minus は関数を返す．返される関数は最初が負符号であれば negate であり，そうでなければ，恒等関数である．

次に整数のリストを構文解析してみよう．リストは角括弧に囲まれ，コンマで区切られた整数である．コンマおよび角括弧の前後に空白がきてもよいものとするが，もちろん 整数数詞の間に空白が入ったものは許さない．以下に短い定義を示す．

```
ints :: Parser [Int]
ints = bracket (manywith (symbol ",") int)
```

補助構文解析器 bracket は角括弧を扱う．

```
bracket :: Parser a -> Parser a
bracket p = do { symbol "["
               ; x <- p
               ; symbol "]"
               ; return x
               }
```

関数 manywith sep p は many p と似た働きをする．違いは，p で認識されるものが sep で認識されるもので区切られていて，sep で認識したものは結果には含めないということである．定義は以下のとおり．

```
manywith :: Parser b -> Parser a -> Parser [a]
manywith q p = optional (somewith q p)

somewith :: Parser b -> Parser a -> Parser [a]
somewith q p = do { x <- p
                  ; xs <- many (q >> p)
                  ; return (x : xs)
                  }
```

実行例は以下のとおり．

```
ghci> apply ints "[2, -3, 4]"
[([2,-3,4],"")]
ghci> apply ints "[2, -3, +4]"
[]
ghci> apply ints "[]"
[([],"")]
```

正符号を前置した整数は許していないので，2つめの例では構文解析が失敗する．

11.4 文法と式

これまで説明したコンビネータは強力で，求めるものは何かという構造的記述を直接，関数による構文解析器に変換できる．このような構造的記述は**文法**で与える．いろいろな算術式に対する構文解析器を観察しながら，典型的な文法記述をいくつか説明しよう．

以下で定義する Expr 型の値を構成する構文解析器を組み立てるところから始めよう．

```
data Expr = Con Int | Bin Op Expr Expr
data Op   = Plus | Minus
```

以下は「括弧を目一杯付けた式」に対する文法を *Backus-Naur* 記法，略して BNF で記述したものである．

```
expr  ::= nat | '(' expr op expr ')'
op    ::= '+' | '-'
nat   ::= {digit}+
digit ::= '0' | '1' | ... | '9'
```

この文法は 4 つの**構文範疇**（syntactic category）を定義している．引用符で囲まれた記号は**終端記号**でそれ自身を表しており，テキスト中に記号として実際に現れるものである．数字としては 10 種類の文字が使える．nat は 1 個以上の数字の並びとして定義されている．メタ記号{·}+ は構文範疇の 1 回以上の繰り返しを表す．数字の並びのまえに負符号を置くことは許していないので，任意の整数ではなく，自然数だけを扱うことに注意してもらいたい．この文法の主張は，「式は，自然数であるか，開き括弧，式，プラス記号またはマイナス記号のどちらか，式，閉じ括弧という複合式であるかのどちらかである．」というものである．この説明では数字の並び以外の終端記号の間にある空白は単に無視されるということは暗黙に理解されているものとしている．この文法をすぐに式の構文解析器へ翻訳できる．

```
expr :: Parser Expr
expr = token (constant <|> paren binary)

constant = do { n <- nat; return (Con n) }

binary = do { e1 <- expr
            ; p  <- op
            ; e2 <- expr
            ; return (Bin p e1 e2)
            }

op  = (symbol "+" >> return Plus)
  <|> (symbol "-" >> return Minus)
```

読みやすくするために補助構文解析器 binary と paren を利用した．paren の定義は練習問題と考えてもらいたい．

次に 6-2-3 であるとか 6-(2-3) あるいは (6-2)-3 のように「括弧を目一杯付けているわけではない式」

にも対応できるようにしたいとしよう．そのためには通常の算術式と同様，(+) あるいは (-) は左結合性を持つものでなければならない．このような文法を BNF で書けば以下のようになる．

```
expr ::= expr op term | term
term ::= nat | '(' expr ')'
```

この文法の主張は，式は 1 つ以上の項が演算子で区切られた並びであるというものである．項は数であるか括弧で囲われた式であるかのどちらかである．たとえば，6-2-3 は 6-2 という式のあとに減法演算子，項 3 が続くものとして構文解析される．別のいい方をすれば，(6-2)-3 と同じでなければならないということである．この文法を直接，構文解析器にすると，

```
expr   = token (binary <|> term)
binary = do { e1 <- expr
            ; p  <- op
            ; e2 <- term
            ; return (Bin p e1 e2)
            }
term   = token (constant <|> paren expr)
```

となる．しかしながら，この構文解析器には無限ループに陥る致命的な欠陥がある．先頭の空白を取り除いたのち，expr のアクションは，次に構文解析器 binary を起動する．binary は最初のアクションでまた構文解析器 expr を起動する．あらら，残念．

さらに，expr を

```
expr = token (term <|> binary)
```

のように書き換えてもだめなのである．実行例をみてみよう．

```
ghci> apply expr "3+4"
[(Con 3,"+4")]
```

最初の項しか構文解析されない．この問題は**左再帰**問題と呼ばれ，関数的であろうがなかろうが，再帰的構文解析器のどれもが抱える問題である．

解決方法の 1 つは，文法を以下のような同等な文法に書き直すことである．

```
expr ::= term {op term}*
```

メタ記号{·}*は当該構文範疇の 0 回以上の反復である．この文法に対応する新しい構文解析器は以下のようになる．

```
expr    = token (term >>= rest)
rest e1 = do { p  <- op
             ; e2 <- term
             ; rest (Bin p e1 e2)
             }
      <|> return e1
```

構文解析器 rest は構文範疇{op term}*に対応し，1つの蓄積引数を取る．この蓄積引数はそれまでに構文解析した式がその値である．

最後に乗法と除法を含む算術式の構文解析器を設計しよう．これには，Op の定義を以下のように書き換える．

```
data Op = Plus | Minus | Mul | Div
```

乗法と除法は，加法と減法よりも優先順位が高く，同じ優先順位である演算子は左結合性を持つという普通の規則を適用する．以下はその文法である．

```
expr   ::= term {addop term}*
term   ::= factor {mulop factor}*
factor ::= nat | '(' expr ')'
addop  ::= '+' | '-'
mulop  ::= '*' | '/'
```

これに対応する構文解析器は以下のとおり．

```
expr    = token (term >>= rest)
rest e1 = do { p  <- addop
             ; e2 <- term
             ; rest (Bin p e1 e2)
             }
      <|> return e1
term    = token (factor >>= more)
more e1 = do { p  <- mulop
             ; e2 <- factor
             ; more (Bin p e1 e2)}
      <|> return e1
factor  = token (constant <|> paren expr)
```

addop および mulop の定義は練習問題としておく．

11.5　式の表示

最後の問は，どうすれば Expr を Show クラスのインスタンスにして show 関数を構文解析関数の逆になるように設定できるかである．もう少し詳しくいうと，

```
parse expr (show e) = e
```

を成り立たせる show を定義したいということである．parse p は apply p が返す最初の構文解析結果を取り出すことを思い出してもらいたい．

まずは，expr は加法と減法のみを含む「括弧を目一杯付けられた式」に対する構文解析器であるとき，Expr を Show のインスタンスとしよう．

11.5 式の表示

```
instance Show Expr where
  show (Con n) = show n
  show (Bin op e1 e2)
    = "(" ++ show e1
   ++ " " ++ showop op
   ++ " " ++ show e2 ++ ")"

showop Plus  = "+"
showop Minus = "-"
```

この定義は明白ではあるが効率に問題がある．(++) は左オペランドの長さに比例した時間計算量になるので，show の計算コストは最悪の場合，式の大きさの 2 乗のオーダーになる．

解決法は，ここでもまた蓄積引数を使えばよい．Haskell では ShowS という型シノニムが用意されている．

```
type ShowS = String -> String
```

また，以下のような補助関数もある．

```
showChar   :: Char -> ShowS
showString :: String -> ShowS
showParen  :: Bool -> ShowS -> ShowS
```

それぞれの定義は以下のとおり．

```
showChar      = (:)
showString    = (++)
showParen b p = if b then showChar '(' . p . showChar ')'
                else p
```

これで式に対する show は以下のように定義できる．

```
show e = shows e ""
  where
    shows (Con n) = showString (show n)
    shows (Bin op e1 e2) = showParen True (shows e1 . showSpace
                           . showsop op . showSpace . shows e2)

showsop Plus  = showChar '+'
showsop Minus = showChar '-'

showSpace = showChar ' '
```

この版では明示的には連結演算を使っておらず，時間計算量は式の長さに線形である．

次に「括弧を目一杯付けているわけではない式」を表示したいとしよう．式の左側は括弧付け不要であるが，式の右側は括弧付けが必要なので，show の定義は以下のようになる．

```
show = shows False e ""
  where
    shows b (Con n) = showString (show n)
    shows b (Bin op e1 e2) = showParen b (shows False e1 . showSpace
                                . showsop op . showSpace . shows True e2)
```

この定義では結合性を考慮していない．つまり，1+(2+3) であっても表示は 1+2+3 とはならない．

最後に四則演算すべてを含む式に取り組もう．差分は以下のとおり．

1. 式 e1 + e2 および e1 - e2 では，e1 についてはこれまで同様，括弧で囲まなくてもよい．e2 については演算部が乗法または除法であるような複合式であれば括弧で囲まなくてもよい．
2. 式 e1 * e2 および e1 / e2 では，e1 については演算部が加法または減法であるような複合式の場合は括弧で囲む必要がある．e2 については常に括弧で囲う必要がある[*2]．

この規則をコードにするには優先レベルを導入するというのが 1 つの方法である（他の方法については練習問題 L を参照）．定義は以下のとおり．

```
prec :: Op -> Int
prec Mul   = 2
prec Div   = 2
prec Plus  = 1
prec Minus = 1
```

次に以下のような型を持つ関数 showsPrec を定義する方法を考えよう．

```
showsPrec :: Int -> Expr -> ShowS
```

showsPrec p e は式 e の親が優先レベル p である演算子を持つ複合式であると仮定して e を表示する．この関数があれば，show の定義は，

```
show e = showsPrec 0 e ""
```

となる．e を取りまく文脈 (context) は架空の優先レベル 0 の演算子ということである．定数は括弧で囲むことはないので，直ちに，

```
showsPrec p (Con n) = showString (show n)
```

と定義できる．複合式に対しては，まず定義してから説明しよう．

```
showsPrec p (Bin op e1 e2) = showParen (p>q) (showsPrec q e1 . showSpace
                                . showsop op . showSpace . showsPrec (q+1) e2)
                                    where
                                      q = prec op
```

親の演算子の優先レベルが現在の演算子の優先レベルより大きければ括弧で囲む．したがって，e1 を表示するには現在の優先レベルを新しい括弧の優先レベルとして渡せば十分である．しかし，e2 に関しては e2

[*2] 訳注：ここでも演算子の結合性を考慮していない．

の根にある演算子の優先順位が q よりも小さいか等しいときには括弧が必要になる．したがって，2 つめは q を 1 だけ増やしてから呼び出す．

上の showsPrec の定義では確かに少々考える必要があったが，それだけの見返りはある．型クラス Show には 2 つめのメソッド，すなわち，showsPrec がある．さらに show メソッドのデフォルト定義はまさに上に挙げたものである．すなわち，式を Show クラスのインスタンスとするには単に showsPrec の定義を与えるだけでよいのである．

11.6 練習問題

練習問題 A

以下の角度を表す型シノニム Angle を考えよう．

```
type Angle = Float
```

角度の同値性は 2π を法とする値の同値性であると定義したい．このとき同値性検査に (==) が使えない理由は何か．次に以下の定義を考えよう．

```
newtype Angle = Angle Float
```

Angle を Eq 型クラスのインスタンスとして，2 つの角度の同値性検査に (==) が使えるようにせよ．

練習問題 B

構文解析器を以下のように定義することもできた．

```
newtype Parser a = Parser (String -> Maybe (a, String))
```

この構文解析器をモナドのインスタンスとせよ．

練習問題 C

fail >> p = fail を証明せよ．

練習問題 D

<|> を以下のように定義できるか．

```
p <|> q = Parser (\ s -> parse p s ++ parse q s)
```

結果は決定性のある構文解析器になるか．
p および q が決定性のある構文解析器でなくても limit (p <|> q) が決定性を持つように関数

```
limit :: Parser a -> Parser a
```

を定義せよ．

練習問題 E

構文解析器はモナドのインスタンスであるばかりではなく，より制限の強いクラス，`MonadPlus` 型クラスのインスタンスでもある．この型クラスは前章で導入することもできた．この型クラスは基本的には選択と失敗をサポートするモナドである．Haskell では以下のように定義されている．

```
class Monad m => MonadPlus m where
  mzero :: m a
  mplus :: m a -> m a -> m a
```

例として，`[]` および `Maybe` が `MonadPlus` のインスタンスであることを示す．

```
instance MonadPlus [] where
  mzero = []
  mplus = (++)

instance MonadPlus Maybe where
  mzero = Nothing
  Nothing `mplus` y = y
  Just x  `mplus` y = Just x
```

`Parser` を `MonadPlus` のインスタンスとせよ．

練習問題 F

前問の続きである．メソッド `mzero` および `mplus` は他の型クラスのメソッド同様にいくつかの等式で表される法則に従っていることを期待する．現在のところ，Haskell の設計者の間で，これらのメソッドが従うべき法則がどれとどれかということについて同意がとれていない．`mplus` が結合性を持ち `mzero` がその単位元であるという法則については議論の余地はない．これには 3 つの恒等式が対応する．ほかにも以下の左零則が成り立つ．

```
mzero >>= f = mzero
```

対応する右零則，すなわち，

```
p >> mzero = mzero
```

も負わせられる．`MonadPlus` のインスタンスであるリストモナドはこれらの 5 つの法則を満たすか．`Maybe` についてはどうか．

いろいろと議論のある法則としては以下の左分配則というものがある．

```
(p `mplus` q) >>= f = (p >>= f) `mplus` (q >>= f)
```

もし，この左分配則を満たすことが `MonadPlus` の条件だとすると `Maybe` が `MonadPlus` になれないのはなぜか．

練習問題 G

Haskell の浮動小数点数を認識する構文解析器を設計せよ．ただし，.324 は（小数点のまえに数字がないので）正しい数ではないこと，3．14 も（小数点の前後の空白は許されないので）正しい数ではないことに注意せよ．

練習問題 H

本文で最初に定義した int と 2 番目に定義した int の効率が悪いのはなぜか．3 番目の定義と比較せよ．

練習問題 I

(3) は「括弧を目一杯付けた式」であるか，そうではない式か．Haskell では括弧付けされた定数が許されている．

```
ghci> (3)+4
7
```

括弧付けされた定数を許す「括弧を目一杯付けた式」の構文解析器を設計せよ．

練習問題 J

expr ::= term {op term}* という文法を考えよ．以下が正しい構文解析器になるよう pair と shunt を定義せよ．

```
expr = do { e1  <- term
          ; pes <- many (pair op term)
          ; return (foldl shunt e1 pes)
          }
```

練習問題 K

構文解析器 addop および mulop を定義せよ．

練習問題 L

再び四則演算を含む式を表示する方法を考える．括弧付けのルールは以下のようにする．式 e1 op e2 において op が乗法演算子で，かつ，e1 の根にある演算子が乗法演算子ではない場合に，e1 は括弧で囲う．e2 については，op が乗法演算子であるか，または，e2 の根が乗法演算子ではない場合に，括弧で囲う．

```
isMulOp Mul = True
isMulOp Div = True
isMulOp _   = False
```

と定義し，以下の補助関数を作った上でそれを使って show を定義せよ．

```
showsF :: (Op -> Bool) -> Expr -> ShowS
```

11.7　練習問題の解答

練習問題 A の解答

(==) は浮動小数点数どうしの同値性検査で，浮動小数点数として異なる値を同値とすることはできないから．

```
instance Eq Angle where
  Angle x == Angle y = reduce x == reduce y
    where
      reduce x | x < 0     = reduce (x + r)
               | x >= r    = reduce (x - r)
               | otherwise = x
        where
          r = 2 * pi
```

練習問題 B の解答

Parser を Monad のインスタンスにするには，

```
instance Monad Parser where
  return x = Parser (\s -> Just (x, s))
  p >>= q  = Parser (\s -> case apply p s of
                             Nothing      -> Nothing
                             Just (x, s') -> apply (q x) s')
```

のようにする[*3]．

[*3] GHC では 7.10.1 以降 Monad のインスタンスになるには Applicative のインスタンスになる必要がある．
```
instance Applicative Parser where
  pure x  = Parser (\s -> Just (x, s))
  p <*> q = Parser (\s -> case apply p s of
              Nothing      -> Nothing
              Just (f, s') -> case apply q s' of
                Nothing       -> Nothing
                Just (x, s'') -> Just (f x, s''))
```

練習問題 C の解答

```
  fail >> p
= fail >>= const p
= fail
```

より一般的な `fail >>= p = fail` という事実は，`fail` の定義と `(>>=)` の定義とから直ちに導ける．

練習問題 D の解答

`<|>` を問題で示したように定義することは可能であるが，`p` または `q` が `fail` であるときのみ結果の構文解析器は決定性を持つ．関数 `limit` は以下のように定義できる．

```
limit p = Parser (take 1 . apply p)
```

練習問題 E の解答

```
mzero = fail
mplus = (<|>)
```

練習問題 F の解答

リストモナドと Maybe モナドは 5 つの法則を満たす．たとえば，リストモナドでは，

```
mzero >>= f = concat (map f [])
            = []
            = mzero
xs >> mzero = concat (map (const []) xs)
            = []
            = mzero
```

である．

Maybe は左分配則を満たさない．

```
  (Just x `mplus` q) >>= (\ x -> Nothing)
= Just x >>= (\ x -> Nothing)
= Nothing
```

であるが，

```
  (Just x >>= \ x -> Nothing) `mplus` (q >>= \ x -> Nothing)
= Nothing `mplus` (q >>= \ x -> Nothing)
= q >>= \ x -> Nothing
```

である．この2つは等しくない（q = undefined としてみよ）．

練習問題 G の解答

```
float :: Parser Float
float = do { ds <- some digit
           ; char '.'
           ; fs <- some digit
           ; return (foldl shiftl 0 ds + foldr shiftr 0 fs)
           }
       where
         shiftl n d = 10 * n + fromIntegral d
         shiftr f x = (fromIntegral f + x) / 10
```

構文解析器 digit は Int を返すので，この場合はこれを Float に変換する必要がある．

練習問題 H の解答

空白が2回構文解析される．最初の版を int1，3つめの版を int3 とすると，実行例は以下のとおり．

```
ghci> apply int3 $ replicate 100000 ' ' ++ "3"
[(3,"")]
(0.88 secs, 342,901,856 bytes)
ghci> apply int1 $ replicate 100000 ' ' ++ "3"
[(3,"")]
(1.66 secs, 674,470,192 bytes)
```

練習問題 I の解答

最初の文法では2項演算子式にしか括弧を付けられないので，これは「括弧を目一杯付けた式」ではない．2つめの文法では任意の式に括弧が付けられるので，これは「括弧を目一杯付けた式」である．

改訂版の文法は以下のようになる．

```
expr ::= term | '(' expr op expr ')'
term ::= nat | '(' expr ')'
```

対応する構文解析器は以下のとおり．

```
expr = token (term <|> paren binary)
     where
       term   = token (constant <|> paren expr)
       binary = do { e1 <- expr
                   ; p  <- op
                   ; e2 <- expr
                   ; return (Bin p e1 e2)
                   }
```

練習問題 J の解答

```
pair :: Parser a -> Parser b -> Parser (a, b)
pair p q = do { x <- p; y <- q; return (x, y)}

shunt e1 (p,e2) = Bin p e1 e2
```

練習問題 K の解答

```
addop = (symbol "+" >> return Plus)
    <|> (symbol "-" >> return Minus)

mulop = (symbol "*" >> return Mul)
    <|> (symbol "/" >> return Div)
```

練習問題 L の解答

```
show e = showsF (const False) e ""
       where
         showsF f (Con n) = showString (show n)
         showsF f (Bin op e1 e2)
           = showParen (f op) (showsF f1 e1 . showSpace
           . showsop op . showSpace . showsF f2 e2
              where
                f1 x = isMulOp op && not (isMulOp x)
                f2 x = isMulOp op || not (isMulOp x)
```

11.8 章末ノート

モナドを使って関数的構文解析器を設計するというのは長年にわたって関数プログラミングが得意とするところである．ここで使った表現方法は Graham Hutton と Erik Meijer の Monadic parsing in Haskell によるものである．この論文は *The Journal of Functional Programming* 8(4),437-144,1998 に掲載されている．

第12章
単純等式運算器

　最終章は1つのプログラミングプロジェクトに専念する．そのプロジェクトとはポイントフリーの等式を証明するための単純な運算器を設計，実装するものである．この運算器が提供するのは自動証明の補助に必要になる機能のほんの一部分であり，他の多くの点で制限のあるものである．それでも，これまでの章で説明したポイントフリーな法則のほとんどを証明するだけの力はある．とはいえ，必要であれば運算が正しい方向を向くように，人が手を貸すことになる．このプロジェクトはモジュールの使い方の事例研究にもなっている．運算器の各構成部品，型，関数はそれぞれ適切なモジュールで定義され，インポートリストとエクスポートリストをはっきり示してリンクする．

12.1　基本となる検討

　基本的な考え方は

```
calculate :: [Law] -> Expr -> Calculation
```

という型を持つ関数 `calculate` を構成することである．`calculate` の1つめの引数は適用する法則のリストである．法則は，その名前と法則を表す等式からなる．2つめの引数は式である．この関数の結果は運算で，運算は出発点となる式と運算ステップの並びからなる．各ステップは適用した法則の名前とその法則の左辺を現在の式に適用した結果の式からなる．運算は適用できる法則がなくなった時点で終了する．このプロセス全体は自動的に行われ利用者の介入を必要としない．

　法則，式，運算は次節以降で適切に定義するデータ型の値である．ここでは例を示しながらフレームワークのイメージを説明する．以下に示すのはいくつかの法則の例である．

```
filter の定義: filter p = concat . map (box p)
box の定義: box p = if p one nil
if-(.)則: if p f g . h = if (p . h) (f . h) (g . h)
(.)-if 則: h . if p f g = if p (h . f) (h . g)
定数関数 nil 則: nil . f = nil
map-nil 則: map f . nil = nil
map-one 則: map f . one = one . f
map-concat 則: map f . concat = concat . map (map f)
map のファンクタ則: map f . map g = map (f . g)
map のファンクタ則: map id = id
```

第12章　単純等式運算器

それぞれの法則は名前と等式とで構成する．法則の名前はコロン記号で終端し，等式は等号で区切られた2つの式で構成する．それぞれの式は関数を表している．この運算器は関数の式を単純化するだけのものである（すなわち，ポイント（関数以外の対象）のない運算器である）．式は one や map のような定数と，f や g のような変数から組み立てる．厳密にどのような構文が許されているかはしだいに明らかになる．ある補助条件が成り立つ場合についてのみ正しい等式というような付帯条件付の法則というのは扱わないことに注意してもらいたい．このことは運算器でできることを限定することになるが，ここでの関心には十分対応できる．

式 filter p . map f を単純にしたいとしよう．以下のような運算が可能である．

```
    filter p . map f
=   {filter の定義}
    concat . map (box p) . map f
=   {map のファンクタ則}
    concat . map (box p . f)
=   {box の定義}
    concat . map (if p one nil . f)
=   {if-(.) 則}
    concat . map (if (p . f) (one . f) (nil . f))
=   {定数関数 nil 則}
    concat . map (if (p . f) (one . f) nil)
```

運算のステップは伝統的な形式で表示する．すなわち各ステップで使用する法則の名前を波括弧で囲って2つの式の間に表示する．最後の式に適用できる法則はないので，これが運算の結果である．結果は出発点の式より単純であるとはいえない．

運算器は法則を別の順，たとえば，**box の定義**を3つめのステップではなく2つめステップで適用することもできた．しかし，この場合は結果が同じになったはずである．法則群がこの具体例と異なれば，ある式が異なる運算によって別の結論へ導かれることもありえる．しかし，最初から calculate は可能な運算を表す木ではなく，可能な運算を1つだけ返すものと決めておく．

各ステップで何が起こっているかに注目してもらいたい．それぞれのステップでは現在の式のある**部分式**とどれかの法則の左辺とが**照合**される．照合が成功すれば，その結果は，法則に出現する変数の**置換**である．たとえば，上述の運算の2つめのステップで部分式 map (box p) . map f と1つめの **map のファンクタ則**の左辺との照合に成功する．その結果，この法則の変数 f を式 box p に束縛し，変数 g を式 f に束縛する置換になる．このステップの結果は対応する法則の右辺の各変数をそれを束縛する式で**書き換え**て具体化したものになる．照合，置換，書き換えはどれもこの運算器の基本要素である．

上述と同じ法則一式で式 map f . filter (p . f) を単純化したいとしよう．以下がその運算である．

```
      map f . filter (p . f)
　=　  {filter の定義}
      map f . concat . map (box (p . f))
　=　  {map-concat 則}
      concat . map (map f) . map (box (p . f))
　=　  {map のファンクタ則}
      concat . map (map f . box (p . f))
　=　  {box の定義}
      concat . map (map f . if (p . f) one nil)
　=　  {(.)-if 則}
      concat . map (if (p . f) (map f . one) (map f . nil))
　=　  {map-nil 則}
      concat . map (if (p . f) (map f . one) nil)
　=　  {map-one 則}
      concat . map (if (p . f) (one . f) nil)
```

ここでもいくつかの法則については異なる順で適用することもできた．最後の式はこれ以上適用する法則がないので，これでこの運算の結果となる．

　ここで示した2つの運算の要点は2つの結果の式が同じであるということである．すなわち，以下を証明したことになる．

```
      filter p . map f = map f . filter (p . f)
```

このように両辺を同じ式へ単純化するのが等式証明を伝播する方法である．運算を2つ別々に示すのではなく，2つの運算を記録しておいて一方の運算のあとにもう一方の運算を逆順にしたものを貼りあわせて1つにできる．この方式の利点は証明用に新しい形式を発明する必要がなく，求めるゴールに向って法則を右から左へ適用する必要もなく，単純で済むことである．したがって，等式証明のための以下の型を持つ関数を定義する．

```
      prove :: [Law] -> Equation -> Calculation
```

さらなる検討

　この運算器の基本的制約は，法則を一方向にだけ適用する，すなわち左から右へのみであることである．このような制約を設ける主たる理由は運算がループしないようにすることである．法則をどちらの方向にも適用できてしまうと，1つの法則を一方向に適用した直後に逆方向に適用するという振動を起こす可能性がある．

　左から右へのルールだけであっても，無限に続く運算を生み出す法則が存在する．再帰関数の定義はこのような法則の典型的なものである．たとえば以下のような iterate の定義を考えてみよう．

```
      iterate の定義: iterate f = cons . fork id (iterate f . f)
```

これは iterate のポイントフリー形式の定義である．関数 cons および fork は以下のように定義されている．

第12章 単純等式運算器

```
cons (x, xs) = x : xs
fork f g x   = (f x, g x)
```

forkは4章および6章ででてきたものである．ただし，以前のものはfork f gをfork (f,g)と書いていたところが異なる．以下では，すべての関数はカリー化されているものとする．上の規則の両辺にiterate fの項が現れているということは，運算中に1度でもiterateの定義を適用すると，無限回の適用が起きる可能性があるということになる．しかし，必ずそうなるということではない．以下は無限退行を回避した運算器による運算例である．

```
  head . iterate f
= {iterate の定義}
  head . cons . fork id (iterate f . f)
= {head-cons 則}
  fst . fork id (iterate f . f)
= {fst-fork 則}
  id
```

この運算では以下の2つの法則を使っている．

```
head-cons 則: head . cons = fst
fst-fork 則: fst . fork f g = f
```

ここでループを回避できた理由はこの2つの法則は定義よりも運算上の優先順位が高いからである．この妙案については後述する．

この運算器に何ができて何ができないのかを正しく理解するために，もう1つ再帰定義をポイントフリー形式にする例を挙げよう．連結の定義を考える．

```
[] ++ ys = ys
(x : xs) ++ ys = x : (xs ++ ys)
```

ここでは，(++)を表すのにcatを使うことにする．また，nil, cons, cross (f, g)が必要になる．cross (f,g)は今のところf * gと書くことにする．したがって，

```
(f * g) (x, y) = (f x, g y)
```

である．さらに，assocr ('associate-right'の短縮形)が必要で，これは以下のように定義する．

```
assocr ((x, y), z) = (x, (y, z))
```

これでcatの定義の等式はそれぞれポイントフリー形式で以下のようになる．

```
cat . (nil * id) = snd
cat . (cons * id) = cons . (id * cat) . assocr
```

ここで作成する運算器ではcatの結合性は証明できない．この証明には帰納法が必要になるからである．しかし，catの結合性は法則として主張することはできる．

```
catの結合性: cat . (cat * id) = cat . (id * cat) . assocr
```

12.1 基本となる検討

もう少しこの例について考えよう．以下は (*) に関する 2 つの双ファンクタ則である．

    (*) の双ファンクタ則: `id * id = id`
    (*) の双ファンクタ則: `(f * g) . (h * k) = (f . h) * (g . k)`

そして以下は assocr に関する法則である．

    `assocr law: assocr . ((f * g) * h) = (f * (g * h)) . assocr`

ここにきて，この運算器は以下のような正しい運算が行えないことがわかる．

    `cat . ((cat . (f * g)) * h)`
=   {関数合成の単位元則（逆方向）}
    `cat . ((cat . (f * g)) * (id . h))`
=   {(*) の双ファンクタ則（逆方向）}
    `cat . (cat * id) . ((f * g) * h)`
=   {cat の結合性}
    `cat . (id * cat) . assocr . ((f * g) * h)`
=   {assocr law}
    `cat . (id * cat) . (f * (g * h)) . assocr`
=   {(*) の双ファンクタ則}
    `cat . ((id . f) * (cat . (g * h))) . assocr`
=   {関数合成の単位元則}
    `cat . (f * (cat . (g * h))) . assocr`

ここでの問題は関数合成の単位元則[*1]と双ファンクタ則は両方向で使う必要があり，この運算器ではそれができないということである．この証明の要は式

    `cat . (id * cat) . assocr . ((f * g) * h)`

を 2 つの異なる方向に単純化しなければならないということである．1 つは以下の形式で与えられる cat の結合性を逆方向に使う．

    cat の結合性: `cat . (cat * id) = cat . (id * cat) . assocr`

そしてもう 1 つは assocr 則を使う．可能な運算の木を返すように calculate を一般化したとしても，上の運算を行うのにどの式から始めるべきかは自明ではない．そういうわけで，運算器がこれをできるようにするというのは諦める．

場合によっては 2 方向に適用したいという法則はファンクタ則に限らない．例については 12.8 節を参照してもらいたい．必要とされる以上に一般化した形式で法則を主張することでこの手の問題を回避できる場合もあれば，ハックで解決することもあれば，どうしても解決できない場合もある．

ここで想定している自動運算の方式には 2 つの自由度しかない．どの法則を適用するかを選択することと，どの部分式を変換するかを選択することの 2 つである．1 つめの自由度は，法則が運算器に提示される

[*1] 訳注:
    関数合成の単位元則: `id . h = h`

順番を選択することで実現できる．2つの異なる法則が適用可能であるとき，リストの中で先にあるほうが選ばれる．

　他の法則よりもまえに適用するべき法則というものがあることは確実で，そうした法則は運算途中で現れる式の複雑さを低減する．好例として `f . id = f` および `id . f = f` がある．複雑さの素朴な定義として，関数合成の数が右辺の式と左辺の式とでは右辺の式のほうが少ないということである．このような法則なら適用できるところで直ちに適用しても間違いにはなりそうもない．実際，関数合成に関して単位元である `id` はこの運算器に組み込むことができ，そうすることにする．したがって，この2つの法則の適用は自動にする．同様に，`nil . f = nil` や `map f . nil = nil` などの（`iterate` に関する運算で用いられていた）法則は関数合成の数を低減し，中間式の大きさを低減するのに役立つ．便宜上このような法則のことを**基本法則**と呼ぶことにしよう．

　他方，最後の手段として適用すべき法則もある．`filter` の定義や `iterate` の定義のようなものがその典型である．たとえば，

```
map f . concat map (filter p)
```

の式において `filter` の定義を早々に適用することは避けたい．`map-concat` 則をまず適用したいのである．`filter` の定義を適用するのはどうしても必要なときに限りたい．ともかく，そのほうが中間の式は短くなる．まとめると，基本法則をまえに，定義ではない非基本法則をそのあとに，そして定義を最後に並べるとよさそうである．

　2つめの自由度は与えられる式の部分式が法則の具体化候補として提示される順序として表される．すなわち，法則が異なる2つの部分式に適用可能なら，列挙された候補の部分式で先に出てくる部分式が選ばれる．

　運算において，法則を優先するか，部分式を優先するかについてはまだ決めていない．部分式を先に決めてから各々の法則を試すか．法則を先に決めてそれが適用可能な部分式を探すか．ある法則をある部分式に適用したら，次の法則はその「近傍」の部分式に適用できそうではある．しかし，この「近傍」という概念を形式化するのは自明ではない．また，これを決定することが時間計算量や結果の長さに関して運算の効率に大きく貢献するかどうかも自明ではない．

12.2　式

　運算器の中心となるのは式を表すデータ型 `Expr` である．運算器の大部分の構成要素が，何らかの形で式の解析および処理に関与することになる．式は基本的な複合形式として関数合成を使って（関数を表す）変数および定数から組み立てる．変数は引数を取らないが，関数を表す定数は任意個の引数を取る可能性があり，その引数は式である．すべての関数はカリー化されているものとし，引数としてタプルは使わない．たとえば，`pair (f, g)` とは書かずに `pair f g` と書く．タプルを使わないことに特別な理由はない．本書で扱うほとんどの関数がカリー化されていることと，一方があればよいからである．

　その代わりに中置の2項演算子を認めるものとする．たとえば，`cross f g` と書く代わりに，`f * g` と書ける．関数合成を除けば2項演算子間で優先順位および結合性は仮定しない．そのような演算子式はすべて括弧を付けることにする．それでもまだ，関数合成の優先順位をどうするかという問題が残っている．`f * g . h` は `(f * g) . h` なのか `f * (g . h)` なのか．Haskell では関数合成の優先順位が高いのでそれにあわせて，`f * g . h` は `f * (g . h)` を意味するとする．しかし，このような式も括弧を使うことにし曖昧にならないようにしよう．

以下が式の BNF 文法である.

```
expr    ::= simple {op  simple}
simple  ::= term {'.' term}*
term    ::= var | con {arg}* | '(' expr ')'
arg     ::= var | con | '(' expr ')'
var     ::= letter {digit}
con     ::= letter letter {letter | digit}*
op      ::= {symbol}+
```

変数名はアルファベット 1 文字で数字 1 文字を続けてもよい. したがって, f および f1 は正しい変数名である. 定数名はアルファベット 2 文字で始まる 2 文字以上で, map や lhs2tex などがある. 演算子は空白を含まないアルファベット以外の記号文字で, *や<+>などである. 上述の文法で, 1 行目は式は単純式または単純式のあとに演算子と単純式が続くものであること表している. 単純式は項の合成である. 残りの行も読めば明らかであろう.

以下は運算器で扱う Expr の定義である.

```
newtype Expr = Compose [Atom] deriving Eq
data Atom    = Var VarName | Con ConName [Expr] deriving Eq
type VarName = String
type ConName = String
```

Expr と Atom は Eq クラスのインスタンスとして宣言する. 式が同じであるかどうかを検査する必要があるからである. あとで式を端末に表示するために Expr を Show クラスのインスタンスとする予定である.

以下は式の例とその表現である.

```
f . g . h    => Compose [ Var "f", Var "g", Var "h" ]
id           => Compose []
fst          => Compose [ Con "fst" []]
fst . f      => Compose [ Con "fst" [], Var "f"]
(f * g) . h  => Compose [ Con "*" [ Compose [ Var "f" ]
                                  , Compose [ Var "g" ] ]
                        , Var "h" ]
f * g . h    => Compose [ Con "*" [ Compose [ Var "f"]
                                  , Compose [ Var "g", Var "h" ] ] ]
```

関数合成が結合性のある演算子であることは Expr の定義に組み込み済みである. 定数 id は予約済みで必ず関数合成の単位元として解釈される.

前章で説明した構文解析コンビネータを式の構文解析に使えるようにしよう. BNF に従って, expr から始めよう.

```
expr :: Parser Expr
expr = simple >>= rest
  where
    rest s1 = do { op <- operator
                 ; s2 <- simple
                 ; return (Compose [Con op [s1, s2]])
                 }
          <|> return s1
```

演算子は1つ以上の記号列であるが，関数合成演算子と等号は除外する．

```
operator :: Parser String
operator = do { op <- token (some (sat symbolic))
              ; Parsing.guard (op /= "." && op /= "=")
              ; return op
              }

symbolic = (`elem` opsymbols)
opsymbols = "!@#$%*&+./<=>?\\^|:-~"
```

関数 Parsing.guard は被修飾名の例である．Haskell のプレリュードも guard という関数を提供しているのであるが，ここでは独自の構文解析関数を定義したモジュール Parsing にある同名の関数を使いたい．被修飾名はモジュール名，ピリオド，修飾される値名で構成される．

単純式は関数合成で区切られた1つ以上の項の並びである．

```
simple :: Parser Expr
simple = do { es <- somewith (symbol ".") term
            ; return (Compose (concatMap deCompose es))
            }
```

標準プレリュードで提供されている関数を使って concatMap f とすると concat . map f の代替となる．式をアトムの並びに分解する deCompose の定義は以下のとおり．

```
deCompose :: Expr -> [Atom]
deCompose (Compose as) = as
```

次に項は識別子すなわち変数か定数で引数がある可能性があるもの，または，括弧で囲われた式である．

```
term :: Parser Expr
term = ident args <|> paren expr
args = many (ident none <|> paren expr)
```

構文解析器 ident は引数として式のリストを認識する構文解析器を取り，式を認識する構文解析器を返す．

```
ident :: Parser [Expr] -> Parser Expr
ident args
  = do { x <- token (some (sat isAlphaNum))
       ; Parsing.guard (isAlpha (head x))
       ; if isVar x
         then return (Compose [Var x])
         else if (x == "id")
              then return (Compose [])
              else do { as <- args
                      ; return (Compose [Con x as])
                      }
       }
```

変数かどうかを検査する `isVar` は以下のように実装する．

```
isVar [x]    = True
isVar [x, d] = isDigit d
isVar _      = False
```

英数字のみで構成されていてアルファベットで始まる識別子のうち，変数ではないものが定数であることに注意してもらいたい．

次は Expr と Atom を Show のインスタンスにする．前章ではそれぞれの型について showsPrec p を定義した．少し考えれば，p の値としては以下の 3 つが必要である．

- トップレベルでは括弧は不要である．たとえば，map f . map g も foo * baz も bar bie doll もどれも括弧なしで書く．この場合は p=0 とする．
- 式が項の合成である場合または演算子式で，定数の引数として現れる場合は括弧で囲む必要がある．たとえば，以下の式では括弧が必要である．

  map (f . g) . foo f g . (bar * bar)

  しかし，真ん中の項では括弧は必要ない．この場合は p=1
- 最後に p=2 の意味は項の合成式，演算子式，少なくとも 1 つの引数のカリー化された関数に括弧を付けるということである．

  map (f . g) . foo (foldr f e) g . (bar * bar)

Expr を Show のインスタンスにするところから始めよう．

```
instance Show Expr where
  showsPrec p (Compose [])  = showString "id"
  showsPrec p (Compose [a]) = showsPrec p a
  showsPrec p (Compose as)
    = showParen (p > 0) (showSep " . " (showsPrec 1) as)
```

最後の行で使っている showSep の定義は以下のとおり．

```
showSep :: String -> (a -> ShowS) -> [a] -> ShowS
showSep sep f
  = compose . intersperse (showString sep) . map f
```

便利関数 compose の定義は compose = foldr (.) id である．関数 intersperse :: a -> [a] -> [a] はモジュール Data.List にあり，1つめの引数を2つめの引数の要素の間にはさみこむ．たとえば，

```
intersperse ',' "abcde" == "a,b,c,d,e"
```

である．showsPrec の定義で2つめ以降等式の右辺にある showsPrec は Atom に対するものである．

```
instance Show Atom where
  showsPrec p (Var v)    = showString v
  showsPrec p (Con f []) = showString f
  showsPrec p (Con f [e1, e2])
    | isOp f = showParen (p > 0) ( showsPrec 1 e1 . showSpace
                                 . showString f . showSpace
                                 . showsPrec 1 e2 )
  showsPrec p (Con f es)
    = showParen (p > 1) ( showString f . showSpace
                        . showSep " " (showsPrec 2) es )

  isOp f = all symbolic f
```

p=2 という値は showsPrec の定義最後の節で必要になる．たとえば，foo (bar bie) doll のように括弧が欲しいからである．変数と引数のない定数は括弧で囲まない．

モジュール構造

最後のステップでは，これらの定義を他のものと含めて式を扱う1つのモジュールに収める．このようなモジュールには式に関わる関数をすべて含める．

このようなモジュールを今すぐ作成する必要はない．法則を扱うモジュール，運算を扱うモジュールなど他のモジュールで必要になる式に関する関数に，他にどのようなものがあるか，まだわからないからである．しかし，宣言だけは書いておこう．

```
module Expressions
  ( Expr (Compose), Atom (Var, Con)
  , VarName, ConName, deCompose, expr
  ) where

import Parsing
import Data.List (intersperse)
import Utilities (compose)
import Data.Char (isAlphaNum, isAlpha, isDigit)
```

モジュール Expressions はファイル Expressions.hs という名前のファイルに保存し，Haskell がモジュールの在る場所をわかるようにしなければならない．このモジュールは型 Expr と Atom とそれぞれの型のデータ構成子をエクスポートする．さらに型シノニム VarName と ConName，そして関数 deCompose と expr もエクスポートする．これらの関数はどれも法則を扱うモジュールで必要になりそうなものばかりである．あとでこのエクスポートリストにいくつか関数を追加することになる．

次にきているのはインポート宣言である．構文解析関数を含む Parsing モジュールと Data.List モジュールと Data.Char モジュールからいくつか関数をインポートする．また，汎用の便利関数を含む Utilities も準備する．便利関数の好例は上で定義した compose 関数である．この関数は式専用というわけではなく，他でも必要になるので Utilities モジュールに入れることにする．

12.3 法則

法則は以下のように定義する．

```
data Law      = Law LawName Equation
type LawName  = String
type Equation = (Expr, Expr)
```

法則はその体を表す名前と等式で構成される．法則を構文解析するために law を定義する．

```
law :: Parser Law
law = do { name <- upto ':'
         ; eqn  <- equation
         ; return (Law name eqn)
         }
```

構文解析関数 upto c は指定した文字 c を探して，それが出現するまでの c を含まない文字列を返す．この構文解析関数は前章で作った構文解析関数にはないが，構文解析の抽象を壊さぬようにここで Parsing モジュールに追加する．

```
upto :: Char -> Parser String
upto c = Parser (\ s ->
                  lot (xs, ys) = break (== c) s in
                  if null ys then []
                  else [(xs, tail ys)])
```

構文解析器 equation は以下のように定義する．

```
equation :: Parser Equation
equation = do { e1 <- expr
              ; symbol "="
              ; e2 <- expr
              ; return (e1, e2)
              }
```

法則を表示する必要はなさそうではあるが，とりあえず Show クラスのインスタンスとしておく．

```
instance Show Law where
  showsPrec _ (Law name (e1, e2))
    = showString name
    . showString ": "
    . shows e1
    . showString " = "
    . shows e2
```

優先順位番号は必要ないのでワイルドカードパターンになっている．shows は表示可能な値を取るということを思い出してもらいたい．ここでは式がその値で，ShowS 型すなわち String -> String という型の関数を返す．

最後に法則のソートである．

```
sortLaws :: [Law] -> [Law]
sortLaws laws = simple ++ others ++ defns
  where
    (simple, nonsimple) = partition isSimple laws
    (defns, others)     = partition isDefn nonsimple
```

この定義ではリストを 2 分割する Data.List モジュールにある関数 partition を使っている．

```
partition p xs = (filter p xs, filter (not . p) xs)
```

いろいろな検査関数も以下に挙げておく．

```
isSimple (Law _ (Compose as1, Compose as2))
  = length as1 > length as2

isDefn (Law _ (Compose [Con f es],_))
        = all isVar es
isDefn _ = False

isVar (Compose [Var _]) = True
isVar _                 = False
```

isVar はモジュール Expressions にもあるが定義が違う．しかし，この関数は Expressions モジュールからエクスポートされていないので問題はない．

以下は法則を扱うモジュールの宣言部である．

```
module Laws
  ( Law (Law), LawName, law, sortLaws
  , Equation, equation
  ) where

import Expressions
import Parsing
import Data.List (partition)
```

式と法則の構文解析方法と表示方法を示したので，新たに 2 つ関数が定義できるようになった．その 1 つは，法則と式を消費するのではなく，文字列を消費する版の calculate である．

```
simplify :: [String] -> String -> Calculation
simplify strings string
  = let laws = map (parse law) strings
        e    = parse expr string
    in calculate laws e
```

もう 1 つは prove で以下のように定義できる．

```
prove :: [String] -> String -> Calculation
prove strings string
  = let laws     = map (parse law) strings
        (e1, e2) = parse equation string
    in paste (calculate laws e1) (calculate laws e2)
```

この 2 つの関数は Main モジュールに入れる．paste と calculate は運算にのみ関わるモジュールに入れることにする．次はこのモジュールを作る．

12.4 運算

運算は以下のように定義する．

```
data Calculation = Calc Expr [Step]
type Step        = (LawName, Expr)
```

運算器の鍵となる定義，すなわち，calculate の定義から始めよう．

```
calculate :: [Law] -> Expr -> Calculation
calculate laws e = Calc e (manyStep rws e)
  where
    rws e = [ (name, e')
            | Law name eqn <- sortedlaws
            , e' <- rewrites eqn e
            , e' /= e ]
    sortedlaws = sortLaws laws
```

関数 `rewrites :: Equation -> Expr -> [Expr]` は与えられた等式を使って式の可能な書き換えをすべて返す．この関数は別のモジュールで定義する．式が自分自身に書き換えられるという場合（練習問題 H 参照）が考えられる．しかし，運算が無限に続いてしまう可能性があるので，そのような書き換えは許さない．関数 `rws :: Expr -> [Step]` は新しい式に至るステップをすべて返す．これはすべての可能な方法で法則を使うことで実現される．このステップのリストはそれぞれの法則を順に試し，その法則に関わるすべての書き換えを生成したリストとして定義する．つまり，運算において部分式よりも法則を優先するということである．これで最初の節で気になった問題の1つは解決した．実験しなければ正しい決断をしたかどうかはわからない．

関数 `manyStep` は `rws` を使って可能な限りのステップを構成する．

```
manyStep :: (Expr -> [Step]) -> Expr -> [Step]
manyStep rws e
  = if null steps then []
    else step : manyStep rws (snd step)
    where
      steps = rws e
      step  = head steps
```

`rws e` が空リストなら運算は終了である．そうでなければリストの先頭の式を使って運算を継続する．

このモジュールの残りの関数は運算の表示と貼り付けに関わる．

```
instance Show Calculation where
  showsPrec _ (Calc e steps)
    = showString "\n  "
    . shows e
    . showChar '\n'
    . compose (map showStep steps)
```

それぞれのステップを個別に表示するには `showStep` を使う．

```
showStep :: Step -> ShowS
showStep (why, e)
  = showString "=   {"
  . showString why
  . showString "}\n "
  . shows e
  . showChar '\n'
```

2つの運算を貼りあわせるには一方の運算は逆順にしなければならない．たとえば，

```
Calc e0 [(why1, e1), (why2, e2), (why3, e3)]
```

は

```
Calc e3 [(why3, e2), (why2, e1), (why1, e0)]
```

という順にしなければならない．特に運算の結論が逆順にした運算の最初の式になっていなければならない．

```
reverseCalc :: Calculation -> Calculation
reverseCalc (Calc e steps)
  = foldl shunt (Calc e []) steps
    where
      shunt (Calc e1 steps') (why, e2)
        = Calc e2 ((why, e1) : steps')
```

2つの運算を貼りあわせるには，まず2つの運算の結論が同じであるかを検査しなければならない．同じでなければ導出失敗を表すメッセージを付けてとにかく貼りあわせる．

```
    conc1
=   {... ??? ...}
    conc2
```

2つの結論が同じなら，単に縫いあわせるだけではなくもう少しスマートにできる．一方の運算の最後から2番目の結論と他方の運算の最後から2番目の結論が同じなら，両方の最後の結論を省ける．以下が2つの運算を貼りあわせる paste の定義である．

```
paste :: Calculation -> Calculation -> Calculation
paste calc1@(Calc e1 steps1) calc2
  = if conc1 == conc2
    then Calc e1 (prune conc1 rsteps1 rsteps2)
    else Calc e1 (steps1 ++ (gap, conc2) : rsteps2)
    where
      Calc conc1 rsteps1 = reverseCalc calc1
      Calc conc2 rsteps2 = reverseCalc calc2
      gap = "... ??? ..."
```

関数 prune は以下のように定義する．

```
prune :: Expr -> [Step] -> [Step] -> [Step]
prune e ((_, e1) : steps1) ((_, e2) : steps2)
  | e1 == e2 = prune e1 steps1 steps2
prune e steps1 steps2 = rsteps ++ steps2
  where
    Calc _ rsteps = reverseCalc (Calc e steps1)
```

最後にモジュール Calculations の宣言部は以下のとおりとする．

```
module Calculations
  ( Calculation (Calc), Step, calculate, paste) where

import Expressions
import Laws
import Rewrites
import Utilities (compose)
```

エクスポートされるのは型と関数 simplify および prove を Main モジュールで実装するのに必要な関数である．

12.5 書き換え

　モジュール Rewrites の目的は calculate 関数の定義に使われる rewrites の定義を提供するだけである．式 rewrites eqn e は，eqn 左辺の式と e の部分式とを照合して，対応する eqn の右辺を具体化したもので，対応する部分式を置き換えた式すべてを含むリストになる．

　ここでのお楽しみは rewrites をどう定義するかを見つけることである．ある式の部分式すべてを含むリストを構成するとしよう．与えられた等式とそれぞれの部分式とを照合し，照合を成功させる部分式を手に入れ（ないかもしれないし，1 つかもしれないし，複数あるかもしれない．これについてはあとの照合に関する節を参照），新しい部分式が計算できる．しかし，もとの式中で古い部分式を新しい部分式に置換するにはどうすればよいか．簡単にいってしまうと，それぞれの部分式について，もとの式中での**文脈**（context）あるいは**位置**（location）を決定する方法がない限りは不可能である．それが決定できていれば，新しい部分式はその位置に挿入すればよい．

　文脈を明示的に導入することはせずに，別のアプローチにする．考え方は式を掘り進むということである．どこかの位置のなんらかの部分式に書き換えを適用して，掘った穴を登り戻りつつ書き換えられた式を組み立てるのである．選択肢を生成する関数とリストを取り，その要素 1 つについて 1 つの選択肢を設定した結果のリストを返す．定義は以下のとおりである．

```
anyOne :: (a -> [a]) -> [a] -> [[a]]
anyOne f []       = []
anyOne f (x : xs) = [x' : xs | x' <- f x]
                 ++ [x : xs' | xs' <- anyOne f xs]
```

たとえば，f 1 = [-1, -2] かつ f 2 = [-3, -4] だとすると，

```
anyOne f [1,2] = [[-1, 2], [-2, 2], [1, -3], [1, -4]]
```

である．最初の要素に対して 1 つの選択肢を設定するか，または，2 つめの要素に対して 1 つの選択肢を設定するかで，両方同時にはならない．

以下は rewrites の定義である．

```
rewrites :: Equation -> Expr -> [Expr]
rewrites eqn (Compose as)
  = map Compose
         (rewritesSeg eqn as ++ anyOne (rewritesA eqn) as)

rewritesA eqn (Var v) = []
rewritesA eqn (Con k es)
  = map (Con k) (anyOne (rewrites eqn) es)
```

rewrites の定義で，現在の式の**部分列**の書き換えと，厳密な意味での部分式（すなわち項）の任意の 1 つに対する書き換えを連結している．引数付きの定数だけが部分式を持つ．anyOne が 2 箇所で別の型に対して用いられていることに注目して欲しい．1 つはアトムのリストを取り，もう 1 つは式のリストを取る．

残りは rewritesSeg の定義である．

```
rewritesSeg :: Equation -> [Atom] -> [[Atom]]
rewritesSeg (e1, e2) as
  = [ as1 ++ deCompose (apply sub e2) ++ as3
    | (as1, as2, as3) <- segments as
    , sub <- match (e1, Compose as2) ]
```

関数 segments はリストを部分列に分解する．

```
segments as = [ (as1, as2, as3)
              | (as1, bs) <- splits as
              , (as2, as3) <- splits bs
              ]
```

便利関数 splits は与えられたリストのあらゆる分割を生成する．

```
splits :: [a] -> [([a], [a])]
splits []       = [([], [])]
splits (a : as) = [([], a : as)]
                  ++ [(a : as1, as2) | (as1, as2) <- splits as]
```

splits の使用例は以下のとおり．

```
ghci> splits "abc"
[("","abc"),("a","bc"),("ab","c"),("abc","")]
```

残る関数 apply および match の型は下のとおりである．

```
apply :: Subst -> Expr -> Expr
match :: (Expr, Expr) -> [Subst]
```

これらの関数はそれぞれ Substitutions モジュールと Matchings モジュールで定義する．最後に Rewrites モジュールの宣言部は以下とする．

```
module Rewrites (rewrites) where

import Expressions
import Laws (Equation)
import Matchings (match)
import Substitutions (apply)
import Utilities (anyOne, segments)
```

12.6　照合

　モジュール Matchings の目的は関数 match を定義することだけである．この関数は 2 つ式を取り，1 つめの式を 2 つめの式に変換するような置換のリストを返す．2 つの式の照合に失敗したときは置換は 1 つもなく，成功したときは置換は複数になることもある．式 foo (f . g) を式 foo (a . b . c) と照合することを考えよう．このような変換が可能な置換は 4 つある．f は id, a, a . b, a . b . c のどれにも束縛可能である．g はそれに対応して 4 つの束縛が可能である．運算器はステップごとに 1 つの束縛しか選択しないが，正しい照合を手に入れるための処理では複数の置換を考慮することが重要である．たとえば，foo (f . g) . bar g を foo (a . b . c) . bar c と照合する場合，部分式 f . g を a . b . c と照合すると 4 つの可能な置換をえられる．bar g が bar c と照合され成功するときに限り，4 つの置換のうち 3 つが破棄される．1 つめの照合のときに置換を 1 つに限定してしまうのは時期尚早で，そうすると成功するはずの照合を失ってしまう可能性がある．

　match (e1,e2) を定義する最も素直な方法は，まず，式 e1 にあるアトムと，式 e2 にあるアトムの分割を対にして並べることである．1 つめのアトムを分割の 1 つめの部分に関連づけ，2 つめのアトムを分割の 2 つめの部分に関連づけ，以下同様に行う．この alignments 関数の型は以下のとおり．

```
alignments :: (Expr, Expr) -> [[(Atom, Expr)]]
```

この関数がアトムと部分式を対にして並べる仕事をする．これを定義するにはリストを指定された数の部分列に分割する関数 parts が必要である．

```
parts :: Int -> [a] -> [[a]]
parts 0 [] = [[]]
parts 0 as = []
parts n as = [ bs : bss
             | (bs, cs) <- splits as
             , bss <- parts (n - 1) cs ]
```

興味深いのは定義の最初の 2 行である．空リストを 0 個の部分列に分けた分割は 1 つ存在するが，空ではないリストを 0 個の部分列に分けた分割は存在しないのである．

```
ghci> parts 3 "ab"
[["","","ab"],["","a","b"],["","ab",""]
,["a","","b"],["a","b",""],["ab","",""]]
```

これで `alignments` が定義できる．

```
alignments (Compose as, Compose bs)
  = [ zip as (map Compose bss) | bss <- parts n bs ]
    where
      n = length as
```

アトムを部分式と対にして並べ終わったので，アトムと式を照合する `matchA` を定義する．

```
matchA :: (Atom, Expr) -> [Subst]
matchA (Var v, e) = [unitSub v e]
matchA (Con k1 es1, Compose [Con k2 es2])
  | k1 == k2 = combine (map match (zip es1 es2))
matchA _ = []
```

変数の照合は常に成功し，結果は単一の置換になる．2 つの定数の照合は 2 つの定数が同じであるときに限り成功する．それ以外の場合は `matchA` は空の置換リストを返す．関数 `matchA` は `match` に依存している．ここまでのところで `match` を定義できる．

```
match :: (Expr,Expr) -> [Subst]
match = concatMap (combine . map matchA) . alignments
```

最後の部品は関数 `combine :: [[Subst]] -> [Subst]` である．`combine` の引数であるリストの要素，それぞれの置換リストが選択肢に相当する．したがって，`combine` はそれぞれの選択肢から 1 つずつ選択してあらゆる組み合わせを作り，それぞれを単一化により 1 つの置換とする．この関数については置換用のモジュール作成のときに考えることにする．これで，`match` の定義は完成である．このモジュールの宣言部は以下のとおり．

```
module Matchings (match) where
import Expressions
import Substitutions (Subst, unitSub, combine)
import Utilities (parts)
```

式特有のものではないので `parts` は `Utilities` モジュールに置くことにする．

12.7 置換

置換は変数と式を関連づける有限写像である．単純に表現するなら連想リストでよい．

```
type Subst = [(VarName,Expr)]
```

空の置換および単位置換は以下のように定義する．

```
emptySub = []

unitSub v e = [(v, e)]
```

置換を式に適用して別の式をえる．

```
apply :: Subst -> Expr -> Expr
apply sub (Compose as)
  = Compose (concatMap (applyA sub) as)

applyA sub (Var v) = deCompose (binding sub v)
applyA sub (Con k es) = [Con k (map (apply sub) es)]
```

関数 binding は指定した変数を束縛する式を空ではない置換から探し出す．

```
binding :: Subst -> VarName -> Expr
binding sub v = fromJust (lookup v sub)
```

関数 lookup は Haskell のプレリュードで提供されており，束縛が見つからなかった場合は Nothing が，v が e に束縛されていれば Just e を返す．関数 fromJust はライブラリ Data.Maybe にあり，Just の包みを取り除く．

次に combine に取り組もう．この関数は，置換の選択肢を 1 つずつ選んで，可能なすべての組み合わせを作り，そのそれぞれから 1 つの置換を合成してから，それぞれを単一化する．

```
combine = concatMap unifyAll . cp
```

便利関数 cp は，今までなんども登場したリストのリストのデカルト積を計算する関数である．

関数 unifyAll は置換のリストを取り，それを単一化する．この関数を定義するには，まず，2 つの置換を単一化する方法を示す．単一化の結果は，2 つの置換に互換性があればその和であり，なければ空の置換リストである．失敗処理のために Maybe を使うか，空リストと単一要素リストとを使えばよい．ここでは後者の方法を選択した．その理由は次の節で別版の運算器を考える予定でリストを使うほうが簡単になるからである．

```
unify :: Subst -> Subst -> [Subst]
unify sub1 sub2 = if compatible sub1 sub2
                  then [union sub1 sub2]
                  else []
```

compatible および union を定義するために置換は変数名の辞書順でリストに保持されていると仮定する．2 つの置換は，同じ変数に異なる式が関連づけられている場合は矛盾する．

```
    compatible [] sub2 = True
    compatible sub1 [] = True
    compatible sub1@((v1, e1) : sub1') sub2@((v2, e2) : sub2')
      | v1 < v2  = compatible sub1' sub2
      | v1 == v2 = if e1 == e2 then compatible sub1' sub2' else False
      | v1 > v2  = compatible sub1 sub2'
```

和演算も同様のスタイルで定義する.

```
    union [] sub2 = sub2
    union sub1 [] = sub1
    union sub1@((v1, e1) : sub1') sub2@((v2, e2) : sub2')
      | v1 < v2  = (v1, e1) : union sub1' sub2
      | v1 == v2 = (v1, e1) : union sub1' sub2'
      | v1 > v2  = (v2, e2) : union sub1  sub2'
```

関数 unifyAll は空リストか単一要素リストを返す.

```
    unifyAll :: [Subst] -> [Subst]
    unifyAll = foldr f [emptySub]
      where
        f sub subs = concatMap (unify sub) subs
```

これで必要なものはすべて定義した. 以下は Substitutions モジュールの宣言部である.

```
    module Substitutions (Subst,unitSub,combine,apply) where

    import Expressions
    import Utilities (cp)
    import Data.Maybe (fromJust)
```

これで運算器用に9つのモジュールを定義したことになる.

12.8　運算器のテスト

　実際この運算器はどのくらい便利なのか. この疑問に答えるにはいくつかの例を試してみるしかない. 2つの例だけ示してみよう. 1つは, 5章で数独行列の選択肢を枝刈りしたときに行った運算である. 証明したかったのは以下である.

```
    filter (all nodups . boxs) . expand . pruneBy boxs
        = filter (all nodups . boxs) . expand
```

これを以下の法則を使って証明したかったのである．

```
pruneBy の定義: pruneBy f = f . map pruneRow . f
expand-boxs 則: expand . boxs = map boxs . expand
boxs による filter 則: filter (p . boxs)
                    = map boxs . filter p . map boxs
boxs の対合性: boxs . boxs = id
map のファンクタ則: map f . map g = map (f . g)
map のファンクタ則: map id = id
expand の定義: expand = cp . map cp
filter-cp 則: filter (all p) . cp = cp . map (filter p)
pruneRow 則: filter nodups . cp . pruneRow
                    = filter nodups . cp
```

以下は実際に運算器が行った運算をそのまま示したものである．ただし，式を 2 行に分けて書いたところもある．これはプリティプリンタのするべき仕事である．面倒がらずに詳細に見ていこう．最後のほうに重要なポイントがある．

12.8 運算器のテスト

```
      filter (all nodups . boxs) . expand . pruneBy boxs
=    {boxs による filter 則}
     map boxs . filter (all nodups) . map boxs . expand
     . pruneBy boxs
=    {pruneBy の定義}
     map boxs . filter (all nodups) . map boxs . expand
     . boxs . map pruneRow . boxs
=    {expand-boxs 則}
     map boxs . filter (all nodups) . map boxs . map boxs
     . expand . map pruneRow . boxs
=    {map のファンクタ則}
     map boxs . filter (all nodups) . map (boxs . boxs)
     . expand . map pruneRow . boxs
=    {boxs の対合性}
     map boxs . filter (all nodups) . map id . expand
     . map pruneRow . boxs
=    {map のファンクタ則}
     map boxs . filter (all nodups) . expand . map pruneRow
     . boxs
=    {expand の定義}
     map boxs . filter (all nodups) . cp . map cp
     . map pruneRow . boxs
=    {map のファンクタ則}
     map boxs . filter (all nodups) . cp . map (cp . pruneRow)
     . boxs
=    {filter-cp 則}
     map boxs . cp . map (filter nodups) . map (cp . pruneRow)
     . boxs
=    {map のファンクタ則}
     map boxs . cp . map (filter nodups . cp . pruneRow) . boxs
=    {pruneRow 則}
     map boxs . cp . map (filter nodups . cp) . boxs
=    {... ??? ...}
     map boxs . filter (all nodups) . map boxs . cp . map cp
=    {expand の定義}
     map boxs . filter (all nodups) . map boxs . expand
=    {boxs による filter 則}
     filter (all nodups . boxs) . expand
```

そう，この運算は失敗している．理由を指摘するのは簡単で，以下の法則を双方向に適用する必要があり，この運算器はそれができないというだけのことである．

307

expand-boxs 則: expand . boxs = map boxs . expand

解決法はハックである．以下の法則を追加する．

hack: map boxs . cp . map cp = cp . map cp . boxs

これは expand-boxs 則を逆向きに書いて，expand をその定義と置き換えたものである．こうすれば，運算器は正しく結論を導ける．

```
    ...
      map boxs . cp . map (filter nodups . cp) . boxs
=   {map のファンクタ則}
      map boxs . cp . map (filter nodups) . map cp . boxs
=   {filter-cp 則}
      map boxs . filter (all nodups) . cp . map cp . boxs
=   {hack}
      map boxs . filter (all nodups) . map boxs . cp . map cp
=   {expand の定義}
      map boxs . filter (all nodups) . map boxs . expand
=   {boxs による filter 則}
      filter (all nodups . boxs) . expand
```

どちらの場合にしても，運算は一瞬で済むので，効率の問題はないように思われる．さらに，ハックはさておき，この運算器の能力は運算が得意な人間にせまるものである．

運算器の改良

2つめの例題はより挑戦的にいこう．運算器を使って新しい版の運算器を導出する．もう1度 match の定義を見よう．この関数は2つの置換を単一化するという面倒なことをしている combine に依存している．互換性を持つかを検査したり，和を計算したりしなければならないのは，どれも面倒なことである．どちらかが単位置換であるときにだけ和を計算するほうがよい考え方である．こうするとすべてが単純になるので，速度も上がるであろう．これはどのような最適化技法にあたるだろうか．これは蓄積引数の例である．高価な ++ の使用を回避できるのと同じように，蓄積引数で高価な unify 演算を回避できないだろうか．

まず，match の定義をもう1度見よう．新しく2つの補助関数を使って書いたものである．

```
match = concatMap matchesA . alignments
matchesA = combine . map matchA
matchA (Var v,e) = [unitSub v e]
matchA (Con k1 es1, Compose [Con k2 es2])
   | k1 == k2 = matches (zip es1 es2)
matchA _ = []
matches = combine . map match
```

これらの関数には依存関係の循環があることに注目して欲しい．

```
match --> matchesA --> matchA --> matches --> match
```

これらの4つの関数は以下のように一般化する．

```
xmatch    sub = concatMap (unify sub) . match
xmatchA   sub = concatMap (unify sub) . matchA
xmatches  sub = concatMap (unify sub) . matches
xmatchesA sub = concatMap (unify sub) . matchesA
```

それぞれに追加したのが蓄積引数である．目標はこれらの一般化した関数の新しい定義を手に入れることであり，依存関係は上述のものと同じである．

最初の運算のために，match を xmatch を使って書き直す．これにより2つの定義グループが繋がる．名前が長いのでここ以降 concatMap は cmap と書く．以下の3つの法則が必要である．

```
xmatch の定義:    xmatch s = cmap (unify s) . match
空置換との unify: unify emptySub = one
one の cmap:      cmap one = id
```

1つめの法則では sub ではなく s と書く必要がある（なぜか考えよ）．2つめ以降の2つの法則は以下の事実のポイントフリー版である．

```
unify emptySub sub = [sub]
cmap one xs = concat [[x] | x <- xs] = xs
```

運算器による運算は大して伸びず，あっさり終わる．

```
    xmatch emptySub
=   {xmatch の定義}
    cmap (unify emptySub) . match
=   {空置換との unify}
    cmap one . match
=   {one の cmap}
    match
```

次に xmatchA に取りかかる．パターン照合を使った matchA の定義が手強いので，人が簡単に運算した結果を以下に書いておく．

```
xmatchA sub (Var v, e) = concat [unify sub (unitSub v e)]
xmatchA sub (Con k1 es1, Compose [Con k2 es2])
  | k1 == k2 = xmatches sub (zip es1 es2)
xmatchA _ _ = []
```

ここで，

```
extend sub v e = concat [unify sub (unitSub v e)]
```

を導入すれば，以下は簡単に導出できる．

```
    extend sub v e
      = case lookup v sub of
          Nothing -> [(v, e) : sub]
          Just e' -> if e == e' then [sub]
                     else []
```

互換性検査は洗練されたものとはいえず，置換の和も一般化されているわけではない．その代わり，前述のように単一化は単位置換とだけ行うようになっている．

xmatchA がかたづいたので，カルテットの他の 3 つのメンバーに集中しよう．xmatchA を xmatches を使って定義したように，xmatch は xmatchesA を使って定義できる．具体的には，以下を証明したいのである．

```
    xmatch s = cmap (xmatchesA s) . alignments
```

必要となる法則は以下のとおり．

```
    match の定義:      match = cmap matchesA . alignments
    xmatch の定義:     xmatch s = cmap (unify s) . match
    xmatchesA の定義:  xmatchesA s = cmap (unify s) . matchesA
    cmap-cmap 則:     cmap f . cmap g = cmap (cmap f . g)
```

最後の純粋なコンビネータの法則は新しいものである．この法則の検証は練習問題にしておこう．運算器によれば以下のようになる．

```
      xmatch s
    =   {xmatch の定義}
      cmap (unify s) . match
    =   {match の定義}
      cmap (unify s) . cmap matchesA . alignments
    =   {cmap-cmap 則}
      cmap (cmap (unify s) . matchesA) . alignments
    =   {xmatchesA の定義}
      cmap (xmatchesA s) . alignments
```

ここまでは，上々である．カルテットの残りは 2 つ xmatches と xmatchesA である．このどちらも，unify を含まない再帰定義を手に入れたい．この 2 つの関数はよく似た定義であるので，一方でできた運算はすぐに他方でもできそうである．このようなメタ運算的な思考はもちろん運算器にはできないことである．

xmatchesA に集中しよう．まず xmatchesA の上述の定義から引数 s を取り除き完全にポイントフリーにする．改訂版の定義は以下のとおり．

```
    xmatchesA :: (Subst,[(Atom,Expr)]) -> Subst
    xmatchesA = cup . (one * matchesA)
    cup = cmap unify . cpp
```

ここでコンビネータ cpp は以下のように定義される．

```
cpp (xs, ys) = [(x, y) | x <- xs, y <- ys]
```

したがって

```
  xmatchesA (sub, aes)
= cup ([sub], matchesA aes)
= concat [unify (s, ae) | s <- [sub], ae <- matchesA aes]
= concat [unify (sub, ae) | ae <- matchesA aes]
```

がいえる．ここでは unify がカリー化されていないことを前提としていることは別として，上の定義は xmatchesA のもとの定義を忠実にポイントフリー形式にしたものである．

新しい関数 cup の型は [Subst] -> [Subst] -> [Subst] である．cup は結合性のある関数である．これは unify では不可能である（なぜかを考えよ）．このことは，あとで考察する．7章で見た蓄積引数の技法は対象の演算に結合性があることに依存する．

確認すべきことは，まず，前述の運算が新しい定義でも有効かということである．以下の法則を使うこととする．

```
match の定義:      match = cmap matchesA . alignments
xmatch の定義:     xmatch = cup . (one * match)
xmatchesA の定義:  xmatchesA = cup . (one * matchesA)
```

そうすると運算器は以下の運算を生成する．

```
  xmatch
=    {xmatch の定義}
  cup . (one * match)
=    {match の定義}
  cup . (one * (cmap matchesA . alignments))
=    {... ??? ...}
  cmap (cup . (one * matchesA)) . cpp . (one * alignments)
=    {xmatchesA の定義}
  cmap xmatchesA . cpp . (one * alignments)
```

完成しない．運算の溝をよく見ると，以下の (*) の双ファンクタ則と cmap と cup に関連する主張との両方が必要である．

```
(*) の双ファンクタ則: (f * g) . (h * k) = (f . h) * (g . k)
cmap-cup 則: cmap (cup . (one * g)) . cpp = cup . (id * cmap g)
```

これでうまくいく．

```
    xmatch
  =   {xmatch の定義}
    cup . (one * match)
  =   {match の定義}
    cup . (one * (cmap matchesA . alignments))
  =   {(*) の双ファンクタ則}
    cup . (id * cmap matchesA) . (one * alignments)
  =   {cmap-cup 則}
    cmap (cup . (one * matchesA)) . cpp . (one * alignments)
  =   {xmatchesA の定義}
    cmap xmatchesA . cpp . (one * alignments)
```

cmap-cup 則を使えばうまくいくことはわかったが，その主張が真であるという論証がない．その主張は，以下のような照合には限定されない別の法則を使えばあとで示すように運算器で証明できる．

```
    cup の定義: cup = cmap unify . cpp
    cmap-cpp 則: cmap (cpp . (one * f)) . cpp = cpp . (id * cmap f)
```

cmap-cpp 則の証明は練習問題とする．運算器によれば cmap-cup 則の証明は以下のとおりである．

```
    cmap (cup . (one * g)) . cpp
  =   {cup の定義}
    cmap (cmap unify . cpp . (one * g)) . cpp
  =   {cmap-cmap 則}
    cmap unify . cmap (cpp . (one * g)) . cpp
  =   {cmap-cpp 則}
    cmap unify . cpp . (id * cmap g)
  =   {cup の定義}
    cup . (id * cmap g)
```

これでできた．cmap-cup 則は正しく，あとでも役に立ちそうである．次に xmatchesA を以下の2つの等式を使って再帰的に表現するという主題に戻る．

```
    xmatchesA . (id * nil)  = ...
    xmatchesA . (id * cons) = ...
```

このような定義は unify を含まないと期待する．この目的のためにどのような法則が必要になるかはまったく不明である．その代わり，証明しておくと役に立ちそうな法則を書き下しておこう．1つめのグループは主要な定義である．

```
matchの定義:        match = cmap matchesA . alignments
matchesAの定義:     matchesA = combine . map matchA
xmatchの定義:       xmatch = cup . (one * match)
xmatchesAの定義:    xmatchesA = cup . (one * matchesA)
xmatchAの定義:      xmatchA = cup . (one * matchA)
combineの定義:      combine = cmap unifyAll . cp
```

2つめグループは cmap に関する新しい法則である.

```
cmap-map 則:    cmap f . map g = cmap (f . g)
cmap-concat 則: cmap f . concat = cmap (cmap f)
cmap-nil 則:    cmap f . nil = nil
cmap-one 則:    cmap f . one = f
```

3つめのグループは map に関する新しい法則である.

```
map-nil 則:    map f . nil = nil
map-one 則:    map f . one = one . f
map-cons 則:   map f . cons = cons . (f * map f)
map-concat 則: map f . concat = concat . map (map f)
```

4つめのグループは cup に関するものである.

```
cup の結合性:  cup . (id * cup) = cup . (cup * id) . assocl
cup の単位元:  cup . (f * (one . nil)) = f . fst
cup の単位元:  cup . ((one . nil) * g) = g . snd
assocl 則:     assocl . (f * (g * h)) = ((f * g) * h) . assocl
```

最後にその他の定義と法則を追加する.

```
(*) の双ファンクタ則: (f * g) . (h * k) = (f . h) * (g . k)
(*) の双ファンクタ則: (id * id) = id
cp の定義: cp . nil = one . nil
cp の定義: cp . cons = map cons . cpp . (id * cp)
unifyAll の定義: unifyAll . nil  = one . nil
unifyAll の定義: unifyAll . cons = cup . (one * unifyAll)
unify-nil 則: unify . (id * nil) = one . fst
```

全部で 30 法則である (再掲はしないが, 2つの map のファンクタ則, cmap に関する3つの法則を含む). お祈りをしてやってみよう.

```
        xmatchesA . (id * nil)
    =   {xmatchesA の定義}
        cup . (one * matchesA) . (id * nil)
    =   {(*) の双ファンクタ則}
        cup . (one * (matchesA . nil))
    =   {matchesA の定義}
        cup . (one * (combine . map matchA . nil))
    =   {map-nil 則}
        cup . (one * (combine . nil))
    =   {combine の定義}
        cup . (one * (cmap unifyAll . cp . nil))
    =   {cp の定義}
        cup . (one * (cmap unifyAll . one . nil))
    =   {cmap-one 則}
        cup . (one * (unifyAll . nil))
    =   {unifyAll の定義}
        cup . (one * (one . nil))
    =   {cup の単位元}
        one . fst
```

すっきりした．xmatchesA sub [] = [sub] であることを示したことになる．しかし，帰納部を構成するのはそう簡単ではない．それで，結果を推測しそれを証明しよう．以下は望む結果である．1 つめはポイントワイズ形式，2 つめはポイントフリー形式である．

```
    xmatchesA sub (ae:aes)
      = concat [xmatchesA sub' aes | sub' <- xmatchA sub ae]
    xmatchesA . (id * cons)
      = cmap xmatchesA . cpp . (xmatchA * one) . assocl
```

右辺は単純化可能である（ここでは一時的に xmatchA および matchesA の定義を法則集から除いてある）．

```
        cmap xmatchesA . cpp . (xmatchA * one) . assocl
    =   {xmatchesA の定義}
        cmap (cup . (one * matchesA)) . cpp . (xmatchA * one) . assocl
    =   {cmap-cup 則}
        cup . (id * cmap matchesA) . (xmatchA * one) . assocl
    =   {(*) の双ファンクタ則}
        cup . (xmatchA * (cmap matchesA . one)) . assocl
    =   {cmap-one 則}
        cup . (xmatchA * matchesA) . assocl
```

次に以下を示したい．

```
xmatchesA . (id * cons)
  = cup . (xmatchA * matchesA) . assocl
```

しかし，残念ながら運算器には運算できず，以下のような溝ができる．

```
  cup . (one * (cup . (matchA * (cmap unifyAll . cp . map matchA))))
=   {... ??? ...}
  cup . ((cup . (one * matchA)) * (cmap unifyAll . cp . map matchA)) . assocl
```

この溝は手で運算すれば簡単に取り除ける．

```
  cup . (one * (cup . (matchA * (cmap unifyAll . cp . map matchA))))
=   {(*) の双ファンクタ則（逆方向）}
  cup . (id * cup) . (one * (matchA * (cmap unifyAll . cp . map matchA)))
=   {cup の結合性}
  cup . (cup * id) . assocl . (one * (matchA * (cmap unifyAll . cp . map matchA)))
=   {assocl 則}
  cup . (cup * id) . ((one * matchA) * (cmap unifyAll . cp . map matchA)) . assocl
=   {(*) の双ファンクタ則}
  cup . ((cup . (one * matchA)) * (cmap unifyAll . cp . map matchA)) . assocl
```

ここでもまた，法則を双方向に適用できないのが元凶になっている．そのような法則を運算器が受け付けるように無理に変えるのではなく，ここではそのままにして「手仕上げの運算器」というコメントを付けておくことにする．

しめくくりとして，運算で導いたプログラムを以下に示す．

```
match = xmatch emptySub

xmatch sub (e1, e2)
  = concat [xmatchesA sub aes | aes <- alignments (e1, e2)]

xmatchesA sub [] = [sub]
xmatchesA sub (ae : aes)
  = concat [xmatchesA sub' aes | sub' <- xmatchA sub ae]

xmatchA sub (Var v, e) = extend sub v e
xmatchA sub (Con k1 es1, Compose [Con k2 es2])
  | k1 == k2 = xmatches sub (zip es1 es2)
xmatchA _ _ = []
```

足りないのは xmatches の定義である．これは，matches に関して xmatchesA を定義したのと同じに考えればよい．

```
xmatches sub [] = [sub]
xmatches sub ((e1, e2) : es)
  = concat [xmatches sub' es | sub' <- xmatch sub (e1, e2)]
```

結論

　この2つの例題からえられる肯定的な結論は，確かに運算器に形式的証明の補助をさせることができるということである．とはいえ，人間がプロセスに相当の入力をしたり，適切な法則を設定したり，補助的な主張を確認したり，運算の実行順序を制御したりする必要はまだ残っている．否定的な結論の主なところは，この運算器は法則を双方向で適用できないという大きな欠点があるということである．ファンクタ則は特に問題の原因になるが，他の法則でも同じようなことが起こる（いくつかの例については練習問題参照）．この運算器はさまざまな方法で改良できるのであるが詳しい議論は練習問題とする．

　この運算器に関しては，ほかにも触れておくべきことが3つある．1つめは，完成した運算器は450行ほどのHaskellプログラムであり，改良版になればさらに短かいということである．これだけで関数プログラミングの表現力の高さを示す証拠となる．2つめは，純粋な関数の等式として法則を表現し，単純な等式論理を使って証明を進めるということが，実際に実行可能な方法であるということである．確かに，ポイントフリー形式で定義を表現しておかなければならないのであるが，いったんそうしておけば，等式論理が驚くほど効果的に使える．

　3つめは，構文解析の部分を除けば，運算器にはモナドを使ったコードはないということである．実は初期のバージョンではモナドを使っていたのであるが，それもしだいに除いていった．モナドなしで効率を大きく失うことなくコードが単純になったというのが1つの理由である．そして運算器の改良を練習問題として設定しておきたいというのがもう1つの理由である．多くの外界と対話するアプリケーションではモナドは必須であるが，純粋に関数的なアプローチのほうが順調にいく場合にも不必要に使われている可能性がある．

　これで，おしまい．

12.9　練習問題

練習問題 A

calculateが可能な運算のツリーを返すようにしたいとすれば，どのようなツリーを使えばよいか．

練習問題 B

少なくとも以下の形式で与えられた場合には，以下の法則が運算で使われることは**決してない**．なぜか．

```
map (f . g) = map f . map g
cmap (f . g) = cmap f . map g
```

練習問題 C

以下は運算器が行った運算である.

```
  map f . map g h
= {map のファンクタ則}
  map (f . g)
```

この奇妙で無意味な結果について説明せよ．単純な変更で，この運算が正しい運算として行われないようにするにはどうするか．

練習問題 D

前問と同様の一般的な問題に関して，運算器への手厳しい批判の1つはエラーメッセージがまったく意味不明であることである．たとえば，以下の2つを評価すると同じ呪文のようなエラーメッセージが表示される.

```
parse law "map f . map g = map (f . g)"
parse law "map のファンクタ則: map f . map g map (f . g)"
```

これはどういうことか．以下の法則を運算で使うと何が起こるか．

変な法則: `map f . map g = map h`

このような法則を受け付けないようにするには運算器をどのように変更すればよいか．

練習問題 E

Atom に対する showsPrec の定義は，それまで必要とならなかった，Haskell に関するある事実を使っている．同じ仕組みは，あとのパターン照合スタイルとガード付き等式スタイルを併用した運算器関数でも使われている．この事実とは何か．

練習問題 F

以下のように定義せよ.

```
e1 = foo (f . g) . g
e2 = bar f . baz g
```

rewrites (e1,e2) を式 foo (a . b . c) . c に適用したときに生成される式のリストを見よ．運算器が取り上げるのはどの式か．

練習問題 G

この運算器は foo f . foo f を以下の式に照合することができるか.

  foo (bar g h) . foo (bar (baz a) b)

練習問題 H

本文では，ある非自明な法則を適用しても変更されない式がありうると主張した．そのような法則と自分自身に書き換えられる式の例を挙げよ．

練習問題 I

rewrites の定義の中で使われている関数 anyOne は1つの選択だけを設定する．同時にすべての選択を設定するような everyOne を使わない手はない．すなわち，f 1 = [-1, -2] かつ f 2 = [-3, -4] であるとすると

  everyOne f [1, 2] = [[-1, -3], [-1, -4], [-2, -3], [-3, -4]]

となる everyOne を anyOne の代わりに使えば，1つの書き換えが，1つの法則に照合するすべての部分式に適用できる．everyOne を定義せよ．

練習問題 J

長さ n のリストの部分列はいくつあるか．rewritesSeg の定義では，長さ n のリストの部分列である中央の要素として空の部分列が $n+1$ 回現れるので非効率である．すなわち，1回で済むはずの id との照合が $n+1$ 回起きるということである．segments を書き換えてこの重複を取り除くにはどうすればよいか．

練習問題 K

cmap f . cmap g = cmap (cmap f . g) を証明せよ．必要となる法則は以下である．

  cmap の定義: cmap f = concat . map f
  map のファンクタ則: map f . map g = map (f . g)
  map-concat 則: map f . concat = concat . map (map f)
  concat-concat 則: concat . concat = concat . map concat

練習問題 L

cmap-cpp 則は

```
cmap (cpp . (one * f)) . cpp = cpp . (id * cmap f)
```

である．これを以下の法則から証明せよ．

```
cmap-cmap 則: cmap f . map g = cmap (f . g)
cmap-cpp 則: cmap cpp . cpp = cpp . (concat * concat)
(*) の双ファンクタ則: (f * g) . (h * k) = (f . h) * (g . k)
map-cpp 則: map (f * g) . cpp = cpp . (map f * map g)
cmap の定義: cmap f = concat . map f
concat-id 則: concat . map one = id
```

運算器で証明できるか．

12.10　練習問題の解答

練習問題 A の解答

式をノードのラベル，法則名をエッジのラベルとする．すなわち，以下のように定義する．

```
type Calculation = Tree Expr LawName
data Tree a b = Node a [(b, Tree a b)]
```

練習問題 B の解答

これらの法則を使うと運算器が無限の運算を生成するようになってしまう．たとえば，

```
    map foo
=   {map のファンクタ則}
    map foo . map id
=   {map のファンクタ則}
    map foo . map id . map id
```

とこれがずっと続くことになる．

第12章 単純等式運算器

練習問題 C の解答

式 map f . map g h は構文規則としては完全に正しいのであるが，もちろん正しい式ではない．運算器はおのおのの式の表現および同じ定数の引数は同じ数であるべきということを強制しない．ファンクタ則とこの式との照合が成功してしまう理由は matchA の定義にある関数 zip が 2 つめの map の 2 つの引数を 1 つに縮めてしまうからである．運算器を改良するなら，同じ定数が同じ数の引数を取っていることを検査すべきである．

練習問題 D の解答

呪文のようなメッセージとは，'*** Exception: Prelude.head: empty list' である．1 つめは法則名がないので構文解析が失敗する．2 つめは等号がないので構文解析が失敗する．また，このおかしな法則を使うと運算器は途中でエラーになる．その理由は，左辺のパターン照合は h をどのような式にも束縛しないので h の束縛が要求されるとエラーになるからである．運算器は法則の右辺にある変数がすべて左辺のどこかに出現していることを確認すべきである．

練習問題 E の解答

showsPrec のコードは以下の形式になっている．

```
showsPrec p (Con f [e1, e2])
  | isOp f = expression1 e1 e2
showsPrec p (Con f es)
  = expression2 es
```

より「数学的」スタイルで書けば，

```
showsPrec p (Con f [e1, e2])
  | isOp f     = expression1 e1 e2
  | otherwise  = expression2 [e1, e2]
showsPrec p (Con f es) = expression2 es
```

である．要点は与えられた節でパターンと引数が照合できない，あるいは照合できたとしても，ガードが真にならなければ，その節は捨てて次の節が選択されるということである．

練習問題 F の解答

書き換えは 1 つではなく，2 つである．

```
bar (a . b . c) . baz id . c
bar (a . b) . baz c
```

運算器は 1 つめの部分式を選んで照合する．すなわち 1 つめの書き換えが選ばれる．rewritesSeg が先に長いほうの部分列に適用され，短いほうがあとになるように並び換えをしておくのがよさそうである．

練習問題 G の解答

ここで定義した match ではできない．g が baz a に，h が b に束縛されていれば，f を bar (baz a) b に束縛することで照合可能ではあるが，ここで定義した match は完全な単一化はできない．

練習問題 H の解答

あまたの例から 1 つだけ挙げると，以下の法則がある．

  if p f g . h = if (p . h) (f . h) (g . h)

これの左辺は if a b c に照合し，h は id に束縛される．結果はもとの式と同じになる．

練習問題 I の解答

意図としては，

  everyOne f = cp . map f

なのであるが，これでは f が選択肢を返さない要素があるとうまくいかない．定義は以下のようにしなければならない．

```
everyOne :: (a -> [a]) -> [a] -> [[a]]
everyOne f = cp . map (possibly f)
possibly f x = if null xs then [x] else xs
               where
                  xs = f x
```

この版では possibly f が選択肢の空でないリストを返す．

練習問題 J の解答

長さ n のリストの部分列は $(n+1)(n+2)/2$ 個ある．改良版 segments の定義は以下のとおり．

```
segments xs = [([], [], xs)]
           ++ [(as, bs, cs)
              | (as, ys) <- splits xs
              , (bs, cs) <- tail (splits ys)
              ]
```

練習問題 K の解答

運算器による証明は以下のとおり.

```
  cmap f . cmap g
=   {cmap の定義}
  concat . map f . cmap g
=   {cmap の定義}
  concat . map f . concat . map g
=   {map-concat 則}
  concat . concat . map (map f) . map g
=   {map のファンクタ則}
  concat . concat . map (map f . g)
=   {concat-concat 則}
  concat . map concat . map (map f . g)
=   {map のファンクタ則}
  concat . map (concat . map f . g)
=   {cmap の定義}
  concat . map (cmap f . g)
=   {cmap の定義}
  cmap (cmap f . g)
```

練習問題 L の解答

人間が行うと以下のとおり.

```
  cmap (cpp . (one * f)) . cpp
=   {cmap-cmap 則(逆方向)}
  cmap cpp . map (one * f) . cpp
=   {map-cpp 則}
  cmap cpp . cpp . (map one * map f)
=   {cmap-cpp 則}
  cpp . (concat * concat) . (map one * map f)
=   {(*) の双ファンクタ則}
  cpp . ((concat . map one) * (concat . map f))
=   {cmap の定義(逆方向)}
  cpp . ((concat . map one) * cmap f)
=   {concat-id 則}
  cpp . (id * cmap f)
```

この運算は自動ではできない. cmap-cmap 則を逆向きに使うと運算器がループしてしまう (練習問題 B を参照).

12.11 章末ノート

本章で作成した運算器は Oxford の同僚 Mike Spivey による出版されていない定理証明器をもとにしたものである．London の City University の Ross Paterson は必要に応じて双方向に適用できる組み込みのファンクタ則のある版を作成した．

最先端の証明支援器には Coq（`http://coq.inria.fr/`）がある．

索引

記号／数字

```
" .................................................. 17
"" .................................................. 30
⊥ .................. 35, 38, 40, 105, 173, 208, 209, 216, 223
⌊−⌋ ........................................ 54, 59, 69
π ............................................... 58, 208
⊑ ................................................... 208
Θ ................................................... 155
' .................................................... 17
(!!) ................................................. 21
(!) ................................................. 248
() ....................................... 40, 43, 230
(**) ................................................ 66
(++) .............................. 22, 27, 76, 115
(,) ............................................. 80, 146
(-) .................................................. 37
(->) ................................................. 15
(.) ....................................... 16, 27, 40
(//) ............................................... 249
(/=) ................................................. 22
(:) .................................................. 71
(<=) ............................................. 22, 82
(<=<) .............................................. 236
(==) ................................................. 22
(>=>) .............................................. 236
(>>) ................................................ 230
(>>=) ........................................ 231, 265
($!) ........................................... 152, 240
($) ................................................. 152
(%) .................................................. 58
(&&) ................................................. 22
(^) .................................................. 66
(^^) ................................................. 66
(||) .................................................. 42
(n+k) パターン ................................... 113
.hs ............................................. 44, 217
.lhs ....................................... 21, 44, 218
:load ............................................... 26
:set ............................................ 25, 147
:type ............................................... 33
@アズパターン ........................ → パターン
[] .................................. 29, 71, 105, 123, 151
\ .................................................... 30
\n .............................................. 17, 30
\t .................................................. 30
` ............................................... 22, 35
```

A

```
abs .............................................. 57, 61
accumArray ..................................... 247
Agda ............................................... 56
all .................................................. 97
anagrams .......................................... 28
```

```
and ................................................. 80
any ................................................ 104
approx ........................................... 210
Array ............................................. 247
array ............................................. 247
assocs ........................................... 249
Augustsson ....................................... 56
```

B

```
Bentley, J. ............................. 32, 129, 144
Bifunctor ......................................... 87
Bird, R. .................................... 92, 176
BNF（Backus-Naur 記法） ............. 272, 291
Bool ........................................... 22, 39
break .............................................. 104
```

C

```
C .................................................. 229
C# .................................................. 11
case 式 ........................................ → 式
Char .............................. 17, 39, 94, 242
Chitil, O. ........................................ 202
commonWords ................. 17, 20, 43, 81
Complex ........................................... 57
concat ..................... 19, 74, 77, 156
concatMap ...................................... 292
const ............................................... 91
Control.Monad ......................... 236, 251
Control.Monad.ST ........................... 239
Control.Monad.State.Lazy ................ 239
Control.Monad.State.Strict .............. 239
Coq ................................................ 323
cos .................................................. 11
cp ................... 95, 96, 99, 132, 154, 233, 304
cross .......................................... 86, 288
curry .......................................... 91, 135
Curry, H. B. ....................................... 92
cycle .............................................. 221
```

D

```
Data.Array ..................................... 246
Data.Char ......................... 25, 50, 217, 269
Data.Complex ................................... 57
Data.List ................... 82, 108, 127, 153, 296
Data.Maybe ................................... 304
Data.STRef ..................................... 239
data 宣言 ................ 39, 63, 184, 188, 195, 218
de Moor, O. ...................................... 92
deriving 節 ................................... 48, 63
div ........................................ 22, 34, 66
divMod ............................................ 59
done .............................................. 230
Double ............................................. 57
```

索引

`do` 記法 43, 45, 229, 231, 234
`drop` 85
`dropWhile` 108

E

`e` 141
`Either` 87, 133
`either` 133
`else` 24
`Enum` 73, 94, 203
`enumFrom` 203
`Eq` 41, 63
`error` 33, 48, 175
`exp` 49, 113, 141

F

Feijen, W. 13
`FilePath` 43
`filter` 47, 74, 77, 100, 121, 135, 285
`flip` 65, 125, 148
`Float` 15, 39, 57
`Floating` 59
`fmap` 78
`foldl` 124, 149, 244
`foldl'` 149, 151
`foldl1` 221
`foldr` 119, 151, 162
`foldr1` 123, 221
`foldr` のタプリング法 162
`forall` 241
`fork` 86, 135, 287
`Fractional` 58
`fromInteger` 57, 74, 150
`fromIntegral` 59, 74, 150
`fromJust` 304
`fst` 38, 59
`Functor` 78, 251

G

`getChar` 230
`getLine` 231
GHC 44, 45, 150, 153, 166, 251, 262
GHCi 25, 33, 45, 147
Gibbons, J. 202, 262
Goerzen, J. 32
Gofer 12, 262
Graham, R. 69
`guard` 292

H

Hamming, W. R. 221
Hardy, G. H. 84
Harper, B. 56
Haskell 11, 15
    1998 オンライン文書 32
    2010 オンライン文書 32, 113
    Platform 25, 153
    値 33
    構文 33
    コマンド 43, 229
    数値 15
    正しい形式 124
    標準プレリュード .... → 標準プレリュード
    命令 15
    予約語 24
    ライブラリ 20, 177
    レイアウト 45
`head` 47, 75, 78
Hinze, R. 262
History of Haskell 32
Hughes, J. 202
Hutton, G. 32, 284

I

`id` 30, 77, 86, 97, 99, 241
`if` 24
`infixr` 152
`inits` 127
`instance` 41
`Int` 15, 39, 57, 153, 242
`Integer` 15, 57, 153
`Integral` 59, 154
`interact` 217
`IO` 43, 229
`isAlpha` 50
`isSpace` 269
`it` 218
`iterate` 72, 205, 287
`Ix` 242, 247

J

Jeuring, J. 202
`join` 251
Jones, M. 144, 262
`Just` 234

K

Knuth, D. E. 32, 69, 164
KRC 12

L

Lapalme, G. 176
`last` 76
Launchbury, J. 262
`length` 76, 85, 150
`let` .... → 式
`liftM` 251
`lines` 183, 193
Linux 25
`listArray` 247
`log` 141
`logBase` 15, 141
`lookup` 234, 304
Loyd, S. 253

M

Mac 25
`main` 44, 217
`map` 18, 34, 40, 47, 74, 77, 86, 95, 121, 285
`mapM` 251
`mapM_` 251
Marlow, S. 32
Maslanka, C. 46
`maximum` 123
`Maybe` 48, 233
McIlroy, D. 32

326

```
mean .................................... 150
Meijer, E. ........................... 202, 284
merge ........................... 82, 204, 221
minimum ............... 105, 108, 123, 155, 204
Miranda .................................. 12
mkStdGen ................................ 214
ML .................................... 39, 56
mod ...................................... 22
Monad ............................... 233, 251
MonadPlus ............................... 278
mplus ................................... 278
mzero ................................... 278
```

N

```
Nat ........................... 63, 114, 132
negate ................................... 57
newSTRef ................................ 239
Newton 法 ................................ 67
newtype ................................. 264
none .................................... 135
not ...................................... 40
notElem ................................. 100
Nothing ................................. 234
nub ................................ 108, 110
null .................................. 48, 75
Num .......................... 33, 41, 57, 58
```

O

```
O'Neil, M. .............................. 227
O'Sullivan, B. ........................... 32
one ..................................... 135
Oppen, D. ............................... 202
or ...................................... 104
Ord ...................................... 41
Orwell ................................... 12
otherwise ............................... 280
```

P

```
partition ............................... 296
Patashnik, O. ............................ 69
Paterson, R. ............................ 323
Perlis, A. .............................. 145
Peyton Jones, S. .................... 32, 202
Pierce, B. ............................... 92
Prelude .................................. 35
primes ................ 147, 206, 210, 212, 222
properFraction ........................... 62
putChar ................................. 229
putStrLn ..................... 29, 43, 229, 230
Python ...................... 11, 229, 240
```

R

```
Rabbi, F. ............................... 176
Ramanujan, S. ............................ 84
randomR ................................. 214
Rational .............................. 57, 58
Read ........................... 49, 124, 264
read ............................... 60, 124
readFile ................................. 43
ReadS ................................... 264
reads ................................... 264
readSTRef ............................... 239
Real ..................................... 58
```

```
repeat .............................. 109, 205
return .................................. 230
reverse ............... 50, 79, 116, 119, 125, 157
runST ................................... 241
```

S

```
SASL ..................................... 12
scanl .............................. 126, 128
scanr ................................... 132
select .................................. 171
seq ........................... 149, 152, 216
sequence_ ............................... 251
Show ............... 41, 49, 63, 219, 263, 274
ShowS .............................. 275, 296
showsPrec ..................... 276, 277, 293
signum ................................... 57
Sijtsma, B. ............................. 227
sin .................................. 15, 27
sin 関数 ..................... 11, 13, 15, 27
snd ...................................... 59
sort .......................... 26, 82, 155
span ................................ 81, 104
Spivey, M. .............................. 323
splitAt .............................. 85, 165
sqrt ..................................... 66
STArray ................................. 242
State モナド ............................ 236
Stewart, D. .............................. 32
STRef ................................... 239
String ................................... 19
subseqs ....................... 134, 146, 156
subtract .............................. 60, 65
sum ..................................... 149
Sundaram, S. P. ......................... 222
Sundaram の篩 .......................... 222
Swierstra, D. ........................... 202
System.IO ............................... 232
System.Random .......................... 214
```

T

```
tail .................................. 47, 75
tails ................................... 129
take ..................... 19, 40, 85, 210
takeWhile ........................... 60, 108
then ..................................... 24
toInteger .......................... 59, 150
toLower ........................... 18, 25, 47
toRational ............................... 58
toUpper ............................ 53, 217
transpose ............................... 107
Tying the knot .......................... 227
```

U

```
UHC (Utrecht Haskell Compiler) ........... 56
uncurry ............................. 91, 135
undefined ........................... 35, 71
unlines ................................. 217
unsafePerformIO ........................ 232
until ................................ 60, 72
unwords .................................. 47
unzip .................................... 86
```

索引

V
Visual Basic 11

W
Wadler, P. 92, 202
`where` 節 23, 35, 45, 146, 231
Wilde, O. 145
Windows 25
WinGHCi 25
`words` 18, 47, 108, 186
World 229
`writeFile` 43
`writeSTRef` 239

Z
`zip` 80
`zipWith` 80, 97
`zipWith3` 219

あ
アクション 229
浅い埋め込み 182, 186
値の表示 42
アルゴリズムデザイン 145, 176
アルファベット順 18, 30
アンダースコア 251

い
依存型付き言語 56, 93
インタプリタ 45
インデックス炎 98
インプレイスアルゴリズム 167, 242
インポート宣言 ....→ モジュール
インライン展開 61

う
埋め込み特定領域言語 202

え
永続的データ構造 242
エクスポート宣言 ....→ モジュール
エコーバック 230
エラーメッセージ 35, 48, 105, 151, 186, 238

お
黄金比 161
オフサイドルール 46

か
ガード 23
ガード付き等式 22, 23, 317
改行 .... → \n
階乗関数 39, 211
回文 50
科学的記数法 66, 115
下限 155
数
　　自然数 63, 114
　　整数 ....→ Int, Integer
　　複素数 .... → Complex
　　浮動小数点数 .... → Float, Double, 66
型
　　クラス 35, 40, 41, 150
　　シグネチャ 19, 32, 40, 153
　　シノニム 18, 93, 264
　　推論 32, 33
　　宣言 20, 32
　　多相的な 40, 79
　　正しい形式 33
　　注釈 50
　　同型の 265
　　複合 40
　　プリミティブ 39
　　変数 20, 40
括弧 27
可変構造 236
空リスト .... → []
関数 15
　　値 145
　　型 .... → (->)
　　計算可能 211
　　結果 16
　　高階 113
　　合成 .... → (.)
　　恒等 .... → id
　　再帰 29, 211
　　正格 39, 65, 78, 122, 137, 149, 153
　　多重定義 41
　　多相性 41, 79
　　単調 211
　　適用 15, 17, 27
　　引数 15, 16
　　非正格 39, 64
　　部分 21
　　プリミティブ 149
　　変換 58
　　連続 211
完全数 72
完備半順序 210
簡約 .... → 評価
簡約ステップ 145, 155

き
木 78, 159, 162, 184, 188
擬数 64
既定定義 41
基底部 .... → 帰納法
帰納部 .... → 帰納法
帰納法 113
　　一般 175
　　基底部 83, 114
　　帰納部 114
　　内包 122
　　リスト上 115
共通部分式除去 146
共有される値 146
行列 93, 96, 223
　　加算 107
　　積 107
　　転置 97, 107
局所定義 23, 168
近似 207, 209, 215
近似順序 208

索引

く
クイックソート . . . . → ソート
空間 39, 89, 146, 149, 166
空間漏れ 146, 151, 167
空白 269
空白文字 17
区切り子 193
具象型 188

け
結合順序 17, 30, 35, 68, 190
結合の演算 . . . 27, 36, 77, 114, 115, 121, 126, 130, 179, 221, 235, 236, 267, 311
結合力 16, 27, 35
圏論 78, 92

こ
恒等関数 . . . . → id
恒等式 . . . . → 法則
構文解析 229
構文解析器 263, 269
構文範疇 272
効率 145
コメント 21
小文字 18
コンパイラ 45, 150
コンパイル版 153

さ
再帰定義 39, 83, 211
再帰の結び目をつくる 206
最小上界 210
最小不動点 211
サブクラス 58
三角関数 11, 16
参照変数 239

し
時間 97, 125, 132, 147, 153, 178
式
    case 128, 234
    let 35, 146, 237
    条件 24, 34, 177
    正しい形式の 33
    λ抽象 36, 148
事後条件 243, 249
辞書順 183, 304
事前条件 243, 249
自然変換 79
失敗 48
じゃんけん 212
集合論 203
終端子 193
循環リスト 205
準同型射 . . . . → 法則
上位クラス 42
上界 210
条件式 184
状態スレッド 239
状態スレッドモナド 239
状態モナド 236
証明記法 13, 113

す
推移的 208
数学の演算子 209
数独 93, 246, 305
数論 211
スクリプト 20, 35, 147
スタンドアローンプログラム 44, 217
ストリームを基本とする対話 216

せ
正格性フラグ 65, 188
正規形 146
整数リテラル 58
セクション 36, 59, 60
絶対値 . . . . → abs
切片 129
セミコロン 45
漸近的計算量 154
宣言 42
選択ソート . . . . → ソート
前置単項演算子 57
全粒粉プログラミング 98

そ
挿入ソート . . . . → ソート
双ファンクタ 87, 92, 289, 311
ソート 18, 19, 97, 164
    クイックソート 166, 242, 244
    選択ソート 169
    挿入ソート 169
    マージソート 82, 165

た
大域定義 . . . . → トップレベル定義
対数時間 62
対数倍 157
対話 212, 216
互いに素 74
タクシーナンバー 84, 92
タプリング 161, 165
単位元 27, 99, 179, 235, 264, 267
段落 185

ち
遅延評価 . . . . → 評価
蓄積関数 247
蓄積引数 157, 161, 274, 275, 308
抽象構文木 194
抽象データ型 188, 229, 247
中置演算 22
中置構成子 188

つ
対 16, 80, 81, 84, 167
対合性 . . . . → 法則

て
データ構成子 35, 63
デカルト積 . . . . → cp
テキスト 17, 18, 177

と

等式論証 15, 79, 87, 93, 99, 113, 136, 285
同値性確認演算子 41
頭部正規形 146, 155
トーラス 223
トップレベル定義 147
貪欲法 186

に

2項演算子 37
二分木 162, 237
二分探索 61

ぬ

ヌルタプル .... → ()

は

場合の分析 23, 60
配管コンビネータ 91
配列
　可変 241
　不可変 246
パターン
　(n+k) 113
　アズパターン 83, 88
　かまわぬ 75
　重複 75
　照合 63, 75, 80, 118, 188, 317
　不可反駁 220
　漏れ 75
　ワイルドカード 75, 80, 104, 254
ハッシュテーブル 244
幅優先探索 244
ハングマン 253
反射的 208
反対称的 208

ひ

比較演算子 42
非減少列 80
被修飾名 292
ピタゴラス三角数 73
左再帰問題 273
評価
　最外 38
　最内 38
　正規形 146, 155
　先行 38, 153, 155
　遅延 38, 81, 86, 93, 145, 153, 171, 191, 232
標準プレリュード 25, 39, 48, 50, 59, 76, 80, 85, 91, 92, 128,
　　　　　　　　150, 159, 165, 205, 221

ふ

ファイル出力 43
ファイル入力 43
ファンクタ 92, 250
フィボナッチ関数 161, 221, 239
ブール代数
　論理積 .... → (&&)
　論理和 .... → (||)
深い埋め込み 188

浮動小数点数・部分

浮動小数点数 115, 279
浮動小数点数リテラル 58
部分適用 91
部分列 146, 301
ブラケット 27
ブレース 27, 45, 231
プログラム 17
プログラム変数 239
プロファイリングツール 153
プロンプト 25, 218, 229
分割統治アルゴリズム 54, 82
文芸的プログラミング 21
分配可能 131
文法 272
文脈 23

へ

平坦な順序 209
べき乗 65
冪等性 .... 197, → 法則
変換関数 60

ほ

ポインタ 146
ポイントフリー演算 91, 309
ポイントフリー証明 285
法則
　可換 181
　恒等式 11, 113
　三角関数 11
　自然性 79, 99
　準同型射 180, 181
　数学 29
　双ファンクタ 289
　タプリング 151, 161
　対合性 99, 119
　等式 11
　左分配 278
　左零 278
　ファンクタ 78, 87, 286, 313
　分配 181
　冪等性 197
　ポイントフリー 113
　右零 278
　モナド 235, 265
　融合 122, 133, 172
　リープフロッグ 236, 252
補助関数 36
補助的結果 116, 119, 125
ボトム .... → ⊥

ま

マージソート .... → ソート

む

無限ループ 35, 40, 83, 204

め

明示的レイアウト 231
命令言語 11
目に見える文字 17

も

- モジュール 26, 35, 44, 292
  - インポート宣言 25, 45
  - エクスポート宣言 44, 192
  - 階層化 32
- 文字列 17
- モナディックプログラミング 229
- モナド 229
  - 可換 250
- モノイド 236

ゆ

- 有向グラフ 247
- 有効範囲 23
- 優先 27, 35, 46
- 床 54, 59, 69

ら

- ライプニッツ 233
- ランク 2 多相型 241
- 乱数 214, 238

り

- リスト
  - インデックス演算 .... → (!!)
  - 擬 72, 117, 204
  - 記法 17
  - 恒等関数 120
  - 循環 203
  - 内包表記 73, 95, 154, 233, 234, 237
  - 2 重連結 218
  - 無限 60, 72, 81, 109, 203
  - 有限 72
  - 隣接 248
  - 連接 .... → (++)

る

- ループ不変条件 243, 249

れ

- レイアウト記述言語 178
- 例外処理 229
- 列挙 72, 209
- 連言 22
- 連鎖完備 118, 204, 211
- 連続和 126

ろ

- 論理積 .... → (&&)

著者・訳者紹介

■ 著者について
Richard Bird
オックスフォード大学名誉教授,同大学リンカーンカレッジフェロー.

関心分野
プログラミングの代数,仕様からのアルゴリズム運算,関数プログラミング,アルゴリズムデザイン.

■ 訳者について
山下 伸夫
聖徳大学准教授,株式会社タイムインターメディア顧問.

関心分野
関数プログラミング言語設計,Haskellによる関数プログラミング,Haskellを通じてプログラミングの楽しさをどう伝えるか.

●本書に対するお問い合わせは、電子メール（info@asciidwango.jp）にてお願いいたします。
但し、本書の記述内容を越えるご質問にはお答えできませんので、ご了承ください。

Haskellによる関数プログラミングの思考法
（ハスケル）

2017年2月28日　初版発行

著　者　　Richard Bird
　　　　　（リチャード　バード）
訳　者　　山下　伸夫
　　　　　（やました　のぶお）
発行者　　川上量生
発　行　　株式会社ドワンゴ
　　　　　〒 104-0061
　　　　　東京都中央区銀座 4-12-15 歌舞伎座タワー
　　　　　編集 03-3549-6153
　　　　　電子メール info@asciidwango.jp
　　　　　http://asciidwango.jp/

発　売　　株式会社KADOKAWA
　　　　　〒 102-8177
　　　　　東京都千代田区富士見 2-13-3
　　　　　営業 0570-002-301（カスタマーサポート・ナビダイヤル）
　　　　　受付時間 9：00〜17：00（土日 祝日 年末年始を除く）
　　　　　http://www.kadokawa.co.jp/

印刷・製本　株式会社リーブルテック

Printed in Japan

本書（ソフトウェア／プログラム含む）の無断複製（コピー、スキャン、デジタル化等）並びに無断複製物の譲渡および配信は、著作権法上での例外を除き禁じられています。また、本書を代行業者などの第三者に依頼して複製する行為は、たとえ個人や家庭内での利用であっても一切認められておりません。
落丁・乱丁本はお取り替えいたします。下記 KADOKAWA 読者係までご連絡ください。
送料小社負担にてお取り替えいたします。
但し、古書店で本書を購入されている場合はお取り替えできません。
電話　049-259-1100（9:00-17:00／土日、祝日、年末年始を除く）
〒354-0041　埼玉県入間郡三芳町藤久保 550-1
定価はカバーに表示してあります。

ISBN: 978-4-04-893053-6

アスキードワンゴ編集部
編　集　　鈴木嘉平